U0570394

中國史學基本典籍叢刊

通鑑地理通釋

〔宋〕王應麟 著
傅林祥 點校

中華書局

圖書在版編目(CIP)數據

通鑑地理通釋/(宋)王應麟著;傅林祥點校. —北京:中華書局, 2024. 9(2025. 1 重印). —(中國史學基本典籍叢刊). — ISBN 978-7-101-16766-5

Ⅰ. K928. 62

中國國家版本館 CIP 數據核字第 2024CL1719 號

特約編輯:王　勖
責任編輯:胡　珂
封面設計:周　玉
責任印製:陳麗娜

中國史學基本典籍叢刊
通鑑地理通釋
〔宋〕王應麟 著
傅林祥 點校
*
中華書局出版發行
(北京市豐臺區太平橋西里 38 號　100073)
http://www. zhbc. com. cn
E-mail:zhbc@ zhbc. com. cn
三河市宏盛印務有限公司印刷
*
850×1168 毫米 1/32 · 14⅛印張 · 2 插頁 · 270 千字
2024 年 9 月第 1 版　2025 年 1 月第 2 次印刷
印數:1501-2500 册　定價:78. 00 元

ISBN 978-7-101-16766-5

再版前言

通鑑地理通釋原爲王應麟著作集成之一種，初版於二〇一三年，距今已有十年。去年底，王勖女士告知中華書局擬將該書再版，收入中国史学基本典籍叢刊。利用寒假之便，將全書通讀一遍，發現個別原書疑訛之處，以及數處本人標點、校勘之誤，予以訂正，或作校勘記説明。

感謝中華書局王勖女士爲本書再版所作的努力。限於自己學力和水準，此版仍可能有錯誤和不妥之處，懇請廣大讀者和專家予以指正。

傅林祥

二〇二四年七月

前言

通鑑地理通釋（以下簡稱通釋）是王應麟編纂的一部重要的歷史地理著作，開創了我國沿革地理研究的先河。

一

通釋成書於宋亡後不久的元世祖至元十七年（一二八〇年），現存各版本均爲十四卷。宋史藝文志作「十四卷」，王應麟傳作「十六卷」，「十六卷」當爲筆誤。

全書由四個部分組成。第一部分是前三卷的歷代州域總敘，記述了從神農氏九州開始，一直到宋代止，歷代政區的主要沿革過程，包括地方高層政區名稱與州治所在地、疆域範圍的變化。第二部分是卷四的都邑，記述了歷代各個政權的政治中心所在地。以上兩大部分的内容，屬於政治地理學研究的範疇。第三部分是卷五的十道山川，按照唐代十道區域劃分，攷證名山大川所在。第四部分從卷六至卷十四，記叙從春秋至魏晉南北朝各分裂割據時期的各國疆域形勢，屬於軍事地理的研究範疇。因此，通釋的主要内容由歷史政治地理與歷史軍事地理這兩大部分組成。

通釋的書名中包含有「通鑑」二字，此「通鑑」與司馬光資治通鑑是何種關係？需要進行多角度的攷察。王應麟在跋中説：「余閒居，觀通鑑，將箋釋其地名。舉綱提要，首以州域，次以都邑，推表山川，參以樂毅、王朴之崇論竑議，稽左氏、國語、史記、戰國策、通典所叙歷代形勢，以爲興替成敗之鑒。」似乎通釋是爲箋釋通鑑地名而作。但是，將兩者進行對照，就會發現下列問題。

一是通釋、資治通鑑兩者所記載的歷史長度不一致。資治通鑑起於周威烈王二十三年（公元前四〇三年），迄於周世宗顯德六年（九五九年）。通釋卷一記載的「神農九州」、「黄帝九州」、「顓帝九州」等内容，時間上均早於周威烈王二十三年；又如卷三歷代州域總叙下載有「宋二十三路」，記載的最後時間爲南宋紹興十四年（一一四四年），均超出了資治通鑑所載史實的時間上下限。

二是通釋的内容超出了資治通鑑的範圍。通釋卷一的「星土」等目，相關内容均未見於資治通鑑。又如卷三的「歷代户口」，所載從大禹至北宋元豐六年（一〇八三年）間的歷代户口數目，亦多爲資治通鑑所不載。

王應麟不是挑選一些資治通鑑的地名進行簡單的注釋，而是選取其他史籍——王應麟自己在跋中所説的左傳、國語、史記、戰國策、通典等——的素材，通過適當的編排來表達自己的觀點，「以爲興替成敗之鑒」。最爲典型的是卷五十道山川攷，王應麟有感於正史地理志是以政區爲主體，因而高山大川往往被人爲地割裂分開，散見於相關的各個郡縣之下，使讀者不能對全國的山川大勢有一總體的印象。因此，王應麟不但在卷三的「唐十道」一節中，全文抄録了唐六典卷三户部下所載的唐十道主要内容；而且專門以卷五整卷的篇幅，以唐六典卷三所載十道之方位、名山、大川、四夷爲經，對相關地名一一進行注釋。王應麟希望如此編排能使讀者對當時中國境内名山分佈、大川走向以及相關名稱有一個總體的印象。由於十道山川攷是以唐六典所載十道山川名爲經，有一些山川地名不見於資治通鑑的記載，如嶺南道的名山黄嶺、靈洲山等。再如卷七名臣議論攷，也是全部節選自其他史籍。樂毅對伐齊一節選自史記卷八〇，蕭何韓信論定三秦一節選自史記卷九二和漢書卷三四、三九，王朴平邊策一節選自新五代史卷三一，等等。

綜上所述，通釋書名中的「通鑑」，並不只代表資治通鑑一書之義，很可能是王應麟借「通鑑」來表達一種貫通古今（從上古至宋代的中國歷史）之意。王鳴盛在十七史商榷中認爲：「王應麟通鑑地理通釋十四卷，雖題曰通鑑，實是泛攷古今地理，不專釋通鑑。」（十七史商榷卷一〇〇）這個評價，較之於四庫館臣的提要，還是有相當的見解。據宋史記載，王應麟另有一部已經失傳的通鑑地理攷，篇幅爲一百卷。從書名和篇幅大小這兩個角度觀察，通鑑地理攷可能是一部攷證或箋釋資治通鑑地名的專著。王應麟先後作通釋、通鑑地理攷兩部書的目的各有不同，一部借通鑑之名，「稽左氏、國語、史記、戰國策、通典所叙歷代形勢，以爲興替成敗之鑒」，另一部可能只是專名箋釋通鑑地名。

二

通釋的學術成就對歷史地理學的貢獻是多方面的。

首先是對歷史上的地名變化進行了分析。通釋原書無序，王應麟在書後作有自跋。後人將書後的自跋移至卷首代替序言。在這篇序（自跋）中，王應麟注意到了一些歷史地名的現象：自然地理實體變化甚少，而地名變化頻繁，「日月星辰之度，終古而不易；郡國山川之名，屢變而無窮」。歷史文獻中記載的許多地名，在現實中已經湮没無聞，毫無蹤跡可尋：「禹之九河，班志僅得其三。商之八遷，孔疏未聞其四。漢水東西之分，積石大小之辨，荆山之於荆、豫，梁、岐之於冀、雍，潛在荆者未見，蔡在圻内者未詳，三江、九江，五邦、三亳，則書之説異焉。」對於文字相近的地名，不能張冠李戴：「許田，魯地而非近許；鄢，鄭邑而非鄢陵；穀、小穀之有别，父城、城父之不同，此春秋之疑也。」閲讀歷史文獻時，必須關注異地同名、一地多名的現象，稍有疏忽，就會造成誤解：「二地而一名者，若王城、葵丘、酒泉、貝丘、鍾離之類。一地而二名者，若白羽、夾谷、夷、垂葭、發陽之類。……畢萬之魏，爲河中之永樂，而以元城爲大名，失矣。自盧振廩，爲襄陽之中盧，而以合肥爲盧國，失矣。潘岳賦西征，不知成師之曲沃在河東。韓皋論廣陵散，不知魏之揚州治壽春。」

對於這些容易使人産生誤解的地名的方位，王應麟大多進行了攷證。如對「畢萬之魏，爲河中之永樂，而以元城爲大名，失矣」一句，在卷四北京大名府下寫道：「輿地廣記：『左傳：晉賜畢萬魏。卜偃曰：魏，大名也。其地於今爲河中之永樂，非元城之魏也。漢以大名名此，失矣。』今按舊唐書：田悦稱魏王，以魏州爲大名府，其失始此。」輿地廣記指出了左傳中的「大名」方位應該在宋代的河中府永樂縣境，而不是宋代的大名府大名縣，但是輿地廣記又誤將「大名」張冠李戴的時間定在了漢代。王應麟採納了輿地廣記的正確結論，又以按語的形式否定了輿地廣記的錯誤，認爲張冠李戴的時間應該是唐朝改魏州爲大名府之時。

其次，較爲系統地闡述了疆域政區變遷大勢。通釋前三卷從神農氏九州寫起，一直到南宋紹興年間，雖然有諸如「星土」、「鹽官」、「歷代户口」等非行政區劃的内容，但是主題明確，詳略得當，是後人瞭解元代以前行政區劃變化大勢的重要讀物。以秦代政區爲例，司馬遷在史記中没有設置「地理志」篇目，只是總括地記載秦「分天下以爲三十六郡」。通釋採用了晉書地理志的記載：「晉地理志云：『始皇初并天下，懲忿戰國，削罷列侯，分天下爲三十六郡：内史（漢三輔及弘農郡）、三川（漢河内、河南兩郡）、河東、南陽、南郡、九江（漢並因之）……凡三十六郡。於是興師逾江，平取百越，置桂林（漢改爲鬱林郡）、南海（治番禺。漢因之）、象郡（漢改爲日南郡）、閩中（徐廣曰：治侯官。漢武帝虚其地），合四十郡，郡一守焉。其地則西臨洮而北沙漠，東縈西帶，皆臨大海。』」括弧内文字爲王應麟的注文，其餘均爲晉書地理志原文。王應麟通過如此編排，不但介紹了秦四十郡的名稱、地望，同時還介紹了秦郡在漢初的變化。這種記載顯得詳略得當，也更能使讀者瞭解中國的疆域與政區變化的大勢。

第三，軍事地理學研究的先驅。宋朝立國三百餘年，它的北部、西北部始終有軍事上的强大鄰國（西夏、遼、金、蒙古等）。南宋長期與金對峙，未能收復中原，後又亡於蒙古。王應麟生活在南宋中後期及元初，對此感受甚深，在通釋中用了很大的篇幅來論述中國歷史上的分裂割據時期的軍事形勢，「以爲興替成敗之鑒」。

從卷六至卷十四，王應麟主要攷證並論述了春秋、戰國、三國、南北朝分裂割據時期各國的戰略形勢與軍事重鎮的分佈，回顧了歷史上幾次平定天下或收復邊地的軍事戰略，以及唐代的西北邊地和五代石敬瑭割地與契丹的情况。這部分内容，不是單純的政區或地名攷證，更爲主要的是從戰略角度記載了這些割據政權在軍事上攻守之際的得失大勢：「吴之亡，雖後於蜀，而其亡國之兆，已在於蜀亡之時。蓋吴居東，蜀居西，東西之勢相爲脣齒。孫權之與昭烈，氣雖不相下而實相資，故權以荆州借蜀，而蜀亦結好於權，終老瞞之生不敢窺吴蜀。惜乎昭烈纔得荆州，而孫權即擒關羽。其後，魏師之入，蜀不能求救於吴，而吴亦坐視蜀之亡，徘徊於壽春、沔中，而莫能勇於救蜀，是以蜀亡，而吴亦從之。」道出了三國鼎立時，吴、蜀兩國面對强大的曹魏時，必須團結起來纔能抗禦强敵的真理。又如，「東南，地非褊也，兵非弱也。有人焉，進取而有餘；無人焉，自保而不足」，認爲在相同地理環境下，人的因素起着決定性作用。

第四，精湛獨到的地理攷據。

通釋體現了王應麟精湛獨到的地理攷據功力。以卷五「碣石」條爲例：「碣石，在平州石城縣西南。漢右北平郡驪城縣。……碣然而立，在海旁。水經注：『驪城枕海有石如甬道數十里，當山頂有大石如柱形。其山昔在河口海濱，歷世既久，爲水所漸，淪入于海，去岸五百餘里。』（秦築長城，起所自碣石，在今高麗界，與北碣石異。）……通典：『碣石山在漢樂浪郡遂城縣，長城起於此山。長城東截遼水而入高麗，遺址猶存（右碣石，即河赴海處，在平州。高麗中爲左碣石）。』」王應麟通過精練的文字，説明歷史上的碣石分爲左右兩處，右碣石即古黄河入海口，在唐代平州石城縣境；左碣石爲長城起點，在高麗境内。除了這兩處碣石外，王應麟還在卷七「寧臺」條下出注：「通典：燕國都碣石宫。」指出先秦時燕國的王宫也稱爲「碣石」。清初閻若璩非常贊賞王應麟的這種攷證：「通鑑地理通釋曰：碣石凡有三。鄒衍如燕，昭王築碣石宫，身親往師之。此碣石，特宫名耳，在幽州薊縣西三十里寧臺以東，非山也。秦築長城所起自碣石，在高麗界中，當名爲左碣石。其在平州南三十餘里者，即古大河入海處，爲禹貢之碣石，亦曰右碣石。其説可謂精矣。」（閻若璩：潛丘劄記卷二釋地餘論）

王應麟的地理攷證，雖然也有錯攷或未攷出的，但總體上具有較高的學術價值。清人全祖望認爲王應麟「援引書籍奥博，難以猝得其來歷」（全祖望：鮚埼亭集外編卷二五困學紀聞三箋序）。王鳴盛認爲通釋「在宋人攷證書中爲最有根柢者」（王鳴盛：十七史商榷卷一〇〇）。通釋的體例在史籍編纂上也有所創新，並影響到後代的學者。明末清初顧祖禹編著讀史方輿紀要時，不但在編纂體例上參攷了通釋，而且也吸收了通釋的大部分内容。王應麟以自己傑出的攷據成就，影響着清代學者的攷據之學。

三

通釋版本主要有：

（一）通釋版刻以至元三年（一三三七年）慶元路儒學刻本爲最早。現存各元本多有闕字，訛誤亦不少。臺灣「中央圖書館」藏本（臺灣華文書局一九六四年影印本）闕字較少，但多有後刻、後補之處。國家圖書館藏本（北京圖書館出版社二〇〇六年再造善本影印本）闕字、漫漶之處相對較多，且在影印過程中漏印卷十第十七、十八葉。因此，將這兩個影印本作爲通校本，分别稱爲「元本」、「元乙本」，以元本爲主，元本有疑問處校元乙本。

（二）津逮祕書本（商務印書館叢書集成初編本），爲明崇禎年間毛晉校刊本，校勘較精，故選作底本。

（三）明清遞修本，上海圖書館藏。元代原刻已極少，多爲明嘉靖、萬曆，清康熙、乾隆年間修補之版，因較少校勘，爲諸本中錯誤最多者，僅作爲參校本。簡稱「遞修本」。

（四）文淵閣四庫全書本，其錯誤之處與津逮祕書本多相同，四庫館臣亦有訂正之處，因此作爲參校本。簡稱「庫本」。

（五）浙江書局本（廣陵書社影印玉海本），此本爲清光緒九年刊本，以文瀾閣四庫全書鈔本爲底本，校以元明諸本及原引之書，校勘較精，此次作爲通校本，簡稱「浙本」。

四

對通釋的整理，作如下説明：

（一）主要採用版本對校，同時採用通釋所引各書原書進行他校，訂正通釋明顯、嚴重的文字訛誤。

（二）底本顯係誤刻者，一般徑改，不出校記。如「大」、「太」混淆，「已」、「巳」混同，「戌」、「戍」不分之類的誤刻，均加徑改，不出校記。

（三）凡底本訛舛衍脱者，改正並出校説明；別本或他書有異文，文義可兩通，不能斷定是非者，出異文校。

（四）底本不誤，他本有誤脱者，不出校記。

（五）本書引用各書，都取節録，有的簡略原文，有的雜以己意，每段引文不全同原文，故不用引號進行分段。

（六）本書所引各書，内容亦有引自他書者，斟酌情况，適當予以區分；兩書之間亦不用句號句斷，以示後書爲前書所引。

（七）王應麟引書時，常將原書政區名稱或制度改成宋代名稱或制度。此種變化，不一一出校。

（八）王應麟引書時，常將原書之雙行注文或他人之注文均稱爲「某某書注」，有時徑稱「注」。此類「注」，除水經注沿襲傳統外，其餘均不加書名綫。

五

本書的整理，淵自鄒逸麟師在數年前的倡議。二〇〇九年，在寧波召開王應麟學術研討會後，傅璇琮先生給予了熱情關心和指點。在整理過程中，王文楚教授給予了熱忱指導，並指正了初稿中的許多不足之處。本書的整理過程，也是我向王文楚先生的學習過程。中華書局編輯王勖女士提供了元刻本（臺灣華文書局一九六四年影印本）的複製件，在校勘體例的制訂上給予了熱情的幫助。在此一併表示由衷的感謝。限於自己學力和水準，錯誤和不妥之處，懇請廣大讀者和專家予以指正。

傅林祥

二〇一〇年九月

序

太極肇分，天先成而地後定。天依形，地附氣，地囿于天者也。而言地理者，難於言天，何爲其難也？日月星辰之度，終古而不易；郡國山川之名，屢變而無窮。是故圖以經之，書以緯之，仰觀俯察，其用一也。

虞書九共，先儒以爲九丘，其篇軼焉。傳于今者，禹貢、職方而止耳。若山海經、周書王會、爾雅之釋地、管氏之地員、吕覽之有始、鴻烈之墬形，亦好古愛奇者所不廢。然諸儒之傳注異，歷代之區寓殊。禹之九河，班志僅得其三。商之八遷，孔疏未聞其四。漢水東西之分，積石大小之辨，荆山之於荆、豫，梁、岐之於冀、雍，潛在荆者未見，蔡在圻内者未詳，三江、九江、五邦、三亳，則書之説異焉。還之爲營，禰之爲坭，以著爲齊地，以韓城爲涿郡，自土之爲自杜，倭遲之爲郁夷，鄒虞之爲梁鄒，二南之爲南郡、南陽，則詩之説異焉。揚紆在冀，而爾雅以爲秦；盧水在濟北，而康成讀爲雷；漳水之爲潞，吴山之爲嶽，五湖混於具區，潁、湛列於荆浸，此職方之疑也。豫章在江南，而江北之地未知；中牟在河南，而河北之地難攷；許田，魯地而非近許；鄢，鄭邑而非鄢陵；

穀、小穀之有別，父城、城父之不同，此春秋之疑也。二地而一名者，若王城、葵丘、酒泉、貝丘、鍾離之類。一地而二名者，若白羽、夾谷、夷、垂葭、發陽之類。方城、細柳、丹水之有三，塗山、歷山、東陽、武城之有四。「瞻彼洛矣」與東都之洛異，「導洛自熊耳」與宜陽之熊耳殊。首陽、空桐、新城、石門、石城、丹陽、白沙、硤石之屬，其地非一。畢萬之魏，爲河中之永樂，而以元城爲大名，失矣。自廬振廩，爲襄陽之中廬，而以合肥爲廬國，失矣。潘岳賦西征，不知成師之曲沃在河東。韓皐論廣陵散，不知魏之揚州治壽春。韓文公，南陽人，在河内之修武，而誤曰鄧州。史記鄖關〔一〕，在漢中之長利，而誤曰洵陽。杜子美詩三奇戍〔二〕，在彭州之導江，而誤改曰三城。荀卿蘭陵，非常州也；孔明渡瀘，非瀘州也；公琰屯涪，非涪州也；公瑾赤壁，非黄也；元規南樓，非鄂也。郢都白雪，誤於郢州；東海二疏，誤於海州。以塗山爲會稽，以鬰桑爲采桑，以大別爲安豐，以東陵爲廬江，以楚丘爲成武，以街亭爲南鄭，襲訛踵繆，不可殫紀。漢、沔一也，而或二之。吴會二也〔三〕，而或一之。江統誤鄴於沛郡，皇甫謐誤商丘於濮陽，顔師古誤邛都於邛州、青衣於嘉州、南陵於宣州。注文選不知夷庚，注本草不知沙苑，博見强志者，猶或失之。舊蹟湮没，如濟絶于滎，碣石淪于海，昆明鑿而鎬京爲池，隋城立而漢都爲苑。南北僑置，如青有太原，豫有廣陵，六合之爲秦郡，項城之爲秣陵，玉門之爲會稽，尋陽在蘄而移柴桑〔四〕，當塗在濠而寓姑孰。郡名非古，如雲之雲中，平之北平，薊之漁陽；縣名非古，如京兆之武功，豐州之九原，皆非秦漢之舊。或若異而同，或似是而非，不可謂博識爲玩物而不之攷也。

余閒居，觀通鑑，將箋釋其地名。舉綱提要，首以州域，次以都邑，推表山川，參以樂毅、王朴之崇論竑議，稽左氏、國語、史記、戰國策、通典所叙歷代形勢，以爲興替成敗之鑒。大易設險守國，春秋書下陽、彭城、虎牢之義也。河、湟復而唐衰，燕、代割而遼熾，述其事終焉。若昔對白題羊腸、帝丘，内黄問松亭、柳河者，以該洽見稱，今豈無其人乎？孤陋寡聞，未免闕誤，以俟博雅君子。山河不改，陵谷屢遷，亦以發攬古之一慨云。

上章執徐歲橘壯之月，子王子書通釋後〔五〕。

校勘記

〔一〕史記鄖關 「鄖關」，原作「鄖開」，遞修本、庫本、浙本作「鄖關」。史記卷一二九貨殖列傳：「南陽西通武關、鄖關。」正義：「武關在商州。地理志云宛西通武關，而無鄖關。蓋『鄖』當爲『徇』。徇水上有關，在金州洵陽縣。徐案漢中是也。『徇』，亦作『郇』，與『鄖』相似也。」據改。

〔二〕杜子美詩三奇戍　「三奇戍」，原作「三奇成」，元本、庫本、浙本作「三奇戍」。新唐書卷四一彭州導江縣有三奇戍。據改。

〔三〕吴會二也　「二」，原作「一」，元本、遞修本、庫本、浙本作「二」。本書卷七荆州下言：「吴會，吴郡、會稽郡。永建四年，分會稽爲吴郡。」吴志『朱桓部伍吴、會二郡』，莊子釋文云『浙江爲吴、會分界』，是也。」據改。

〔四〕尋陽在蘄而移柴桑　「尋陽」，庫本作「潯陽」。按漢書卷二八上地理志上作「尋陽」，宋書卷三六州郡志二：「尋陽，本縣名，因水名縣。」舊唐書卷四〇地理志三：潯陽縣，「潯水至此入江爲名」。是唐代改作「潯陽」。

〔五〕子王子書通釋後　庫本作「應麟自序」。

目録

校勘記

〔一〕河南四鎮攷　遞修本、浙本目録在卷十四，其餘各本目録在卷十三，正文均在卷十四，據正文改移。

通鑑地理通釋卷之一

歷代州域總叙上

神農九州

春秋命歷序云〔一〕：「人皇氏分九州，神農始立地形，甄度四海，東西九十萬里，南北八十一萬里。」周禮疏云：「自神農已上，有大九州、柱州、迎州、神州之等。至黄帝以來，德不及遠，惟於神州之内分爲九州。」騶衍云：「中國名曰赤縣神州，赤縣神州内自有九州，禹之序九州是也。中國外如赤縣神州者九，乃所謂九州也，有裨海環之。一區中爲一州，如此者九，有大瀛海環其外。」淮南墬形訓云：「天地之間九州，東南神州曰農土，正南次州曰沃土，西南戎州曰滔土，正西弇州曰并土，正中冀州曰中土，西北台州曰肥土，正北濟州曰成土，東北薄州曰隱土，正東陽州曰申土。」帝王世紀云：「諸子稱神農王天下，地東西九十萬里，南北八十五萬里。」愚謂河圖言「崑崙者，地之中」，釋氏言「日月照四大洲」，即騶衍之説，此莊子所謂「存而不論」者也。

黄帝九州

禹貢釋文：「周公職録云：黄帝受命，風后受圖，割地布九州。」漢地理志云：「黄帝旁行天下，方制萬里，畫壄分州，得百里之國萬區。」晉地理志云：「黄帝令豎亥步，自東極至于西極，五億十萬九千八百八步。」帝王世紀云：「黄帝推分星次以定律度。自斗十一度至婺女七度，曰星紀之次，今吴越分野；自婺女八度至危十六度，曰玄枵之次，今齊分野；自危十七度至奎四度，曰豕韋之次，今衛分野；自奎五度至胃六度，曰降婁之次，今魯分野；自胃七度至畢十一度，曰大梁之次，今趙分野；自畢十二度至東井十五度，曰實沈之次，今晉魏分野；自井十六度至柳八度，曰鶉首之次，今秦分野；自柳九度至張十七度，曰鶉火之次，今周分野；自張十八度至軫十一度，曰鶉尾之次，今楚分野；自軫十二度至氐四度，曰壽星之次，今韓分野；自氐五度至尾九度，曰大火之次，今宋分野；自尾十度至斗十度百三十五分而終，曰析木之次，今燕分野。凡天有十二次，日月之所躔也；地有十二分，王侯之所國也。」愚謂通典云「國之分野，上配天象，始於周季」，世紀所云，蓋以星官之書自黄帝始也。

顓帝九州

冀、兖、青、徐、揚、荆、豫、梁、雍。

帝王世紀云：「顓帝所建，帝嚳受之。孔子稱其地北至幽陵，南暨交趾，西蹈流沙，東極蟠木，是以建萬國而制九州。」通典亦謂顓帝置九州。葉氏云：「祭法：共工氏之霸九州也，其子曰后土，能平九州。則九州之名舊矣。」幽陵，幽州。交趾，交州〔二〕。流沙，在沙州西。蟠木，東海度索山上有屈盤桃木。

舜十二州

冀、兖、青、徐、揚、荆、豫、梁、雍、幽、并、營。

孔氏云：「禹治水之後，舜分冀爲幽、并，分青爲營。」馬氏云：「禹平水土，置九州，舜以冀州之北廣大，分置并州；燕、齊遼遠，分燕爲幽，齊爲營。」漢地理志云：「堯遭洪水，天下分絶爲十二州。禹平水土，更制九州，列五服。」與孔、馬之説異。

愚謂舜典言肇十有二州，咨十有二牧，而後命禹平水土，當以漢志爲正。鄭氏謂分衛爲并，燕以北爲幽，分齊爲營。朱氏謂分冀東恒山之地爲并，又東北醫無閭之地爲幽，又青之東北遼東等處爲營，而冀止有河內之地，今河東一路是也。劉氏云：「冀州之域大於九州，於是分爲幽、并，以此二州北扞夷狄，使不得接於王畿。」書大傳虞夏傳云「兆十有二州」，注：「兆，域也，爲營域以祭十二州之分星也。」

五服

甸、侯、綏、要、荒。

葉氏云：「禹制五服，每服率五百里，而王畿甸服在其內，則一方爲二千五百里，東西南北相距各五千里，此所謂『弼成五服，至于五千』者也。至周而益爲九畿，每畿亦五百里，而王畿又不在內，則一方爲五千里，南北東西各萬里。周之地果如是廣乎？學者求其説而不得。故鄭氏以堯舊服五千里，至禹治水之後又增其倍，謂禹貢所記爲舊服所增之數，以與周制合。又謂周公攝政，斥大九州之境，故五等諸侯之封，大者增其五之四，小者增其十之五，此皆矯妄不經，無所取信。以周官大司馬九畿之籍考之，方千里曰國畿，其外亦皆以方言。方者，謂四方也。四方環之爲千里，徑數之，每方當止爲二百五十里，則周之畿爲儉於禹矣。」

林氏云：「以王制考之，堯都冀州，自恒山至南河千里，自東河至西河千里，此畿內千里即甸服也。自東河至東海千里，自西河至流沙千里，此千里建五百里侯服，五百里綏服。而東海、流沙之外，則爲要、荒，誠合經之所載。至於南北，則有盈縮焉。以北攷之，冀之北，距恒山已接於邊陲，其間何以容二千五百里之侯、綏、要、荒哉。以南考之，自南河至江千里，已建侯服、綏服矣。自江至衡山千里，則要、荒二服又在九州之内矣。然自衡山至南海又千里，揚州之境且南距海，則九州且包乎要、荒之外。是以南攷之則太盈，以北攷之則太縮，實疑而未知其説，意其必有乘除相補於其間也。」

應氏云：「自秦而上，西北衺而東南蹙；自秦而下，東南展而西北縮。古今之疆理，天地之大運，中國夷狄之消長，大略可見。當先王盛時，東西南北各有不盡之地，蓋聽四夷居之，不勞中國以事外也。若禹貢之東漸、西被，而朔南咸暨，特其聲教之所及，非必貢賦之所限也。故外薄四海，弼成五服至于五千者，此區域之大數，而疆理之略者也。四海之内，斷長補短，方三千里者，此民田之大數，而疆理之詳者也。觀於曰内、曰外二字，而治之詳略可知矣。」

王氏曰：「舜之五服，侯、甸、綏三服在九州之内，要服有夷，荒服有蠻，在九州之外。成周九服，侯、甸、男、采、衛、要六服在九州之内，夷、鎮、蕃三服在九州之外。」

禹九州

冀、兖、青、徐、揚、荆、豫、梁、雍。

通典云：「雍州西境，流沙之西，荆州南境，五嶺之南，所置郡縣，並非九州封域之内。」帝王世紀云：「堯遭洪水，分爲十二州，今虞書是也。及禹平水土，還爲九州，今禹貢是也。是以其時，九州之地，凡二千四百三十萬八千二十四頃，定墾者九百一十萬八千二十四頃〔三〕，不墾者千五百萬二千頃，民口千三百五十五萬三千九百二十三人。至於塗山之會，諸侯承唐虞之盛，執玉帛亦有萬國。是以山海經稱，禹使大章步，自東極至于西垂，二億三萬三千五百里七十一步；又使豎亥步，南極盡於北垂，二億三萬三千五百里七十五步。四海之内，則東西二萬八千里，南北二萬六千里，出水者八千里，受水者八千里。名山五千三百五十，經六萬四千五十六里，出銅之山四百六十七，出鐵之山三千六百九，以供財用。」

蘇氏云：「堯水，河爲患最甚，江次之，淮次之。河行冀、兖爲多，而青、徐其下流，被害亦甚。堯都於冀，故禹行自冀始，次于兖，次于青，次于徐，四州治而河患衰矣。雍、豫雖近河，以下流既治，可以少緩也。故次于揚，次于荆，以治江、淮，江、淮治而水患平。故次于豫，次于梁，次于雍，以治江、河上流之餘患，而雍最高，故終焉。」朱氏云：「冀州極闊，河東、河北皆屬焉。雍州亦闊，陜西五路皆屬焉。若青、兖、徐、豫，則疆界有不足者矣。」鄭氏云：「州縣之設有時而更，山川之形千古不易，所以禹貢分州，必以山川定經界，使兖州可移，而濟、河之兖不能移，使梁州可遷，而華陽、黑水之梁不能遷。是故禹貢爲萬世不易之書。」薛氏云：「至夏，復爲禹貢之九州。」

萬國

鄭氏云：「州十有二師，每一師領百國，每州千二百國。畿外八州，總九千六百國，其餘四百國在畿内。唐虞土方萬里，九州之内地方七千里。」劉氏云：「一州十二師，以商、周之制推之，則連率、卒正之類也。以五長稽之，則五國有長，而十長有師乎！十長之師，凡五十國，一州十二師，則六百國也。州六百國，計十二州，則七千二百國也。十二州之外，薄于四海，又有五長。是以禹會諸侯於塗山，執玉帛者萬國也。」葉氏云：「所謂萬國者，概其成數，未必實有之也。」吕氏春秋：「王者之封建也，彌近彌大，彌遠彌小，海上有十里之諸侯。以大使小，以重使輕，以衆使寡。」漢上朱氏曰：「建萬國者，衆建諸侯而少其力。」

商九有

爾雅九州:「兩河間曰冀,河南曰豫,河西曰雝,漢南曰荆,江南曰揚,濟、河間曰兖,濟東曰徐,燕曰幽,齊曰營。」孫炎云:「此蓋殷制。」孔氏云:「禹貢有梁、青,無幽、營。周禮有幽、并,無徐、營。孫炎以爾雅之文與禹貢不同,於周禮又異,故疑爲殷制耳,亦無明文言殷改夏也。地理志云殷因於夏,無所變改。」陸氏曰:「禹貢有青、徐、梁而無并、幽、營,爾雅有徐、幽、營而無青、梁、并,職方有青、幽、并而無徐、梁、營,三代不同故也。」陳氏云:「商書言九有之師,商頌言奄有九有、式于九圍,王制於商亦言九州千七百七十三國,則商之九州,蓋亦襲夏而已。」通典云:「塗山之會萬國,四百年間遞相兼并。殷湯受命,其能存者三千餘國,亦爲九州。」冀州在兩河之間,西則龍門之河,東則降水、大陸之河。降水、大陸,今冀、貝二州界。論語「三分天下有其二」,注:「天下歸文王者六州:荆、梁、雍、豫、徐、揚也,惟兖、青、冀尚屬紂。」

周九州

揚、荆、豫、青、兖、雍、幽、冀、并。

鄭氏注：「揚、荆、豫、兖、雍、冀，與禹貢略同，青州則徐州地也，幽、并則青、冀之北也，無徐、梁。」晉地理志云：「成王時改作，禹貢徐、梁入於青、雍，冀野析於幽、并。」王氏云：「九州之序，禹貢始於冀，次以兖，而終於雍，職方氏則始於揚，次以荆，而終於并者，蓋禹貢言治水之序也，職方言遠近之序也。治水則自帝都而始，然後順水性所便，自下而上，故由兖至雍而止也。以遠近言之，則周之化自北而南爲遠，故關雎、鵲巢之詩分爲二南。漢廣亦言文王之道被於南國，德化之所及，以遠爲至也。始於揚，則以揚在東南；次以荆，則以荆在正南；終於并州，以并在正北，先遠而後近也。」左傳：「王使詹桓伯辭於晉，曰：我自夏以后稷，魏、駘、芮、岐、畢，吾西土也；及武王克商，蒲姑、商奄，吾東土也；巴、濮、楚、鄧，吾南土也；肅愼、燕、亳，吾北土也。」漢賈捐之曰：「武丁、成王，殷、周之大仁也，然地東不過江、黄，西不過氐、羌，南不過蠻荆，北不過朔方。」鄭氏鍔曰：「周無徐州，蓋其地爲淮夷徐、奄所有。」李氏曰：「周都雍，不可不廣，故合梁、雍爲一。徐地狹隘，故青兼之。」

九畿　九服　六服　五服

大司馬：九畿，「方千里曰國畿，其外侯、甸、男、采、衛、蠻、夷、鎮、蕃」。職方氏：

九服，「方千里曰王畿，其外侯、甸、男、采、衛、蠻、夷、鎮、藩」。大行人：「邦畿方千里，其外侯、甸、男、采、衛、要服，九州之外，謂之蕃國。」

周官：「六服群辟，罔不承德。六年五服一朝。」

周語：「祭公謀父曰：先王之制，邦内甸服，邦外侯服，侯、衛賓服，蠻、夷要服，戎、翟荒服。甸服者祭，侯服者祀，賓服者享，要服者貢，荒服者王。日祭，月祀，時享，歲貢，終王，先王之訓也。」

葉氏曰：「禹别九州，制天下爲五服，王畿在其内。周公分天下爲九畿，而王畿不與，以侯、甸、男、采、衛之在中國者爲五服。言罔不承德，則舉六服，合王畿言也。言六年一朝，則舉五服，别諸侯言也。鄭氏以殷之大界方三千里，以開方計之，方千里者九，其一爲縣内，餘八各立一州，合内外總爲千七百七十三國。周公復唐、虞之地，分五服爲九。其要服之内，方七千里，意以夏末既衰，中國之地爲四夷所侵，至周方能復之。今攷於禹貢，所謂五服，皆五百里爲别，則是要服之内通於四面，距中國之地，乃方三千里，達於荒服，止於五千里。康成既以殷之大界方三千里矣，固合於禹貢中國之地，而謂四夷所侵者果何地也？周公雖斥大九州之界，而地加於禹貢者纔五百里。今職方氏分九州之邦國，方千里爲王畿，自侯、甸、男至于采、衛，皆方五百里。是五服之地，方二千五百里。合王畿計之，方三千五百里。由三千五百里分之，合四面相距，方七千里，廼康成所謂要服之内也。蓋禹貢所謂要、荒，即周官所謂蠻、夷、鎮、蕃，通要、荒而合於禹貢中國之地，則唐、虞、夏、殷之時，中外凡方一萬里；通蠻、夷、鎮、蕃而合於周官，則周公之時，中外凡萬一千里。以其一千里之多，是以周公斥大封疆纔五百里。康成不知異同在此，而唯見要服之内方七千里，乃牽左氏執玉帛者萬國之説，而謂唐、虞之時，非七千里不能容之。且仲虺之誥言表正萬邦，纘禹舊服，則是湯之時固有萬國矣。所謂大界三千里者，何以能容之也？然則九州之内千七百七十三國，未必殷制。」

王氏曰：「畿，言其有界畫。服，言其服王事。六年五服一朝者，以侯、甸、男、邦、采、衛言也。六服群辟，罔不承德者，兼要服而言之也。先王之制，中國五服。而周官言六者，蓋近中國之夷狄承德，則國家閒暇可以明政刑之時也。方是時也，四征弗庭，其治未若，制禮之際爲已備矣，故其限朝止於五服而已。周官行人於六服之見則及於要服者，則其治爲尤詳於四征弗庭之時也。近中國之夷狄非特承德，而又能入貢以來見焉，則制禮以致太平者，此其極也。」

鄭氏曰：「要服，蠻服也。九州之外，夷、鎮、蕃服也。」陳氏曰：「衛服之外〔四〕，聖人雖制之服，而不必其來。故武成、洛誥、康王之誥止言五服。」

易氏曰：「禹之五服，則計其一面之數。周之九服，則計其兩面之數。禹之甸服千里，而止言五百里，是計其一面者也。周之王畿與禹之甸服同，不言五百里而兼言千里，是計其兩面之相距者也。蓋禹之五服，王畿在内。王畿千里，而兩面各五百里，數其一面，故曰五百里甸服。自甸服至荒服皆數其一面，每面各五百里，總爲二千五百里，兩面相距則凡五千里。職方氏所載，則王畿不在九服之内。自方五百里之侯服，至於方五百里之蕃服，其名凡九。九服每面各二百五十里，通爲二千二百五十里，兩面相距，則通爲四千五百里，并王畿千里，則通爲五千五百里。其增於禹者，五百里之蕃服耳。然周之蕃服，雖不列於禹貢九州之外，而禹貢九州之外咸建五長，東漸、西被，即成周蕃服之域。是周之蕃服，其名雖增於禹，而其地未嘗增也。周之邦畿，即禹貢之甸服。周之侯、甸，即禹貢之侯服。周之男、采，即禹貢之綏服。周之衛、蠻，即禹貢之要服。周之夷、鎮，即禹貢之荒服。」吕氏曰：「在商之時，古公以皮幣、犬馬、珠玉事獯鬻，而商王不知。在周之時，晉國拜戎不暇，而周室不與。然則三代禦邊之略，蓋可知矣。」

千八百國

洛誥傳云：「天下諸侯采服，來受命於周者，千七百七十三諸侯。」晉地理志云：

「武王設爵惟五，分土惟三，封同姓五十餘國。周公、康叔建於魯、衛，各數百里。太公封於齊，表東海者也。凡一千八百國，布列於五千里內。而太昊、黃帝之後，唐、虞侯伯猶存。于時治致太平，政稱刑措，民口千三百七十一萬四千九百二十三，蓋周之盛也。其衰也，則禮樂征伐出自諸侯，强吞弱而衆暴寡。春秋之初，尚有千二百國，迄獲麟之末，二百四十二年，弑君三十六，亡國五十二，諸侯奔走不得保其社稷者不可勝數，而見於春秋經傳者百有七十國焉。百三十九知其所居，魯、邾、鄭、宋、紀、衛、西虢、莒、齊、陳、杞、蔡、邢、郕、晉〔五〕、薛、許、鄧、秦、曹、楚、隨、黃、梁、虞、鄖、小邾、徐、燕、鄀、麇、舒、庸、郯、萊、吳、越、有窮、三苗、瓜州、有虞、東虢、共、宿、申、夷、向、南燕、滕、凡、戴、息、郜、芮、魏、淳于、穀、巴、州、蓼、羅、賴、牟、葛、譚、蕭、遂、滑、權、鄣、霍、耿、江、冀、弦、道、柏、微、鄫、厲、項、密、任、須句、顓臾、頓、管、雍、畢、豐、邘〔六〕、應、蔣、茅、胙、夔、介、焦、沈、六、巢、根牟、唐、黎、郇瑕、寒、有鬲、斟灌、斟尋、過、有過、戈、偪陽、郜、鑄、豕韋、唐杜、楊、豳、鄶、觀、扈、邳、胡、黎、大庭、駘、岐、邶、鍾吾、蒲姑、昆吾、房、密須、甲父、鄅、桐、亳、韓、趙。三十一國盡亡其處，祭、極、荀、賈、貳、軫、絞、於餘丘、陽、箕、英氏、毛、聃、莘、偪、封父、仍、有仍、崇、鄟、庸、姺、奄、商奄、褒姒、蓐、有緡、闞鞏、飂、鬷夷〔七〕、窮桑。蠻夷戎狄不在其間。五伯迭興，總其盟會。陵夷至于戰國，遂有七王，韓、魏、趙、燕、齊、秦、楚。又有宋、衛、中山，不斷如綫。」

今按：大庭，神農也；窮桑，少皞也。又以虞、夏、商諸侯並列。有仍、斟尋之類。指掌圖、發微圖見於經傳者一百二十四國，夷狄不在其數。戰國策：「顏斶云：古大禹之時，諸侯萬國。及湯之時，諸侯三千。當今之世，南面稱寡者乃二十四。」帝王世紀云：「周克商，制五等之封，凡千七百七十三國。戰國存者十餘，周之列國，唯有燕、衛、秦、楚而已。齊及三晉，皆以篡亂南面稱王。衛雖得存，不絕若綫。」呂氏云：「天下之戰國七，秦變於戎者也，楚變於蠻者也，燕變於狄者也，魏、趙、韓、齊皆大夫竊國者也。」周禮疏曰：「畿外八州，州別置二百一十國，天子縣内九十三國，凡九州千七百七十三國，通畿内外，是殷、周國數也。」鄭語：「史伯曰：當成周者，南有荆蠻、申、呂、應、鄧、陳、蔡、隨、唐，北有衛、燕、翟、鮮虞、潞〔八〕、洛、泉、徐、蒲，西有虞、虢、晉、隗、霍、楊、魏、芮，東有齊、魯、曹、宋、滕、薛、鄒、莒。」史記諸侯表：「武王、成、康所封數百，而同姓五十五。地上不過百里，下三十里。」錢氏春秋輿地攷：「一百八十有四國，夷狄亦與，攷其國都，則中國之缺者十六，夷狄之缺者十一。」

星土

鄭司農説星土，以春秋傳曰「參爲晉星，商主大火」，國語曰「歲之所在，則我有周之分野」之屬，是也。康成謂九州諸國中，封域於星亦有分焉。其書亡矣。堪輿雖有郡國所入度，非古數也。今其存可言者，十二次之分也。星紀，吳、越也。玄枵，齊也。娵訾，衛也。降婁，魯也。大梁，趙也。實沈，晉也。鶉首，秦也。鶉火，周也。鶉尾，楚也。壽星，鄭也。大火，宋也。析木，燕也。此分野之妖祥，主用客星彗孛之氣爲象。

孔氏曰：「星紀在於東北，吴、越實在東南。魯、衛，東方諸侯，遥屬戌亥之次。又三家分晉，方始有趙，而韓、魏無分，趙獨有之。漢書地理志分郡國以配諸次，其地分或多或少，鶉首極多，鶉火甚狹，徒以相傳爲説，其源不可得聞。於其分野，或有妖祥，而爲占者，多得其效。蓋古之聖哲有以度知，非後人所能測也。」

陳氏曰：「九州十二域，或繫之北斗，或繫之二十八宿，或繫之五星。雍主魁，冀主樞，青、兖主機，揚、徐主權，荆主衡，梁主開陽，豫主摇光，此繫之北斗者也。星紀，吴、越；玄枵，齊；娵訾，衛；降婁，魯；大梁，趙；實沈，晉；鶉首，秦；鶉火，周；鶉尾，楚；壽星，鄭；大火，宋；析木，燕，此繫之二十八宿者也。歲星主齊、吴，熒惑主楚、越，鎮星主王子，太白主大臣，辰星主燕、趙、代，此繫之五星者也。然吴、越南而星紀在丑，齊東而玄枵在子，魯東而降婁在戌，東西南北相反而相屬，何耶？先儒以謂古者受封之日，歲星所在之辰，其國屬焉。觀春秋傳，凡言占相之術，以歲之所在爲福，歲之所衝爲災，故師曠、梓謹〔九〕、裨竈之徒，以天道在西北而晉不害，歲在越而吴不利，歲淫玄枵而宋、鄭饑，歲弃星紀而周、楚惡，歲在豕韋而蔡禍，歲及大梁而楚凶。則古之言星次者，未嘗不視歲之所在也。梓謹曰：龍，宋、鄭之星也；宋，大辰之虛也；陳，大皡之虛也；鄭，祝融之虛也，皆火房也。衛，高陽之虛也，其星爲大水，以陳爲火，則大皡之木爲火母故也。以衛爲水，則高陽水行故也。子産曰：遷閼伯於商丘，主辰。商人是因，故辰爲商星。遷實沈于大夏，主參，唐人是因，故參爲晉星。然則十二域之所主，亦若此也。」易氏曰：「在諸侯則謂之分星，在九州則謂之星土，九州、星土之書亡矣。今其可言者，十二國之分，考之傳記，裁祥所應，亦有可證而不誣者。昭十年：有星出於婺女。鄭裨竈曰：今兹歲在顓頊之墟，姜氏、任氏實守其地。釋者以顓頊之墟爲玄枵，此玄枵爲齊之分星，而青州之星土也。昭三十二年：吴伐越。晉史墨曰：越得歲而吴伐之，必受其凶。釋者以爲歲在星紀，此星紀爲越之分星，而揚州之星土也。昭元年：鄭子産曰：成王滅唐而封大叔焉，故參爲晉星，實沈爲參神。此實沈爲晉之分星，而并州之星土也。襄九年：晉士弱曰：陶唐氏之火正閼伯居商丘，相土因之，故商主大火。此大火爲宋之分星，而豫州之星土也。昭十七年：星孛及漢，申須曰：漢，水祥也，衛，顓頊之墟，故爲帝丘，其星爲大水。此娵訾爲衛之分星，而冀州之星土也。襄二十八年春：無冰。梓謹曰：歲在星紀，而淫于玄枵，蚍乘龍，龍，宋、鄭之星。此壽星爲鄭之分星，而亦豫州之星土也。鄭語：周史曰：楚，重、黎之後也；黎，爲高辛氏火正。此鶉尾爲楚之分星，而荆州之星土也。爾雅曰：析木謂之津。釋者謂天漢之津梁爲燕，此析木爲燕之分星，而幽州之星土也。以至周之鶉火，秦之鶉首，趙之大梁，魯之降婁，無非以其州之星土而爲其國之分星，所占裁祥，其應不差。然亦有可疑者，武王伐殷，歲在鶉火。伶州鳩曰：歲之所在，我有周之分野。蓋指鶉火爲西周豐、岐之地，今乃以當洛陽之東周，何也？周平王以豐、岐之地賜秦襄公，而其分星乃謂之鶉首，又何也？如燕在北而配以東方之析木，魯在東而配以西方降婁，秦居西北而鶉首次於東南，吴、越居東南而星紀次於東北，此皆稽之分野有不合者。賈氏以爲古者受封之月，歲星所在之辰，恐不其然。若謂受封之辰，則春秋戰國之諸侯以之占妖祥可也，後世占分野而妖祥亦應，豈皆古者受封之辰乎？此堪輿之書雖足攷古，而言郡國所入之度，則非古之法。」

理道要訣云：「周季上配天象有十三國。」

吕氏云：「十二次，蓋戰國言星者以當時所有之國分配之。」

唐氏云：「子産言：封實沈于大夏，主參，封閼伯于商丘，主辰，則辰爲商丘分，參爲大夏分，其來已久，非因封國始有分野。若以封國歲星所在即爲分星，則每封國自有分星，不應相土因閼伯、晉人因實沈矣。又漢魏諸儒辰、次、度各用當時曆數與歲差遷徙，亦非天象度數之正。惟唐一行下觀山河兩戒，上攷雲漢之終始、斗杓之内外，以定分星之次。更以七宿之中，分四象中位，自上元之首，以度數紀之，而著其分野，最得天象之正。」

四極　四荒

爾雅：「東至於泰遠，西至於邠國，說文作汃國。汃，西極之水也，府巾切。南至於濮鉛，北至於祝栗，謂之四極。此四方極遠之國。觚竹、北户、西王母、日下，謂之四荒。」

觚竹者，漢地理志：遼西令支有孤竹城。齊語：「北伐山戎，刜令支，斬孤竹。」括地志：「孤竹，殷諸侯，古城在平州盧龍縣南十二里。」史記正義：「孤竹君，是殷湯正月三日丙寅封，相傳至夷、齊之父。」

北户者，即日南郡。顏師古曰：「在日之南，所謂開北户以向日者。」秦始皇紀：「南至北嚮户。」輿地廣記〔一〇〕：「景州北景縣，漢屬日南，後爲林邑所據。晉九真太守灌邃討林邑，於其國五月五日立八尺表，日景在表南九寸一分，故自北景以南皆開北户以鄉日。唐於驩州南境僑立景州，非正北景也。」淮南墜形訓：「南方曰都廣，曰反户〔一一〕。」

西王母者，山海西荒經：「西海之中，流沙之濱，有崐崘之丘，有人，戴勝，虎齒，名曰西王母。」穆天子傳：「天子賓于西王母，乃紀其跡于弇山，名曰西王母之山。」

日下者，日所出處其下之國。淮南天文訓：「日出于暘谷，浴于咸池，拂于扶桑，是謂晨明。」通典：

「東夷有扶桑，在中國之東，其土多扶桑木。倭一名日本，自云國在日邊。」山海東荒經：「大荒之中，有山曰大言，日月所出，有大人之國。有山曰合虛，日月所出，有中容之國。」呂氏春秋：「禹東至榑木之地，日出九津、青羌之野。」

呂氏春秋：「凡四海之內，東西二萬八千里，南北二萬六千里，水道八千里，受水者亦八千里，通谷六，名川六百，陸注三千，小水萬數。凡四極之內，東西五億有九萬七千里，南北亦五億有九萬七千里。極星與天俱遊而天樞不移，冬至日行遠道，周行四極，命曰玄明。夏至日行近道，乃參于上，當樞之下無晝夜。白民之南，建木之下，日中無影，呼而無響，蓋天地之中也。」

尸子云：「八極之內有君長者，東西二萬八千里，南北二萬六千里，故曰天左舒而起牽牛，地右闢而起畢、昴。」淮南墬形訓：「八極：東北方曰方土之山，曰蒼門；東方曰東極之山，曰開明之門；東南方曰皮母之山〔一二〕，曰陽門；南方曰南極之山，曰暑門；西南方曰編駒之山，曰白門；西方曰西極之山，曰閶闔之門；西北方曰不周之山，曰幽都之門；北方曰北極之山，曰寒門。」

張衡靈憲云：「八極之維，徑二億三萬二千三百里，南北則短，減千里；東西則廣，增千里。自地至天，半於八極，則地之深亦如之。」

朱文公謂：「爾雅四極恐未必然，邠國近在秦、隴，非絕遠之地也。靈憲所言八極之廣，原於曆算，若有据依，然非專言地之廣狹也。」呂氏春秋：「九塞：大汾、冥阸、荊阮、方城、殽、井陘、令疵、句注、居庸。」

秦四十郡

晉地理志云：「始皇初并天下，懲怂戰國，削罷列侯，分天下爲三十六郡：内史、漢三輔及弘農郡。三川、漢河内、河南兩郡。河東、南陽、南郡、九江、漢並因之。鄣郡、治故鄣，在今湖州長興縣西南。它郡所治當攷。漢改爲丹陽郡。會稽、潁川、漢並因之。碭郡、漢梁國。泗水、漢改爲沛郡。薛郡、漢魯國。東郡、琅邪、漢並因之。齊郡、漢齊國。上谷、漁陽、右北平、遼西、遼東、代郡、鉅鹿、邯鄲、上黨、太原、雲中、漢並因之。九原、漢改爲五原郡。鴈門、上郡、隴西、北地、漢中、巴郡、蜀郡、漢並因之。黔中、漢改爲武陵郡，今鼎、澧、辰、沅、黔州之地。長沙，漢長沙國。凡三十六郡。於是興師逾江，平取百越，置桂林、漢改爲鬱林郡。南海、治番禺。漢因之。象郡、漢改爲日南郡。閩中，徐廣曰：治侯官。漢武帝虛其地。合四十郡，郡一守焉。其地則西臨洮而北沙漠，東縈西帶，皆臨大海。」

秦紀云：「地東至海暨朝鮮，西至臨洮、羌中，南至北嚮户，北據河爲塞，並陰山至遼东。」

周書作雒篇：「千里百縣，縣有四郡。」説文：「周制，天子地方千里分爲百縣，縣有四郡。」呂氏曰：「春秋之時，郡屬於縣，趙簡子誓衆，所謂上大夫受縣，下大夫受郡是也。戰國之時，縣屬於郡。秦紀：惠文十年，魏納上郡十五縣是也。方孝公商鞅時，并小鄉爲大縣，縣一令，尚未有郡牧守稱。及魏納上郡之後十餘年，秦紀始書置漢中郡。或者山東諸侯先變古制，而秦效之歟？按戰國策：楚王以新城爲主郡，以此攷之，郡之所治，必居形勢控扼之地。郡者，縣之主，故謂之主郡。」又云：「三川、河東在諸郡之首者，蓋所以陪輔關中，地勢莫重焉，即漢所謂三河也。漢分三川爲河南、河内與河東，號爲三河。史記貨殖列傳曰：昔唐人都河東，殷人都河内，周人都河南，夫三河在天下之中若鼎足，王者所更居也，建國各數百千歲。」胡氏曰：「郡縣天下，可以持承平，不可以支變故；封建諸侯，可以持承平，可以支變故。」孫氏曰：「郡縣之制，盡剗根著之舊，以爲空虛之天下，匹夫亡秦，五胡覆晉，盜賊篡唐，此非有秦人取天下之威而失之反掌。」漢高祖紀有東陽郡、吴郡、郯郡，灌嬰傳有豫章郡，皆非秦郡，蓋楚漢之際所置。

校勘記

〔一〕春秋命歷序云　「歷」，原作「曆」，遞修本、庫本作「歷」。太平御覽卷首「經史圖書綱目」有「春秋命歷序」，卷七八同，「曆」爲「歷」字之誤，據改。「序」，遞修本作「叙」。

〔二〕交趾交州　浙本作「交趾，亦作交阯，係交州」。

〔三〕定墾者九百一十萬八千二十四頃　「九百一十萬八千二十四頃」，浙本作「九百三十萬六千二十四頃」。

〔四〕衛服之外　「服」，原作「侯」，庫本作「服」。宋王與之周禮訂義卷五七：「陳君舉曰：衛服之外，聖人雖制之服，而不必其來。」據改。

〔五〕晉　原作「冐」，元本、遞修本、浙本作「甯」，庫本作「晉」，晉書卷一四地理志上亦作「晉」，據改。

〔六〕邢　原作「邗」，元本字不清，庫本作「邢」，晉書卷一四地理志上亦作「邢」，據改。

〔七〕鬷夷　晉書地理志無「夷」字。

〔八〕潞　原作「路」。國語鄭語作「潞」。春秋宣公十五年：「晉師滅赤狄潞氏。」左傳文公十一年：「晉之滅潞也。」此「路」爲「潞」字之誤，據改。

〔九〕梓謹　庫本、浙本作「梓慎」。左傳襄公二十八年：梓慎曰：「今兹宋、鄭其饑乎……龍，宋、鄭之星也。」四庫館臣提要言王應麟爲避宋諱改「慎」爲「謹」。

〔一〇〕輿地廣記　按：此段輿地廣記引文，不見於今本。文獻通考卷三二三景州所載同，且謂演、林、景三州「唐史地理志及杜氏通典俱不載，故取歐陽忞輿地廣記中所載以補之」。

〔一一〕曰反户　「反」，原作「及」，據元本、遞修本、浙本及淮南鴻烈墜形訓改。

〔一二〕東南方曰皮母之山　「皮母之山」，元本、遞修本作「安母之山」。

通鑑地理通釋卷之二

歷代州域總叙中

漢九國

史記漢興以來諸侯年表：「太史公曰：漢興，序二等。韋昭曰：漢封功臣，大者王，小者侯也。高祖末年，非劉氏而王者，若無功，上所不置而侯者，天下共誅之。高祖子弟同姓爲王者九國。徐廣曰：齊、楚、荆、淮南、燕、趙、梁、代、淮陽。索隱曰：徐氏九國不數吴，蓋以荆絶乃封吴故也，仍以淮陽爲九。今按下文所列有十國者，以長沙異姓，故言九國。唯獨長沙異姓。而功臣侯者百餘人，自鴈門、太原以東至遼陽，顔氏云：遼水之陽。地理志：遼東遼陽縣。爲燕、代國；常山以南，太行左轉，度河、濟，阿、甄阿，今鄆州東阿縣。正義云：甄，即濮州鄄城縣北，音絹。以東薄海，爲齊、趙國；自陳以西，地理志：淮陽國陳縣。南至九疑，括地志：九疑山，在永州唐興縣東南一百里。地理志：在營道縣南。東帶江、淮、穀、泗，晉灼曰：水經云泗水出魯卞縣〔一〕。臣瓚曰：穀在彭城，泗之下流爲穀水。薄會稽，爲梁、楚、吴、淮南、長沙國，皆外接於胡、越。而内地北距山以東盡諸侯地，大者或五六郡，連城數十，置百官、宫觀，僭於天子。漢書諸侯王表云：自鴈門以東，盡遼陽，爲燕、代；常山以南，太行左轉，度河、濟，漸于海，爲齊、趙；穀、泗以往，奄有龜、蒙，爲梁、楚；東帶江、湖，薄會稽，爲荆、吴；北界淮瀕，略廬、衡，爲淮南；波漢之陽，亘九疑，爲長沙。諸侯比境，周匝三垂，外接胡、越。顔氏曰：比謂相接次也；三垂謂北、東、南也。漢獨有三河、東郡、潁川、南陽，自江陵以西至蜀，北自雲中至隴西，與内史凡十五郡，而公主、列侯頗食邑其中。何者？天下初定，骨肉同姓少，故廣彊庶孽，以鎮撫四海，用承衛天子也。漢定百年之間，親屬益疏，諸侯或驕奢，忕邪臣計謀爲淫亂〔二〕，大者叛逆，小者不軌于法，以危其命，殞身亡國。天子觀於上古，然後加惠，使諸侯得推恩，分子弟國邑，故齊分爲七，徐廣曰：城陽、濟北、濟南、菑川、膠西、膠東，是分爲七。趙分爲六，徐廣曰：河間、廣川、中山、常山、清河。梁分爲五，徐廣曰：濟陰〔三〕、濟川、濟東、山陽也。淮南分三。徐廣曰：廬江、衡山。及天子支庶子爲王，王子支庶爲諸侯，百有餘焉。吴楚時，前後諸侯或以適削地，是以燕、代無北邊郡，吴、淮南、長沙無南邊郡，如淳曰：長沙之南更置郡，燕、代以北更置緣邊郡，其所有饒利、兵馬、器械，三國皆失之矣。齊、趙、梁、楚支郡名山、陂海，咸納於漢。諸侯稍微，大國不過十餘城，小侯不過數十里，上足以奉貢職，下足以供養祭祀，以蕃輔京師。而漢郡八九十，形錯諸侯間，犬牙相臨，秉其阸塞地利，强本榦，弱枝葉之勢也。」

楚都彭城；徐州彭城縣。齊都臨菑；青州臨淄縣。荆都吴，平江府吴縣。高十二年更爲吴；郡國志。輿地廣記：吴王濞都廣陵。今揚州江都縣。按：地理志廣陵縣「江都王非、廣陵王胥皆都此」，不言濞也。淮南都壽春；安豐軍壽春縣。燕都薊；幽州薊縣。趙都邯鄲；磁州邯鄲縣。梁都睢陽；應天府宋城縣。淮陽都陳；陳州宛丘縣。代都中都。汾州平遥縣西南十二里。高紀云都晉陽，太原府太原縣。如淳曰：似遷都於中都。

吕氏曰：「史記書分趙山北立子恒以爲代王。子長，少游四方，識輿地之大勢，故其書法簡明，得主名山川之餘意。如此類非一，漢書多改之，蓋班氏所未達也。如漢二年書置隴西、北地、上郡、渭南、河上、中地郡，關外置河南郡。六年書封韓信爲淮陰侯，分其地爲二國：將軍劉賈數有功，以爲荆王，王淮東；弟交爲楚王，王淮西。則函谷之内外，淮水之東西，居然可見。秦漢之間，稱「山北」、「山南」、「山東」、「山西」者，皆指太行。太行在漢屬河内郡壄王、山陽之間，在今屬懷州，在天下之中，故指此山以表地勢焉。」胡氏曰：「高帝懲秦孤立，大封同姓。然割地無制，建侯無法，封三庶孽，分天下半。苟簡一時，流患於後。」

郡國更置

地理志：「漢興，以秦郡太大，稍復開置，又立諸侯王國，武帝開廣三邊，故自高祖增二十六，文、景各六，武帝二十八，昭帝一，訖於孝平，凡郡國一百三，縣邑千三百一十四〔四〕，道三十二，侯國二百四十一。地東西九千三百二里，南北萬三千三百六十八里。」

晉志：「漢分内史爲三部，更置郡國二十有三：桂陽、江夏、豫章、河内、魏郡、東海、楚國、平原、梁國、定襄、泰山、汝南、淮陽、千乘、東萊、燕國、清河、信都、常山、中山、渤海、廣漢、涿郡，合二十三。三内史者：河上、渭南、中地。武帝改以爲京兆、馮翊、扶風，是爲三輔。文增厥九：廣平、城陽、淄川、濟南、膠西〔五〕、膠東、河間、廬江、衡山。武帝改衡山曰六安。景加其四：濟北、濟陰、山陽、北海。宣帝改濟北曰東平。武帝開越攘胡，初置十七：南海、蒼梧、鬱林、合浦、交阯、九真、日南、珠崖、儋耳九郡；平西南夷，置牂柯、越嶲、沈黎、汶山、犍爲、益州六郡；西置武都郡；又分立零陵郡，合十七郡。拓土分疆，又增十四：弘農、臨淮、西河、朔方、酒泉、陳留、安定、天水、玄菟、樂浪、廣陵、敦煌、武威、張掖。昭帝少事，又增其一：金城。至平帝元始二年，凡新置郡國七十有一，與秦四十，合一百一十有一。」

今按：晉志云郡國一百十一，而漢志止一百三，以秦郡攷之，南海因舊名，桂林更名鬱林，象郡更名日南；閩中，元封元年虛其地，則四十郡，省者一，因改者三。漢初，未定兩粵，止有三十六郡。通典謂「新置六十三，與秦四十，合百三」，亦未攷此也。以武帝初置郡攷之，天漢四年并沈黎于蜀，始元五年罷儋耳、臨屯、真番，地節三年并汶山于蜀，初元三年罷珠厓，凡省六郡。而臨屯、真番，元封三年開朝鮮所置者，晉志不載，則并省者四，除八郡，正合漢志一百三之數。

林氏云：「漢山川不出禹貢分域，而里數倍加者，古今尺步不同。」吴氏云：「南北萬三千餘里，舉朔方、日南而言。」按史記平準書：「漢連兵三歲，誅羌，滅南越，番禺以西至蜀南者，置初郡十七」，即晉志所謂初置者。南海至儋耳九郡皆南越地，武都至汶山五郡皆西南夷地，夜郎爲犍爲，滇爲益州，今化外姚州。并零陵爲十七郡。酒泉、武威、張掖、敦煌，本匈奴昆邪、休屠地，是爲河西四郡，并金城謂之河西五郡。又定朝鮮，爲四郡：樂浪、玄菟在遼東之東，通典云「今爲東夷之地」；臨屯治東暆，真番治雪，見于茂陵書。又擊匈奴，取河南地，築朔方，亦初郡也。元朔置蒼海，三年而罷。元始置西海，中興而廢，故志不著。隴西、天水、安定、北地、上郡、西河，是爲六郡，名將多出焉。北地、朔方、五原、雲中、定襄、鴈門、代郡、西河，是爲緣邊八郡。除北地、西河，而益右北平、上谷、漁陽，是爲緣邊九郡。

存其國號而屬漢者，曰屬國，置都尉，安定、上郡、天水、五原、張掖，是爲五屬國。

其後，金城、西河、北地亦置焉。按：武帝初置無象郡。茂陵書云治臨塵。昭紀：「元鳳五年罷象郡，分屬鬱林、牂柯。」而史不書建置之始，蓋闕文也。賈捐之建議棄珠厓，曰：「制南海以爲八郡。」是時，儋耳已并屬珠厓矣。三方之開，皆自好事之臣，西南夷發於唐蒙、司馬相如，兩粤起嚴助、朱買臣，朝鮮由涉何。昔者，堯、禹之德訖于四海，而地不盡四海，故地不足而德有餘。若漢，則廣地而已。秦地南不過閩、粤，北不過太原，漢又廣於秦矣。凡中國爲内郡，宣、元、成紀所謂「内郡國」也。緣邊有夷狄、障塞者爲外郡。又按：馬援説楊廣曰：「前披輿地圖，見天下郡國百有六所」，當攷。

揚雄曰：「大漢，左東海，右渠搜，前番禺，後陶塗，東南一尉，西北一候。」注：會稽東部都尉，燉煌玉門關候。

十三部

百官表：「元封五年，初置部刺史，掌奉詔條察州，秩六百石，員十三人。」漢十三部，關中、三河，司隸自察之。刺史所以有十三員者，征和以前，司隸所統亦有刺史察之也。前漢地理志〔六〕：「武帝開地斥境，南置交趾，顔氏曰：胡廣記云漢既定南越之地，置交趾刺史，別於諸州，令持節，治蒼梧。北置朔方之州，胡廣記曰：漢分雍州置朔方刺史。雍州即漢涼州也，以廣之言攷之，則涼州疆界闊遠，分朔方諸郡別置刺史察之，是涼州有兩刺史也。兼徐、梁、幽、并，夏、周之制。夏有徐、梁而無幽、并，周有幽、并而無徐、梁。漢兼其制，則爲十一州。改雍曰涼，改梁曰益，凡十三部。」兼夏、周之制爲十一州，新置交州，并司隸所領爲十三部。

司隸校尉部：按前漢志：「司隸校尉，武帝征和四年初置，察三輔、三河、弘農。」則今作初置十三部〔七〕，尚未有司隸校尉。京兆、扶風、馮翊、弘農、河内、河南、河東七郡。昭帝始元元年，有司請河内屬冀州，河東屬并州，本屬司隸部。豫州刺史部：潁川、汝南、沛郡，梁、魯國，凡三郡二國。冀州刺史部：魏、鉅鹿、常山、清河郡，趙、平干、宣帝改曰廣平。真定、中山、信都、河間國，凡四郡六國。兖州刺史部：陳留、山陽、濟陰、泰山、東郡，城陽、淮陽、東平國，凡五郡三國。徐州刺史部：琅邪、東海、臨淮郡，泗水、廣陵、楚國，凡三郡三國。青州刺史部：平原、千乘、濟南、北海、東萊、齊郡，菑川、膠東、高密國，凡六郡三國。荆州刺史部：南陽、江夏、桂陽、武陵、零陵、南郡，長沙國，凡六郡一國。揚州刺史部：廬江、九江、會稽、丹陽、豫章郡，六安國，凡五郡一國。益州刺史部：漢中、廣漢、武都、犍爲、越嶲、益州、牂柯、蜀郡，凡八郡。凉州刺史部：隴西、金城、昭帝置。天水、武威、張掖、酒泉、敦煌、安定、北地，凡九郡。并州刺史部：太原、上黨、西河、朔方、五原、雲中、定襄、鴈門、上郡，凡九郡。幽州刺史部：勃海、上谷、漁陽、右北平、遼西、遼東、玄菟、樂浪、涿、代郡，廣陽國，凡十郡一國。交州刺史部：南海、鬱林、蒼梧、交趾、合浦、九真、日南七郡。

後漢與前異者，司隸治河南，朔方屬并州，建武十一年省朔方。交趾曰交州。建安二年改。

顔氏云：「武帝初置朔方郡，今夏州朔方縣北。別令刺史監之，不在十三州之限。」通典云：十三部不常所治，「後漢司隸治河南，今河南府。豫治譙，今亳州酇縣。兖治昌邑，今濟州金鄉縣。徐治郯，今淮陽軍下邳縣。青治臨淄，今青州縣。涼治隴，今秦州隴城縣。并治晉陽，今太原府太原縣，省入榆次。冀治鄗，今趙州高邑縣。幽治薊，今幽州縣。揚治歷陽，今和州縣。荆治漢壽，今常德府武陵縣。益治雒，今漢州縣。交治廣信。今梧州蒼梧縣。」刺史更名牧者，凡四改。綏和元年，元壽二年，建武元年，中平五年。光武都洛陽，關中復置雍州，後罷。興平元年，分涼州河西四郡爲雍州，是爲十四州。建安十八年，并十四州復爲九州。獻帝紀所謂復禹貢九州者，省幽、并以爲冀，省司隸、涼以爲雍，省交州以入荆、益，於是有兖、豫、青、徐、荆、揚、冀、益、雍。禹貢無益有梁，其地一也。是時，曹操自立爲魏公，欲廣冀州而益其地，非復古也。荀彧傳云：「操領冀州牧，或説操宜復古置九州，則冀州所制者廣大。」

後漢郡國

郡國志：「世祖中興，惟官多役煩，乃命并合，省郡國十、縣邑道侯國四百餘所。紀云：「建武六年，詔省減吏員，并合郡縣，於是并省四百餘縣。」至明帝置郡一，章帝置郡國二，和帝置三，安帝又命屬國別領比郡者六：廣漢、蜀郡、犍爲、張掖、居延、遼東，又所省縣漸復分置。至於孝順，凡郡國百五，縣邑道侯國千一百八十。」永興初，有鄉三千六百八十二，亭萬二千四百二十。郡國比前志增二，縣邑道侯國比前志少三百九十七。

晉志：「光武在彫耗之辰，郡國蕭條，并省者八：城陽、淄川、高密、膠東、六安、真定、泗水、廣陽。」按光武紀：「建武十三年，并省西京十三國。」廣陽當作廣平〔八〕。今按：郡國志云省郡國十，此云并省者八，蓋後復河間、廣陽。明帝置一：永昌。章帝置二：任城、吴郡。和、順改作，其名有九：和置濟北、廣陽，順改淮陽爲陳，改楚爲彭城，濟東爲東平，臨淮爲下邳，千乘爲樂安，信都爲安平，天水爲漢陽，郡國百有八焉。省前漢八，分置五，改舊名七，因舊九十六。桓、靈頗增於前，復置六郡，桓：高陽、高涼、博陵；靈：南安、鄱陽、廬陵。今按：靈又置一：汶山。以汶江、蠶陵、廣柔三縣置。獻分置二：永寧、分巴郡置。西海。

通典：「東樂浪，西燉煌，南日南，北鴈門，西南永昌，四履之盛，亦如前漢。」今按：興平元年，孫策分立廬陵；建安十五年，孫權分立鄱陽，乃獻帝時。十道志云：「靈帝末，揚州刺史劉遵上書分立二郡。」

文中子見牧守屢易，曰：「堯、舜三載攷績，仲尼三年有成，今旬月而易，吾不知其道。三代之興，邦家有社稷焉；兩漢之盛，牧守有子孫焉，不如是之亟也，無定主而責之以忠，無定民而責之以化，雖曰能之，末由也已。」

迂齋樓氏曰：「聖王不作，建國封侯之法，一壞於秦而不可復，破萬國而爲郡縣，罷五等而立守宰，内樂其下之易制，而吏不得以私其民。國無定民，民無固志，不知夫無定民於下，是無定民於國也。無固志於上，是無固志於君也。讁戍倡亂，天下瓦解，郡殺其守，縣劫其令，三十六郡鞠爲盗淵。南陽之齮，三川之由，泗川之壯，或降或死。平時無尺寸之柄，文法吏議不少貸，宜其拱手無策也。雖然郡縣初置，守宰猶能有所爲也。武職甲卒，屬於都尉，虎符調發，召而復來，歲及立秋，都肄講武，則兵權不盡屬於公上也。鹽鐵筦榷之利未興，放散官錢捐以予民，則利權不盡歸於公上也。直指未遣使，司隸未置員，刺史未臨察，則事權不盡聽於公上也。兵皆郡守之兵，則選練易以精；財皆郡守之財，則斂散易以專；事皆郡守之事，則施置易以便。不滿歲不爲真，不數年不一易。彼自丞尉以上，貶退稱進，出於其手。民習於教條，不敢有慢易之心。氣勢聯屬，運掉不難，有尊重難危之勢，而無朝暮不保之憂。視其郡如視其家，待其民如待其子弟。是以守馮翊者得以奏令而换縣，守渤海者得以單車而平賊，守南陽者得以誅宛令之輕己。盗賊竊發，應時捕討，誅其渠帥，支黨解散，則無潰決之虞。群偷縱横，披籍輒在，把其宿負，痛斷窟穴，則無陰伏之患。惟不有以奪其權，故吏得以行其志。

惟吏得以私其民，故亦得以不負於其國。中興以來，併武職於太守，罷都試於郡國，守相之權非曩日比矣。然桂陽任衛颯者十年，山陽任秦彭者六年，循吏之效表表，爲中興第一。雲中守以兵敗而功曹與之俱斃，漁陽守以戰没而主簿自投以赴。雖安、順以後，分守陵夷，而吏民愛戴，猶不少減。」

范文正公曰：「周、漢、李唐，雖有禍亂而能中興者，人未厭德，作亂者不能革天下之心，是邦本之固也。六朝、五代之亂，鮮克中興者，人厭其德，弔民者有以革天下之心，是邦本之不固也。」屏山劉氏曰：「賦斂急則守令才，賦斂寬則守令賢。守令賢則民寬，守令才則民擾，由上使之也。莽能移漢之社稷，而不能移漢之民心。」

漢郡國鹽鐵官

通鑑：武帝元狩四年冬，置鹽鐵官。昭帝始元六年春，「詔問賢良文學，民所疾苦，皆對願罷鹽鐵官，於是鹽鐵之議起焉」。元帝初元五年六月，罷鹽鐵官。永光三年冬，以用度不足，「復鹽鐵官」。

鹽鐵論：「文學曰：文帝時，無鹽鐵之利而民富，今有之而百姓困，丞相請且罷關内鐵官。」今攷：官自煮鹽自齊、燕始，管子：「有渠展之鹽，伐菹薪煮水爲鹽。」又曰：「燕有遼東之煮。」其後，齊祈望守之。左傳。鐵有官，自秦始。管子：計人用鐵。稅之而已，官未嘗冶鑄。太史公自序：「司馬昌爲秦王鐵官。」至漢，鹽鐵之利二十倍於古，大司農有斡官、鐵市兩長丞，有郡國鹽官、鐵官，續志注：「出鹽多者置鹽官，主鹽稅。出鐵多者置鐵官，主鼓鑄。」後漢皆屬郡縣。建初中，章帝議復鹽鐵官，大司農鄭衆諫以爲不可。詔數切責，衆執之不移，帝不從。和帝詔曰：「先帝遺戒，郡國罷鹽鐵之禁，縱民煮鑄，入稅縣官如故事。」

鹽官

地理志：河東郡安邑縣。太原郡，又晉陽縣。南郡巫縣。鉅鹿郡堂陽縣。勃海郡章武縣。千乘郡。北海郡都昌縣，又壽光縣。東萊郡曲成縣，又東牟縣，又㡉縣〔九〕，又昌陽縣，又當利縣。琅邪郡海曲縣，又計斤縣，又長廣縣。會稽郡海鹽縣。蜀郡臨邛縣。犍爲郡南安縣。巴郡朐忍縣。隴西郡。安定郡三水縣。北地郡弋居縣。上郡獨樂縣，又龜兹縣。西河郡富昌縣。朔方郡沃壄縣。五原郡成宜縣。鴈門郡樓煩縣。漁陽郡泉州縣。遼西郡海陽縣。王尊補遼西鹽官長。遼東郡平郭縣。南海郡番禺縣。蒼梧郡高要縣。總三十有六。又鴈門郡沃陽縣，鹽澤在東北，有長、丞。漢鹽官在東南者不多有，會稽纔一，廣陵無之，遺利猶在民也。唐天下有鹽之縣一百五，江南十二，淮南二。郡縣志：「楚州鹽城縣，本漢鹽瀆縣。州長百六十里，在海中，洲上有鹽亭百二十三所，每歲煮鹽四十五萬石。揚州海陵縣鹽監歲煮鹽六十萬石，而楚州鹽城、浙西嘉興臨平兩監所出次焉。計每歲天下鹽利，當租賦三分之一。」今以紹興末年攷之，兩浙有場四十二，淮東有場二十，視古益密矣。

鐵官

地理志：京兆鄭縣。馮翊夏陽縣。扶風雍縣，又漆縣。弘農郡宜陽縣。河東郡安邑縣，又皮氏縣，又平陽縣，又絳縣。太原郡大陵縣。河内郡隆慮縣。河南郡。潁川郡陽城縣。汝南郡西平縣。南陽郡宛縣。廬江郡皖縣。山陽郡。沛郡沛縣。魏郡武安縣。常山郡都鄉縣。涿郡。後漢永元十五年復置涿郡故安鐵官。千乘郡，又千乘縣。濟南郡東平陵縣，又歷城縣。泰山郡嬴縣。齊郡臨淄縣。東萊郡東牟縣。琅邪郡。東海郡下邳縣，又朐縣。臨淮郡鹽瀆縣，又堂邑縣。桂陽郡。續志：耒陽有鐵官。建武中，太守衛颯上起鐵官。漢中郡沔陽縣。蜀郡臨邛縣。犍爲郡武陽縣，又南安縣。隴西郡。漁陽郡漁陽縣。右北平郡夕陽縣。遼東郡平郭縣。中山國北平縣。膠東國郁秩縣。城陽國莒縣。東平國。魯國魯縣。楚國彭城縣。廣陵國。總四十有九。

管子曰：「出鐵之山三千六百九。」漢關内有鐵官，蓋始元罷之而復置。張湯傳：「趙國以冶鑄爲業，王數訟鐵官事。」志所載趙國無鐵官。征和二年，涿郡鐵飛；河平二年，沛郡冶鐵飛，則菑異動焉。陽朔三年，潁川鐵官徒盜庫兵；永始三年，山陽鐵官徒盜庫兵，則奸宄生焉。唐天下有鐵之縣一百三，宋鐵冶七十七，皆多於漢。蘇文忠公謂徐州東北七十餘里即利國監，自古爲鐵官，凡三十六冶，冶户皆大家，常爲盜賊所窺。即漢彭城鐵官也。紹興末，鐵坑興者三百七十七。乾道中，鐵歲收二百十六萬二千一百四十四斤。鹽鐵使，始於唐乾元元年第五琦。

輿地圖

漢有司空郡國輿地圖，周禮大司徒、職方氏注。武帝案以封三子，光武披以定天下，明、章以等諸侯之租。陳氏曰：「戰國策士每言闚周室，則按圖籍以争天下。蕭何入秦，獨收圖籍。自漢守之司空，寖以泄布，如江都、淮南諸王，皆按輿地謀變。而王鳳亦云：太史公書有地形阨塞，不宜在諸侯王。然則古圖志雖司徒掌之，而藏在司馬，秘不得見。先王所以弭姦消患者，其慮遠哉。」王氏曰：「先王建國，所以周知九州封域與其人民之數者，詔地事則有圖，詔觀事則有志，比生齒則有籍。」

指掌圖序曰：「昔蘇秦按此以説諸侯，而知六國有十倍之勢。蕭何藏此以相高祖，而知天下阨塞之所在。聚米爲象，馬援以度隗囂；建樓以畫，德裕以服南詔。藩鎮强梁於河北，而險要詳於吉甫；先零跋扈於隴西，而地形上於充國。規制華夷，靡不憑此。」

元和郡縣圖志序曰：「秦皇并六國，罷侯置守〔一〇〕。漢武討百蠻，窮兵黷武。雖裂爲郡縣，遠過殷、周，而教令所行，威懷所服，亦不越於三代。」

三國州郡

通典云：「魏據中原，有州十二：司隸、荆、通典無荆州。豫、兖、青、徐、凉、秦、治上邽，今秦州。冀、幽、并、揚、雍。有郡國六十八。蜀全制巴蜀，置益、治成都。梁治漢中，今興元。二州，有郡二十二。吴北據江，南盡海，置交、治龍編，今安南。廣、治番禺，今廣州。荆、治南郡，今江陵。郢、治江夏，今鄂州。揚治建業，今建康。五州，有郡四十三。」

晉志：「魏武置十二，新興、樂平、西平、新平、略陽、陰平、帶方、譙、樂陵、章武、南鄉、襄陽。所省七。上郡、朔方、五原、雲中、定襄、漁陽、廬江。文帝置七，朝歌、陽平、弋陽、魏興、新城、義陽、安豐。明及少帝增二，明帝：上庸。少帝：平陽。得漢郡者五十四焉。蜀先主置郡九，巴東、巴西、梓潼、江陽、汶山、漢嘉、朱提、宕渠、涪陵。後主增二，雲南、興古。得漢郡者十有一焉。吳大帝置郡五，臨賀、武昌、珠厓、新都、廬陵南部。少帝、景帝各四，少：臨川、臨海、衡陽、湘東。景：天門、建安、建平、合浦北部。歸命侯置十二，始安、始興、邵陵、安成、新昌、武平、九德、吳興、東陽、桂林、滎陽、宜都。得漢郡者十有八焉。」魏以司隸之三河、弘農，冀之平陽爲司州，分雍州河西爲凉州，隴右爲秦州，分遼東昌黎、玄菟、帶方、樂浪爲平州，後合爲幽州。揚、荊二州，魏、吳並立，魏揚治壽春，荊治襄陽。吳分南海、蒼梧、鬱林爲廣州，交阯、日南、九真、合浦爲交州。呂岱傳：「表分海南三郡爲交州，海東四郡爲廣州。」蜀以建寧太守遥領交州。建寧，漢益州永昌，今姚州。魏明帝詔郡縣條爲劇、中、平。宋志：「吳得揚、荊、交三州，蜀得益州，魏氏猶得九焉。」

晉十九州

地理志：「晉武帝太康元年，平孫氏，增置郡國二十三：滎陽、上洛、頓丘、臨淮、東莞、襄城、汝陰、長廣、廣甯、昌黎、新野、隨郡、陰平、義陽、毗陵、宣城、南康、晉安、寧浦、始平、略陽、樂平、南平。省司隸，置司州，别立梁、秦、寧、平四州，仍吳之廣州，凡十九州。」司治洛陽，兖治廩丘，今濮州雷澤縣。豫治項，今陳州項城。冀治房子，今趙州臨城縣。并治晉陽，青治臨淄，徐治彭城，今徐州。荊初治襄陽，後治江陵，揚初治壽春，後治建業，涼治武威，今涼州。雍治京兆，秦治上邽，今秦州。益治成都，梁治南鄭，今興元府。寧治雲南，今姚州。幽治涿，今幽州范陽縣。平治昌黎，漢遼西交黎，唐安東府。交治龍編，唐安南府。廣治番禺。今廣州。惠帝分揚之豫章至晉安七郡，荊之桂陽、武昌、安成三郡，立江州。宋州郡志云：「太康元年，天下一統，凡十六州。後又分涼、雍爲秦，分荊、揚爲江，分益爲寧，分幽爲平，而爲二十矣。」郡國一百七十三。仍吳所置二十五，仍蜀新置十一，仍魏所置二十一，仍漢舊九十三，置二十三。永嘉南渡，境宇殊狹，九州之地有其二焉。晉以魏公族微弱，委兵諸王，遞相攻伐，致亂尤速。八王：汝南王亮，楚王瑋，趙王倫，齊王冏，長沙王乂，成都王穎，河間王顒，東海王越。

宋二十二州

通典云：「自東晉成帝時，中原流民多南渡，遂於江、漢、淮之間僑立州郡，以撫其民。中間併省廢置，離合非一，不能詳誌焉〔二〕。今大較以孝武大明八年爲正。凡二十二州：揚治建業，南徐治京口，今鎮江丹徒縣。徐治彭城，南兗治廣陵，兗治瑕，今襲慶府瑕丘縣。南豫治歷陽，豫治汝南，今蔡州汝陽縣。江治尋陽，今江州。青治臨淄，初治歷城，今濟南府縣。後治廣固，今青州益都縣。後移治。冀治歷城，司治義陽，今信陽軍。荊治南郡，今江陵府。郢治江夏，湘治臨湘，今潭州。雍治襄陽，梁治南鄭，秦亦治南鄭，益治成都，寧治建寧，今姚州。

廣治南海，今廣州。交治龍編，越治臨鄣。今廉州。郡凡二百三十八，縣千一百七十九。」

宋志：「江左又分荆爲湘，或離或合，凡有揚、荆、湘、江、梁、益、交、廣，其徐州則有過半，豫州唯得譙城而已。宋分揚爲南徐，徐爲南兖，揚州之江西悉屬豫州，分荆爲雍，分荆、湘爲郢，分荆爲司，分廣爲越，分青爲冀，分梁爲南、北秦。太宗初，青、冀、徐、兖及豫州淮西不守，於鍾離今濠州縣。置徐州，淮陰今楚州縣。爲北兖，而青、冀治贛榆。今海州東海縣。」江左大鎮莫過荆、揚，故謂荆州爲陝西。二州户口居江南之半，揚州爲根本，委荆州以閫外。

李忠定曰：「六朝能保守江左，以强兵巨鎮盡在淮南荆、襄間。」杜佑曰：「宋孝武改更舊制，國吏不得稱臣。自兹以還，建侯日削。」

齊二十三州

通典：「齊，青治朐山，今海州縣。冀治漣口，今泗州漣水縣。豫治壽春，北兖治淮陰，北徐治鍾離，又置巴，治巴東〔二〕，今夔州。其餘因宋代。州二十有三，郡三百九十五，縣千四百七十四。」

南齊志：「三峽險隘，山蠻寇賊，宋立三巴校尉以鎮之，後省。建元二年，分荆州巴東、建平，益州巴郡爲州，立刺史。」

梁陳州郡

隋地理志：「梁天監十年，有州二十三，郡三百五十，縣千二十二。其後開閩、越，克淮浦，平俚洞，破牂柯，又以舊州析置，大同中，州百有七。陳氏土宇彌蹙，西亡蜀、漢，北失淮、肥，以長江爲境，有州四十二，地轉狹而州益多，郡百有九，縣四百三十八。」司馬公曰：「陳國不能居天下五分之一。」文中子：「叔恬曰：敢問元經書陳亡而具五國，何也？子曰：江東，中國之舊也，衣冠禮樂之所就也。永嘉之後，江東貴焉，而卒不貴，無人也。齊、梁、陳於是乎不與其爲國也，及其亡也，君子猶懷之。書五國並時而亡，蓋傷先王之道盡墜，故君子大其言。極其敗，於是乎掃地而求更新也。」

後魏州郡

地形志：「州百十有一，郡五百十九，縣千三百五十二〔一三〕。」劉氏曰：「拓跋氏乘後燕之衰，蠶食并、冀三十餘年，而中國略定。遷洛之後，稍用夏禮。母后亂於內，群盜撓其外，禍始於六鎮，釁成於爾朱，國分爲二而亡矣。」通典：「六鎮在朔州、雲州、單于府界。正始中，更立三戍。」正光五年，改鎮爲州。郡縣志：「沃野故城，在天德軍城北六十里，即後魏六鎮從西第一鎮也。自北出石門障即光禄城，城東北有懷朔古城，朔州即後魏六鎮從西第二鎮也。武川城，今名里城，後魏六鎮從西第三鎮，在軍北二百里。」北史：「太和十八年八月，幸懷朔、武川、撫冥、柔玄等四鎮。」薄骨律鎮，靈州温池縣。懷荒、禦夷鎮，蔚州。河南四鎮：碻磝、滑臺、洛陽、虎牢。明帝以沃野、懷朔、薄骨律、武川、撫冥、柔玄、懷荒、禦夷諸鎮，並改爲州。

北齊、後周州郡

隋志、通典：「自東、西魏之後，天下三分，梁、陳有江東，高氏據河北，有州九十七，郡百六十，縣三百六十五。後周書：周平齊，得州五十，郡一百六十二，縣三百八十〔一四〕。宇文有關西，南清江漢，西兼巴蜀。及平齊，有州二百十一，郡五百八，縣千一百二十四。晉、宋之後至周，割據分裂，州郡乃倍兩漢〔一五〕。」

隋州郡

隋志、通典：「開皇三年，以官繁民弊，廢五百餘郡，以州治民，職同郡守，無復刺舉之任。九年，滅陳，天下始合爲一，析置州縣。煬帝平林邑，置蕩、農、冲三州。既而併省諸州，改州爲郡，依漢制，置太守，以司隸、刺史相統治。定吐谷渾，置鄯善、且末、西海、河源四郡。凡郡一百九十，縣一千二百五十五。東西九千三百里，南北一萬四千八百十五里，東、南皆至海，西至且末，沙州以東。唐地理志：渡且末河五百里至播仙鎮，故且末城也。北至五原。豐州。」

何氏曰：「天下久分，裂而難合也，而秦、隋合之，然皆止於二世。自古亡國，無速於此。天下之業既定，而猶虛用其衆也。以不仁得之，以不仁守之，必及其世，秦、隋是也。」

校勘記

〔一〕水經云泗水出魯卞縣　「出」，原作「在」，漢書卷一四諸侯王表顔師古注引晉灼曰作「出」，同水經泗水篇，據改。

〔二〕忲邪臣計謀爲淫亂　「忲」，原作「怵」，浙本作「忲」。史記卷一七漢興以來諸侯年表作「忲」，據改。

〔三〕濟陰　原作「濟陽」，元本、遞修本作「濟陰」。史記卷一一孝景本紀：中元六年，「立梁孝王子明爲濟川王，子彭離爲濟東王，子定爲山陽王，子不識爲濟陰王。梁分爲五」。漢書卷一四諸侯王表：「梁分爲五。」顔師古注：「謂梁、濟川、濟東、山陽、濟陰也。」此「濟陽」爲「濟陰」之誤，據改。

〔四〕縣邑千三百一十四　「一十四」，原作「二十四」，據元本、遞修本及漢書卷二八下地理志下改。

〔五〕膠西　各本均闕，據晉書卷一四地理志上補。

〔六〕前漢地理志　「前漢」，原作「前後漢」，所引均爲漢書地理志文字，「後」字當衍，故刪。

〔七〕則今作初置十三部　「作」，原作「年」，元本漫漶不清，據元乙本、遞修本改。

〔八〕并省西京十三國廣陽當作廣平　「十三國」，各本均作「國」。後漢書卷一下光武帝紀下：建武十三年，「省并西京十三國：廣平屬鉅鹿，真定屬常山，河間屬信都，城陽屬琅邪，泗水屬廣陵，淄川屬高密，膠東屬北海，六安屬廬江，廣陽屬上谷」。則此脱「十三」二字，據補。按續漢書郡國志：「世祖中興，惟官多役煩，乃命并合，省郡國十。」通典卷一七一州郡一：「後漢光武以官多役煩，仍併省郡國十。」錢大昕廿二史考異卷一〇考證後漢書光武帝紀文中「十三國」之「三」字及「淄川屬高密」之「屬」字，皆是衍文，並省者既有廣平，亦有廣陽。此云「廣陽當作廣平」，不確。

〔九〕又幪縣　「幪縣」，原作「幪縣」，據元本、遞修本及漢書卷二八上地理志上改。

〔一〇〕罷侯置守　「侯」，原作「候」，據庫本及元和郡縣圖志序改。

〔一一〕中間併省廢置離合非一不能詳誌焉　「併省」，各本均作「併有」；「詳誌」，各本均作「詳制」。據通典卷一七一州郡一改。

〔一二〕又置巴治巴東　通典卷一七一州郡一作齊「又置巴東，治巴。今雲安郡」。南齊書州郡志無巴東州，通典之「巴東」當指巴東郡。宋書州郡志已有巴東國，即巴東郡，非齊新置。王應麟下文引南齊書州郡志謂建元二年置巴州，此處謂「又置巴，治巴東」不誤，通典疑誤。

〔一三〕地形志……縣千三百五十二　此段文字不見於今本魏書地形志，通典卷一七一州郡一：「今按舊史，管州百十有一，郡五百十有九，縣千三百五十有二。」通志卷四〇、文獻通考卷三一五同。

〔一四〕得州五十郡一百六十二縣三百八十　周書卷六武帝紀下：「合州五十五，郡一百六十二，縣三百八十五。」

〔一五〕州郡乃倍兩漢　「州郡」，原作「州部」，據通典卷一七一州郡一改。

通鑑地理通釋卷之三

歷代州域總敍下

唐十道

地理志：「唐興，高祖改郡爲州，太守爲刺史。武德元年。又置都督府以治之。七年。然天下初定，權置州郡頗多。太宗元年，始命併省。又因山川形便，分天下爲十道。至十三年定簿，凡州、府三百五十八，縣一千五百五十一。明年，平高昌，又增州二縣六。其後，北殄突厥頡利，西平高昌，北踰陰山，西抵大漠，其地東極海，西至焉耆，南盡林州南境，北接薛延陀界。東西九千五百一十一里，南北一萬六千九百一十八里。」會要：「凡天下三百六十州。自後併省，迄于天寶，凡三百三十一州存焉。」

六典云：「一曰關内道，古雍州之境，今京兆、華、同、岐、邠、隴、涇、寧、坊、鄜、丹、延、慶、鹽、原、會、靈、夏、豐、勝、綏、銀，凡二十有二州焉。東拒河，西抵隴坂，南據終南之山，北邊沙漠。其名山有太白、九嵕、吳山、岐山、梁山，泰華之嶽在焉。其大川有涇、渭、灞、滻。厥賦絹、綿、布、麻。厥貢岱赭、鹽山、角弓、龍鬚席、蓯蓉、野馬皮、麝香。遠夷則控北蕃、突厥之朝貢焉。二曰河南道，古豫、兗、青、徐四州之境，今河南府、陝、汝、鄭、汴、蔡、許、豫、潁、陳、亳、宋、曹、滑、濮、鄆、濟、齊、淄、徐、兗、泗、沂、青、萊、登、密、海，凡二十有八州焉。東盡于海，西距函谷，南瀕于淮，北薄于河。名山則有三崤、少室、砥柱、蒙山、嶧山，嵩、岱二嶽在焉。大川則有伊、洛、汝、潁、沂、泗之水，淮、濟之瀆。厥賦絹、絁、綿、布。厥貢紬、絁、文綾、絲、葛、水葱、藨心席、瓷石之器。遠夷則控海東新羅、日本之貢獻焉。三曰河東道，古冀州之境，今太原、潞、澤、晉、絳、蒲、虢、汾、慈、隰、石、沁、儀、嵐、忻、代、朔、蔚、雲，凡十有九州焉。東距常山，西據河，南抵首陽、太行，北邊匈奴。其名山則有雷首、介山、霍山、嵉當作崞。山。其大川有汾、晉及丹、沁之水。厥賦布、襺〔一〕。厥貢絹扇、龍鬚席、墨、蠟、石英、麝香、漆、人蔘。四曰河北道，古幽、冀二州之境，今懷、衛、相、洺、邢、趙、恒、定、易、幽、莫、瀛、深、冀、貝、魏、博、德、滄、棣、嬀、檀、營、平、安東，凡二十有五州焉。東並于海，南迫于河，西距太行、常山，北通榆關、薊門。其名山有林慮、白鹿、封龍、井陘、碣石之山，常嶽在焉。其大川有漳、淇、呼沲之水。厥賦絹、綿及絲。厥貢羅、綾、平紬、絲、布、綿、紬、鳳翮、葦席、墨。遠夷則控契丹、奚、靺鞨、室韋之貢獻焉。五曰山南道，古荆、梁二州之境，今荆、襄、鄧、商、復、郢、隨〔二〕、唐、峽〔三〕、歸、均、房、金、夔、萬、忠、梁、洋、集、通、開、壁、巴、蓬、渠、涪、渝、合、鳳、興、利、閬、果，凡三十有三州焉。東接荆、楚，西抵隴、蜀，南控大江，北據商、華之山。其名山有嶓冢、熊耳、巫峽、銅梁、荆山、峴山。大川則有巴、漢、沮、淯之水。厥賦絹、布、綿、紬〔四〕。厥貢金、漆、蜜蠟、蠟燭、鋼鐵、芒消、麝香、布、交梭、白縠、細紵、綾、葛、綵綸、蘭干。六曰隴右道，古雍、梁二州之境，今秦、渭、成、武、洮、岷、疊、宕、河、蘭、鄯、廓、涼、甘、肅、瓜、沙、伊、西、北庭、安西，凡二十有一州焉。東接秦州，西逾流沙，南連蜀及吐蕃，北界朔漠。其名山有秦嶺、隴坻、西傾、朱圉、積石、合黎、崆峒、三危、鳥鼠同穴。其大川則有洮水、弱水、羌水、河瀆及休屠之澤在焉。厥賦布、麻。厥貢麩金、礪石、碁石、蜜蠟、蠟燭、毛氈、麝香、白氎及鳥獸之角、羽毛、皮革。遠夷則控西域胡戎之貢獻焉。七曰淮南道，古揚州之境，今揚、楚、和、滁、濠、壽、廬、舒、蘄、黄、沔、安、申、光，凡十有四州焉。東臨海，西據漢，南據江，北距淮。其名山有八公、灊、大别、霍山、羅山、塗山。其大川有滁、肥之水，巢湖在焉。厥賦絁、絹、綿、布。厥貢交梭、紵、絺、孔雀熟絲布、青銅鏡。八曰江南道，古揚州之南境，今潤、常、蘇、湖、杭、歙、睦、衢、越、婺、台、温、明、括、建、福、泉、汀、宣、饒、撫、虔、洪、吉、郴、袁、江、鄂、岳、潭、衡、永、道、邵、澧、朗、辰、飾〔五〕、志未見。錦、施、南、溪、思、黔、費、業、巫、夷、播、溱、珍，凡五十有一州焉。東臨海，西抵蜀，南極嶺，北帶江。其名山有茅山、蔣山、天目、會稽、四明、天台、括蒼、縉雲、金華、大庾、武夷、廬山，而衡岳在焉。其大川有浙江、湘、贛、沅、澧之水，洞庭、彭蠡、太湖之澤。厥賦麻、紵。厥貢紗、編、綾、綸、蕉、葛、綀、麩金、犀角、鮫魚、藤、紙、朱砂、水銀、零陵香。遠夷則控五溪之蠻。九曰劍南道，古梁州之境，今益、蜀、彭、漢、綿、劍、梓、遂、普、資、簡、陵、邛、眉、雅、嘉、榮、瀘、戎、黎、茂、龍、扶、文、當、松、静、柘、翼、悉、維、嶲、姚，凡三十有三州焉。東連牂柯，西界吐蕃，南接群蠻，北通劍閣。其名山有峨眉、青城、鶴鳴、岷山。其大川有涪、雒及西漢之水，江瀆在焉。厥賦絹、綿、葛、紵。厥貢麩金、羅、綾、綿、紬、交梭、彌牟布、絲、葛、麝香、羚羊、犛牛角尾。遠夷則控西洱河群蠻之貢獻焉〔六〕。十曰嶺南道，古揚州之南境，今廣、循、潮、漳、韶、連、端、康、岡、恩、高、春、封、辯、瀧、新、潘、雷、羅、儋、崖、瓊、振、桂、昭、富、梧、賀、龔、象、柳、宜、融、古、嚴、容、藤、義、竇、禺、白、廉、繡、黨、牢、巖、鬱林、平琴、邕、賓、貴、横、欽、潯、瀼、籠、田、武、環、澄、安南、驩、愛、陸、峰、湯、萇、福禄、龐，凡七十州焉。東南際海，西極群蠻，北據五嶺。其名山有黄嶺及鬱水之靈洲焉。其大川有桂水、鬱水。厥賦蕉、紵、落麻。厥貢金、銀、沉香、甲香、水馬、翡翠、孔雀、象牙、犀角、龜殼、鼂鼊、綵藤、竹布。其遠夷則控百越及林邑、扶南之貢獻焉。凡天下之州府三百一十有五，而羈縻之州蓋八百焉。」天寶二載，以州爲郡〔七〕。乾元元年，復以郡爲州。十道山川攷在後。地理志：羈縻府州八百五十六。

二十四都督

百官志：「景雲二年，置都督二十四人，察刺史以下善惡。揚、益、并、荆四州爲大都督，汴、兗、魏、冀、蒲、綿、秦、洪、潤、越十州爲中都督，皆正三品。齊、鄜、涇、襄、安、潭、遂、通、梁、夔十州爲下都督，從三品。當時以爲權重難制，罷之，唯四大都督府如故。置十道按察使，道各一人。」

通典：「太極初，并、益、荆、揚爲四大都督府。開元十七年，加潞州爲五焉。其餘都督，定爲上中下等。上都督府五，中都督府十三，下都督府十六。」

六典：「潞、揚、益、荆、幽爲大都督府，凉、秦、靈、延、代、兗、梁、安、越、洪、潭、桂、廣、戎、福爲中都督府，夏、原、慶、豐、勝、營、松、洮、鄯、西、雅、瀘、茂、巂、姚、夔、黔、辰、容、邕爲下都督府。」五代會要：「按十道圖，大都督府八：靈、陜、幽、揚、潞、魏、鎮、徐。」

十五道

通典：「開元二十一年〔八〕，分爲十五道，置採訪使，以檢察非法：京畿、治西京城内，今京兆。都畿、治東都，今河南。關内、多以京官遥領。河南、治汴州。河東、治蒲州。河北、治魏州。隴右、治鄯州。山南東、治襄州。山南西、治興元。劍南、治成都。淮南、治揚州。江南東、治蘇州。江南西、治洪州。黔中、治黔州。嶺南。治廣州。」

地理志：「開元二十一年，又因十道分山南、江南爲東、西道，增置黔中道及京畿、都畿，置十五採訪使，檢察如漢刺史之職。天寶盜起，中國用兵，而河西、隴右不守，陷于吐蕃。至大中、咸通，始復隴右。然舉唐之盛時，開元、天寶之際，東至安東，西至安西，南至日南，北至單于府，蓋南北如漢之盛，東不及而西過之。通典：漢之東境玄菟、樂浪，今爲東夷之地；漢之西境燉煌，今伊吾、交河、北庭、安西，則漢爲戎胡所據。開元二十八年户部帳〔九〕，凡郡府三百二十八，縣千五百七十三。」舊紀：「天寶元年，郡府三百六十二，縣一千五百二十八。」通鑑從唐曆、會要、統紀：「天寶元年州三百三十一。」

通典：「開元中，定天下州府，自京都京兆、河南、太原爲三都。及都督、都護府之外，以近畿之州爲四輔，同、華、岐、蒲四州。其餘爲六雄、鄭、陜、汴、絳、懷、魏六州。十望、宋、亳、滑、許、汝、晉、洛、虢、衛、相十州。六典有汾，無亳。十緊，後入緊者多，不復具列。及上中下之差。」六典：「安東、平、營、檀、嬀、蔚、朔、忻、安北、單于、代、嵐、雲、勝、豐、鹽、靈、會、涼、肅、甘、瓜、沙、伊、西、北庭、安西、河、蘭、鄯、廓、疊、洮、岷、扶、柘、維、静、悉、翼、松、當、戎、茂、嶲、姚、播、黔、驩、容爲邊州。凡三都之縣，在城内曰京縣，城外曰畿縣。又望縣有八十五焉。其餘爲上中下縣。通典：赤六，畿八十二，望七十八，緊百十一，上四百四十六，中二百九十六，下五百五十四，六等凡一千五百七十三縣。凡天下之上鎮二十，中鎮九十，下鎮一百三十五。上戍十一，中戍八十六，下戍二百三十五。」會要：「軍四十，府六百三十四，鎮四百五十，戍五百九十，守捉三十五。」

十節度

通鑑：「天寶元年，時天下聲教所被之州三百三十一，羈縻之州八百，置十節度、經略使以備邊。安西節度撫寧西域，治龜兹城，兵二萬四千。北庭節度防制突騎施、堅昆，治北庭都護府，兵二萬人。河西節度斷隔吐蕃、突厥，治涼州，兵七萬三千人。朔方節度捍禦突厥，治靈州，兵六萬四千七百人。河東節度與朔方掎角，以禦突厥，治太原府，兵五萬五千人。范陽節度臨制奚、契丹，治幽州，兵九萬一千四百人。平盧節度鎮撫室韋、靺鞨，治營州，兵三萬七千五百人。隴右節度備禦吐蕃，治鄯州，兵七萬五千人。劍南節度西抗吐蕃，南撫蠻獠，治益州，兵三萬九百人。嶺南五府經略綏靜夷獠，治廣州，兵萬五千四百人。此外，又有長樂經略，福州領之，兵千五百人；東萊守捉，萊州領之；東牟守捉，登州領之，兵各千人。凡鎮兵四十九萬人，馬八萬餘匹。」

通典：「節使使十，經略、守捉使三。邊方有寇戎之地，則加以旌節，謂之節度使。自景雲二年四月始，以賀拔延嗣爲涼州都督，充河西節度使。其後，諸道因同此號。」通鑑：「景雲元年十月，以薛訥爲幽州經略節度大使，節度之名自此始。」

會要：「永徽已後，除都督帶使持節，即是節度使。景雲二年，始有節度之號。」

兵志云：「所謂方鎮者，節度使之兵也。原其始，起於邊將之屯防者。唐初，兵之戍邊者，大曰軍，小曰守捉，曰城，曰鎮，而總之者曰道。若盧龍軍一，東軍等守捉十一，曰平盧道。橫海、北平、高陽、經略、安塞、納降、唐興、渤海、懷柔、威武、鎮遠、靜塞、雄武、鎮安、懷遠、保定軍十六，曰范陽道。天兵、大同、天安、橫野軍四，岢嵐等守捉五，曰河東道。朔方經略、豐安、定遠、新昌、天柱、宥州經略、橫塞、天德、天安軍九，三受降、豐寧、保寧、烏延等六城，新泉守捉一，曰關内道。赤水、大斗、白亭、豆盧、墨離、建康、寧寇、玉門、伊吾、天山軍十，烏城等守捉十四，曰河西道。瀚海、清海、靜塞軍三，沙鉢等守捉十，曰北庭道。保大軍一，鷹娑都督一，蘭城等守捉八，曰安西道。鎮西、天成、振威、安人、綏戎、河源、白水、天威、榆林、臨洮、莫門、神策、寧邊、威勝、金天、武寧、曜武、積石軍十八，平夷、綏和、合川守捉三，曰隴右道。威戎、安夷、昆明、寧遠、洪源、通化、松當、平戎、天保、威遠軍十，羊灌田等守捉十五，新安等城三十二，犍爲等鎮三十八，曰劍南道。嶺南、安南、桂管、邕管、容管經略、清海軍六，曰嶺南道。福州經略軍一，曰江南道。平海軍一，東牟、東萊守捉二，蓬萊鎮一，曰河南道。此自武德至天寶以前邊防之制。其諸城、鎮、守捉皆有使〔一〇〕，而道有大將一人，曰大總管，已後更曰大都督。至太宗時，行軍征討曰大總管，在其本道曰大都督。自景雲而後，接乎開元，朔方、隴右、河東、河西諸鎮皆置節度使。及安禄山反，肅宗起靈武，而諸鎮之兵共起誅賊。其後，慶緒及史思明父子繼起，肅宗命李光弼等討之，號九節度之師。大盗既滅，而武夫戰卒以功起行陣，列爲侯王者，皆除節度使。呂氏曰：開元文武迭用，不久任，不兼領，不遥授。自天寶分置十節度，致漁陽之變。安、史平而藩鎮之禍方始。由是，方鎮相望於内地，大者連州十餘，小者猶兼三四。始時爲朝廷患者，號河朔三鎮。及其末，朱全忠以梁兵，李克用以晉兵，更犯京師。而李茂貞、韓建近據岐、華，其他大鎮，南則吴、浙、荆、湖、閩、廣，西則岐、蜀，北則燕、晉，而梁盗據其中。自國門以外，皆分裂於方鎮矣。」方鎮表：「唐自中世以後，收功弭亂，常倚鎮兵，其亡亦終以此。」六典云：「天下節度有八，一曰關内朔方，二曰河東，三曰河北幽州，四曰河西，五曰隴右，六曰劍南，七曰磧西，八曰嶺南。」陸宣公云：「開元天寶間，控禦西北兩蕃，唯朔方、河西、隴右三節度而已。」通典云：「天寶初，折衝府五百九十三，鎮二百四，戍三百九十三，關二十七。」王彥威云：「至德迄元和，天下觀察者十，節度者二十有九，防禦者四，經略者三。」尹氏云：「弱唐者，諸侯也。唐既弱矣，而久不亡者，諸侯維之也。唐之弱者，以河北之彊也。唐之亡者，以河北之弱也。」崔氏云：「肅宗以河朔之地裂三鎮，擅地自有，其國卒移於方鎮。」

藩鎮傳：「魏博傳五世，至田弘正入朝，十年復亂，更四姓，傳十世，有州七。成德更二姓，傳五世，至王承元入朝。明年，王庭湊反，傳六世，有州四。盧龍更三姓，傳五世，至劉總入朝。六月，朱克融反，傳十二世，有州九。淄青傳五世而滅，有州十二。滄景傳三世，至程權入朝，十六年而李全略有之，至其子同捷而滅，有州四。宣武傳四世而滅，有州四。彰義傳三世而滅，有州三。澤潞傳三世而滅，有州五。」張氏曰：「唐之治，由藩鎮之未專地也。唐之弱，由藩鎮之彊盛也。唐之亡，由藩鎮之削滅也。」

按百官志：「諸王拜節度大使者，皆留京師。副大使知節度事者，正節度也。開元四年，親王始遥領。十六年，宰相始遥領。」貞元十四年，賈耽上十道録，凡三十一節度、十一觀察與防禦、經略，以守臣稱使者共五十。元和八年，李吉甫上郡縣圖，自京兆府至隴右道，凡四十七鎮。十四年，横海烏重胤奏：「所領德、棣、景三州各還刺史職事，在州兵並以刺史領之。」其後，河北諸鎮惟横海最爲順命，由重胤處之得宜。程子曰：「趙普便是此策。」

河北二十四郡

顏真卿傳：「禄山反，河朔盡陷，獨平原城守。玄宗始聞亂，歎曰：河北二十四郡，無一忠臣邪？」攷之六典，河內郡、懷。汲郡、衛。鄴郡、相。廣平郡、洺。鉅鹿郡、邢。趙郡、趙。恒山郡、恒。博陵郡、定。上谷郡、易。范陽郡、幽。文安郡、莫。河間郡、瀛。饒陽郡、深。信都郡、冀。清河郡、貝。魏郡、魏。博平郡、博。平原郡、德。景城郡、滄。樂安郡、棣。嬀川郡、嬀。密雲郡、檀。柳城郡、營。北平郡，平。凡二十四。畢炕爲廣平太守，拒安禄山〔一一〕，城陷，覆其家。二十四郡之忠臣，不獨平原、常山也。

天下水泉

六典：「水部掌天下川瀆、陂池之政令。凡天下水泉三億三萬三千五百五十有九，其在遐荒絶域，不可得而知。其江、河自西極達于東溟，中國之大川也。其餘百三十有五水，是爲中川。桑欽水經所引天下之水百三十七，江、河在焉。其千二百五十有二水，斯爲小川。酈善長注水經，引其支流一千二百五十二。若渭、洛、汾、濟、漳、淇、淮、漢，皆亘達方域。」

唐志：水經，桑欽撰。舊志：郭璞撰。通典云：「水經，不詳所撰者名氏，亦不知何代之書。」經云「壽張」，光武更名；「臨濟」，安帝更名；「湖陸」，章帝更名；「永安」，順帝更名，故知順帝以後纂序也。今攷經云「武侯壘」，諸葛武侯也；又云「魏興安陽縣」，魏興郡，魏分漢中所立也；又改信都從長樂，晉太康五年事也。又云「河水北薄骨律鎮城」，元魏鎮名也。然則水經非後漢人所撰。桑欽君長，漢成帝時人，見儒林傳。隋志不言桑欽撰。

程子曰：「唐土德，少河患。本朝火德，多水災。」

六都護

會要：都護府有六：單于、安西、安北爲大都護，安南、安東、北庭爲中都護。漢武開西域，宣帝始置都護。唐關内道單于，龍朔三年曰雲中，麟德元年更名。秦、漢雲中郡地。安北，貞觀二十一年曰燕然，龍朔三年曰瀚海，總章二年更名。治中受降城，徙豐、勝二州境，又徙天德軍。隴右道安西，貞觀十四年置，治西州，徙龜兹。北庭，本庭州，長安二年置。河北道安東，總章元年置。治平壤，徙遼東故城，又徙新城，又徙平州，又徙遼西故城。嶺南道安南。本交州，調露元年改，治交阯，寶曆元年徙宋平縣。開元四年，親王始遥領大都護。府之政以副大都護主之。

地理志：「自太宗平突厥，西北諸蕃及蠻夷稍稍内屬，即其部落列置州縣，其大者爲都督府，以其首領爲都督、刺史，皆得世襲。雖貢賦、版籍多不上户部，然聲教所暨，皆邊州都督、都護所領，著于令式。今録招降開置之目，以見其盛。其後或臣或叛，經制不一，不能詳見。突厥、回紇、党項、吐谷渾，隸關内道者，爲府二十九、州九十。突厥之別部及奚、契丹、靺鞨、降胡、高麗，隸河北者，爲府十四、州四十六。突厥、回紇、党項、吐谷渾之別部及龜兹、于闐、焉耆、疏勒、河西内屬諸胡、西域十六國，隸隴右者，爲府五十一、州百九十八。羌、蠻隸劍南者，爲州二百六十一。蠻隸江南者，爲州五十一；隸嶺南者，爲州九十二。又有党項州二十四，不知其隸屬。大凡府州八百五十六，號爲羈縻云。」

龜兹、毗沙、本于闐國。焉耆、疏勒爲四鎮。咸亨元年罷四鎮，曰龜兹、于闐、焉耆、疏勒。長壽二年復四鎮，曰龜兹、于闐、疏勒、碎葉。豐、勝、靈、夏、朔、代爲河曲六州。魯、麗、含、塞、依、契爲六胡州。廣、桂、容、邕、安南爲嶺南五府。亦曰五管。天寶後，王官之戍，北不逾河，西止秦、邠。

五代所有州

梁、唐、晉、漢、周，皆以藩鎮更爲帝。

職方攷：「梁初，天下別爲十一國，南有吳、浙、荆、湖、閩、漢，西有岐、蜀，北有燕、晉，而朱氏所有七十八州，以爲梁。莊宗初起并、代，取幽、滄，有州三十五。其後又取梁魏、博等十有六州，合五十一州，以滅梁。岐王稱臣，又得其州七。同光破蜀，已而復失，惟得秦、鳳、階、成四州，而營、平二州陷于契丹，其增置之州一，寰。合一百二十三州，以爲唐。石氏入立，獻十有六州於契丹，幽、薊、瀛、莫、涿、檀、順、新、嬀、儒、武、雲、應、寰、朔、蔚。而得蜀金州，又增置之州一，威。合一百九州，以爲晉。劉氏之初，秦、鳳、階、成復入于蜀。隱帝時，增置之州一，解。合一百六州，以爲漢。郭氏代漢，十州入于劉旻。世宗取秦、鳳、階、成、瀛、莫及淮南十四州，又增置之州五，濟、濱、雄、霸、通。而廢者三，衍、武、景。合一百一十八州以爲周。一軍不在焉。五代置軍六，皆寄治於縣，隸於州，故不別出。

宋二十三路

太祖受周禪，凡州、府、軍、監一百三十九，縣六百六十一，軍、監始自置屬縣，與州府並列。建隆元年，始以知州易方鎮。乾德二年，詔階、成二州直隸京師，始不以支郡盡隸節度使。荆南來朝，平湖南、蜀、廣、江南。開寶九年，有州二百九十七，縣一千八百六。太平興國二年，盡罷節鎮所領支郡。三年，陳洪進、錢俶獻地。四年，平太原，李繼捧來朝，而後混一。至道三年，始定爲十五路：京東、京西、河北、河東、陝西、淮南、江南、湖南、湖北、兩浙、福建、西川、峽西、廣東、廣西。咸平四年，分川峽爲四路。益、梓、利、夔。

天聖八年，分江南爲東、西。仁宗初，有路十八，總府、州、軍、監三百二十二，縣一千二百六十二。地東、南皆至海，西盡巴、僰，北際中山。東西六千四百八十五里，南北一萬一千六百二十里。康定二年，分陝西爲四路。秦鳳、涇原〔一二〕、環慶、鄜延。慶曆八年，分河北爲四路。定州、高陽、真定、大名。皇祐三年，分淮南爲東、西。揚、廬。熙寧五年，分京西爲南、北，陝西又分永興，建熙河，并前四路爲六路。元豐四年，建蘭會路。六年，分河北爲東、西。八年，删定九域圖，更名九域志，總二十三路，京東東、京東西、京西南、京西北、河北東、河北西、陝西永興、秦鳳、河東、淮南東、淮南西、兩浙、江南東、江南西、荆湖南、荆湖北、成都、梓、利、夔、福建、廣南東、廣南西。京府四，開封、應天、河南、大名。次府十，州二百四十二，軍二十七，監四，縣一千一百三十五。九年，兩浙分東、西路。自熙寧始務開拓，种諤取綏州，韓絳取銀州，王韶取熙、河，章子厚取懿、洽〔一三〕，謝景温取徽、誠，熊本取南平，郭逵取廣源。元豐，李憲取蘭州，沈括取葭蘆四寨。元符，王贍取青唐、邈川、龍支。崇寧，王厚復湟、鄯。迄于重和，建州軍不可勝紀。最後建燕山、雲中兩路，而中夏板蕩矣。

自建炎南狩，輿地登于職方者，東薄明、粤，南斥瓊、崖，西盡岷、嶓，北極淮、漢，蓋僅當舜十二州之三，漢十三部之四，晉十九州之七。紹興十四年，分利州路爲東、西。

司馬公曰：「自周室東遷，王政不行，諸侯逐進，凡五百五十年而合於秦。秦虐用其民，十有一年而天下亂，又八年而合於漢。漢爲天子二百有六年，而失其柄。王莽盜之，十有七年而復爲漢。更始不能自保，光武誅除僭僞，凡十有四年，然後能一之。又一百五十三年，董卓擅朝，州郡更相吞噬。至于魏氏，海内三分，凡九十有一年而合於晉。晉得天下纔二十年，惠帝昏愚，群胡乘釁，散爲六七，聚爲二三，凡二百八十有八年而合於隋。隋得天下纔二十有八年，煬帝無道，九州幅裂，八年而天下合於唐。唐得天下一百三十年，明皇恃其承平，荒于酒色，漁陽竊發，四海横流。肅、代以降，方鎮跋扈陵夷。至于五代，朝成夕敗，有如逆旅。太祖起而拯之，東征西伐，大勳未集。太宗嗣而成之。凡二百二十有五年，然後大禹之迹復混而爲一。由是觀之，上下一千七百餘年，天下一統者五百餘年而已。」

歐陽公州名急就章曰：「别州自禹郡於秦，廢置經革難具陳。皇家垂統天下定，疆理萬方承政令。近征遠貢各有宜，或畀吏治或羈縻。九域披圖指可知，分音比類慎訛疑。文差字析極精微，若夫錦、居遐裔，孤音無比。隰、集、梓、泗，劍、陝、涪、幽，駢聲相附，可如類求。則有夔、綏、隨，果、賀、播，滑、達、越，和、何、羅，連三前叶。其四謂何？乃有瓜、沙、嘉、巴，鳳、隴、雍、宋，歙、峽、合、疊，淄、資、思、師，化、雅、華、夏，密、吉、蔚、悉，永、郢、鼎、潁，不宜吃訥。又如保、邵、道、趙，耀、鄆、信、潤，晉、慎，凡五聲而一韻。柳、壽、茂、竇、宥、湊，憲、兖、漢、簡、萬、演，海、岱、解、蔡、泰、愛，欽、潯、金、深、郴、黔，蜀、濮、福、睦、復、陸，乃六律而同音。七言惟一：白、澤、虢、石、益、德、壁。八音相望：廣、象、相、閬，絳、獎、黨、宕，開、萊、台、懷，階、崖、雷、梅，澧、棣、冀、利，濟、薊、費、智，鄭、鄧、定、孟，慶、應、靜、勝，廉、潭、儋、南，嵐、鹽、甘、嵓。至於許、汝、婺、處，楚、普、潞、叙、古，魏、惠、桂、貴，遂、貝、瑞、嶲、會，言過乎九，難宣於口。於是有岳、鄂、亳、薄、洛、莫、涿、朔、鄜、拓，眉、黎，齊、池、蘄、施、伊、西、夷、溪，濠、曹、饒、昭、韶、潮、遼、交、洮、牢。句右皆十。邛、通、龍、洪、蓬、蒙、邕、同、戎、忠、松、籠。句右十二。連、綿、澶、安、延、丹、端、宣、檀、驩、蘭、潘、田、巒，湖、蘇、舒、滁、盧、渝、瀘、梧、蒲、徐、鄜、扶、儒、禺。句右皆十四。秦、邠、麟、汾、均、陳、温、春、筠、辰、文、循、銀、雲、勤、岷，杭、楊、江、黄、常、漳、康、襄、房、坊、商、滄、洋、昌、瀼、長。句右皆十六。并、青、瀛、登、成、明、衡、彭、英、瓊、邢、洺、涇、寧、昇、榮、横、藤、汀、興、營、平、庭、澄。句右二十四。聯章斷句，不能遽數。真定、河源，以諱不舉。若乃物有疑似，同音異字，則有陵、靈，原、袁，府、撫，乾、虔，濱、賓，融、容，渭、衛，全、泉，繡、秀，易、冀，渠、衢，歸、嬀，龔、恭，汴、辨，凉、梁，祈、岐，鄯、單，宿、肅，磁、慈，濰、維。峰、封暨豐，沂、宜及儀，乃一號而三之。音或不同，相近者亦借以足之。劍、環、恩、順、鎮、霸、真、雄，又音文之兩同。至於太平、鬱林，萬安、平琴，武安、洮陽，新定、建康，二名雖美，遠小不彰。若監若軍，四十有六，保定、信安，廣信、安肅，鎮戎，保安，岢嵐，火山，順安、寧化，實控三邊。其餘瑣瑣，皆不足言。其後因檢九域圖，有高、富、瀧、當四州，偶遺不録，以文句難移，不復增入也。」

晁氏曰：「秦、隋兩世而亡，晉兩世而亂，唯漢、唐、我宋歷年而久。」

呂氏曰：「藝祖肇造區夏，監觀四方，求民之莫，藩方强大，犬牙相錯，異姓封王及帶將印者不下數十人。雖用趙普之謀，制其錢穀，收其精兵，斂威福之柄，歸之公上。而舉是大柄，付之搢紳學士，無所疑間。命廷臣爲知州、通判，以散節度使之權；命朝臣奚嶼等爲知縣，以勤恤民隱。此運量宇宙之大略，出於獨見，而非普之所能及也。」

曾氏曰：「太祖之世，其捍北狄，則用李漢超於關南，馬仁瑀於瀛州，韓令坤於常山，賀惟忠於易州，何繼筠於棣州。其禦太原，則用郭進於西山，李謙溥於隰州，李繼勳於昭義。其備西戎，則用姚内斌於慶州，董遵誨於環州，王彦昇於原州，馮繼業於靈州。如内斌、遵誨之兵，率不過五六千人，皆責之以自守其地。」

歷代户口

周仲山父曰：「古者司民協孤終，司商協名姓，司徒協旅，司寇協姦，牧協職，工協革，場協入，廩協出。是則少多死生，出入往來，皆可知也。於是又審之以事。王治農于藉，搜于農隙，耨獲亦於藉，獮於既烝，狩於畢時，是皆習民數者也。」

帝王世紀：「禹平水土，還爲九州，民口千三百五十五萬三千九百二十三人。周公相成王，致治刑錯，民口千三百七十一萬四千九百二十三人，多禹十六萬一千人，周之極盛也。莊王之十三年，齊桓公二年，五千里内非天王之御。自世子、公侯以下，至于庶民，凡千一百八十四萬七千人，定受田者九百萬四千人。杜佑曰：當時天下列國，恐其數未詳。至于戰國，蘇、張之説，計秦及山東六國，戎卒尚逾五百餘萬，推民口數當千餘萬。秦獻公十年，初爲户籍相伍。始皇十六年，初令男子書年。漢平帝元始二年，民户千二百二十三萬三千六十二，口五千九百五十九萬四千九百七十八〔一四〕，漢極盛矣。後漢光武中元二年，户四百二十七萬九千六百三十四〔一五〕，口二千一百萬七千八百二十。桓帝永壽二年，户千六百七萬九百六，口五千六萬六千八百五十六。」

魏武據中原，户六十六萬三千四百二十三，口四百四十三萬二千八百八十一。蜀後主爲魏所滅，得户二十八萬，口九十四萬，帶甲將士十萬二千，吏四萬。吴赤烏中，有户五十二萬，口二百三十萬。及皓滅，有户五十三萬，口二百三十萬，兵二十三萬，大小吏三萬二千。三國鼎立之時，通計户百四十七萬三千四百三十三，口七百六十七萬二千八百八十一。

晉武帝太康初，平吳，天下户二百四十五萬九千八百四十，口一千六百一十六萬三千八百六十三，晉之極盛也。魏志注：「案晉太康三年地記，晉户有三百七十七萬。」宋孝武大明八年，户九十萬六千八百七十，口四百六十八萬五千五百一。陳宣帝時，有户六十萬。至後主滅，有户五十萬，口二百萬。

後魏明帝正光以前，有户五百餘萬。東魏静帝武定中，有户百一十八萬一百一十二，口四百四十八萬八千七百六十。通計西魏州郡也。北齊爲周所滅，得户三百三萬二千五百二十八，口二千萬六千八百八十。後周大象中，户三百五十九萬，口九百萬九千六百四。

隋大業中，户八百九十萬七千五百三十六，口四千六百一萬九千九百五十六。

唐武德初，二百餘萬户。永徽元年〔二六〕，户三百八十萬。去大業末三十六年。天寶十四年，户八百九十一萬四千七百九，口五千二百九十一萬九千三百九，唐之極盛也。自武德初至天寶末，凡百三十八年，人户纔比於隋氏。肅宗乾元三年，户百九十三萬三千一百三十四。大曆中，唯有百三十萬户。建中初，命黜陟使往諸道按比户口，得主户百八十餘萬，客户一百三十餘萬，共三百一十萬。建中元年，定天下兩税，户凡三百八十萬五千七十六。元和二年，李吉甫等撰元和國計簿，見定户二百四十四萬二百五十四。十五道七十一州不申户口數，率以兩户資一兵。王彦威上占額圖言〔一七〕：「長慶籍户三百五十萬，而兵乃九十九萬，率三户資一兵。」

宋太祖元年，户九十六萬。末年，天下既定，户三百九萬五百四。真宗景德四年，户七百四十一萬七千五百七，口一千六百二十八萬二百五十四。神宗元豐六年，户一千七百二十一萬一千七百十三，口二千四百九十六萬九千三百。慶曆三年，范仲淹陳十事，八曰減徭役：「觀西京圖經，唐會昌中，河南府有户口十九萬四千七百餘户，置二十縣。今河南府主客七萬五千九百餘户，仍置一十九縣。鞏縣七百户，偃師一千一百户，逐縣三等。堪役者不過百家，而所供役人不下二百數。新舊循環，非鰥寡孤獨不能供役，西洛之民最爲窮困。請依後漢故事，遣使先往西京，并省諸邑爲十縣，所廢之邑並改爲鎮。」

中論曰：「民數爲國之本也，以分田里，以令貢賦，以造器用，以制禄食，以起田役，以作軍旅。國以建典，家以立度，五禮用脩，九刑用措，其唯審民數乎？」

通典曰：「古之爲理，在周知人數，乃均其事役。周官有比閭、族黨、鄉遂之制，維持其政，綱紀其人。孟冬，獻民數于王，王拜受之。其敬之、守之如此其重也。」

胡氏曰：「庶，可能也，而難於富，以誅其財也。富，可能也，而難於教，以無其道也。漢孝文、孝明，唐太宗之世，亦云庶富矣，西京之教無聞焉。明帝尊師重傅，臨雍拜老，宗戚子弟莫不受學。唐太宗大召名儒，增廣生員，教亦至矣，然而未知所以教也。」

石氏曰：「漢有平城之危，諸吕之難，七國之反，王莽之奪，漢終不亡，民心未去也。唐有武氏之變，禄山之禍，思明、朱泚、希烈、宗權諸侯之叛，唐終不亡，民心尚在也。民之叛也，雖以百里，雖以匹夫，猶能亡國。湯以七十里亡夏，文王以百里亡商，陳勝以匹夫亡秦，是也。書曰：可畏非民。」

蘇氏曰：「三代之制，度地以居民。民各以其夫家之衆寡而受田于官，一夫而百畝，民不可以多得尺寸之地，而地亦不可以多得一介之民，故其民均而地有餘。當成康刑措之後，其民極盛之時，九州之籍不過千三萬四千有餘。夫地以十倍而民居其一，故穀常有餘而地力不耗，均之有術也。」

劉氏度。曰：「西漢之盛，以户計者，至於千二百二十三萬；以口計者，至于五千九百五十九萬。考之後世，以隋大業之富，而户口之數終莫能及，以未有浮屠之法以耗之也。唐開元之間，治固不逮漢，而以口計者四千八百十四萬。自漢而降，無若開元者，豈非以開元初，姚崇爲相，一旦髮僧而農者餘萬二千人，磨以歲月，其徒稍衰故邪？」

李氏心傳。曰：「西漢户口至盛之時，率以十户爲四十八口有奇，東漢户口率以十户爲五十二口，可準周之下農夫。唐人户口至盛之時，率以十户爲五十八口有奇，可準周之中次。自本朝元豐，而紹興，户口率以十户爲二十一口，以一家止於兩口，則無是理，蓋詭名子户漏口者衆也。昔陸宣公稱租庸調之法曰：不校閲而衆寡可知，自井田什一之後，其惟租庸調之法乎？」

理道要訣曰：「秦漢以降，海内一家，孝平元始、桓帝永壽，有隋大業，唐家天寶，户口殷盛，三代莫儔。」

校勘記

〔一〕厥賦布䌷　「䌷」，各本及唐六典同。陳仲夫據通志卷四〇地理略引開元十道圖，認爲應作「𦅾」。檢新唐書卷三九地理志三、玉海卷一八十道山川貢賦亦作「𦅾」。

〔二〕隨　原作「隋」，據元本、遞修本、浙本及唐六典卷三改。後漢書卷一上考證：「臣召南按：隨州『隨』字，應作『隋』。自隋文帝省『隨』爲『隋』，唐初因之，是以唐書新舊二志並作隋州也。」

〔三〕峽　原作「岐」。唐岐州屬關内道，見前。據遞修本及唐六典卷三改。

〔四〕厥賦絹布綿紬　「紬」，各本均無，據唐六典卷三補。

〔五〕飾　按新舊唐書地理志、通典食貨六及元和郡縣圖志皆無「飾州」，爲何州所誤，難以考核，姑存疑。

〔六〕遠夷則控西洱河群蠻之貢獻焉　「西洱河」，原作「西河」。陳仲夫唐六典點校本改作「西洱河」。

蠻書卷四：「河蠻本西洱河人。」舊唐書卷一八五上良吏傳上：韋仁壽「將兵五百人至西洱河」。新唐書卷二二二下南蠻傳下：「爨蠻西有昆明蠻，一曰昆彌，以西洱河爲境。」則此脱「洱」字，據補。

〔七〕天寶元載以州爲郡　舊唐書卷九玄宗紀下：天寶元年，「天下諸州改爲郡，刺史改爲太守」。新唐書卷五玄宗紀：天寶元年，改「州爲郡，刺史爲太守」。通典卷三三職官一五：「天寶元年，改州爲郡，刺史爲太守。」則唐改州爲郡，時在天寶元年。

〔八〕開元二十一年　「二十一」，原作「一十一」，據元乙本、遞修本、庫本、浙本及通典卷一七二州郡二改。

〔九〕開元二十八年户部帳　「二十八」，原作「一十八」，據元本、遞修本、庫本、浙本及新唐書卷三七地理志一改。

〔一〇〕其諸城鎮守捉皆有使　「諸」，新唐書卷五〇兵志作「軍」。

〔一一〕拒安禄山　「安禄山」，原作「安樂山」，據元本、遞修本、庫本、浙本改。

〔一二〕涇原　原作「涇渠」，元本、遞修本作「涇原」。宋史卷八七地理志三：「陝西路，慶曆元年分陝西沿邊爲秦鳳、涇原、環慶、鄜延四路。」按慶曆元年即康定二年，據改。

〔一三〕章子厚取懿洽　「章子厚」，原作「章厚」，宋史卷四七一章惇傳：「章惇，字子厚。」據補。

〔一四〕按：續漢書郡國志劉昭注作：「民户千三百二十三萬三千六百一十二，口五千九百一十九萬四千九百七十八人。」

〔一五〕按：續漢書郡國志劉昭注作：「民户四百二十七萬千六百三十四。」

〔一六〕永徽元年　舊唐書卷四高宗紀上、唐會要卷八四、資治通鑑卷一九九唐紀一五皆作「永徽三年」。

〔一七〕王彦威上占額圖言　「占額圖」，原作「古額圖」，舊唐書卷一五七王彦威傳作「度支占額圖」，新唐書卷五八藝文志二作「占額圖」，據改。

通鑑地理通釋卷之四

歷代都邑攷

明王奉若天道，建邦設都，「商邑翼翼，四方之極」，作都邑攷。

宓羲都

帝王世紀：「宓羲都陳。」春秋傳：「陳，大皞之虚也。」今陳州淮寧府。宛丘縣。稽古録：「都宛丘。」

神農都

世紀：「神農氏亦都陳，又營曲阜。」曲阜在魯城中，委曲長七八里。故春秋稱魯大庭氏之庫。今兖州襲慶府。仙源縣。大庭氏，古國，在城內。魯於其處作庫。

黄帝都

史記：「黄帝邑於涿鹿之阿。」括地志：「涿鹿山，在嬀州懷戎縣東南五十里，涿鹿城在山側。故城在州東南五十里，本黄帝所都也。」世紀：「黄帝都涿鹿，於周官幽州之域，在漢爲上谷。」世本云：「涿鹿，在彭城。」然則上谷本名彭城。武經總要：「涿州，古涿鹿之野，漢置涿郡。」今上谷有涿鹿縣及蚩尤城、阪泉。括地志：「阪泉，今名黄帝泉，在嬀州懷戎縣東五十六里。出五里，至涿鹿，東北與涿水合。晉太康地志云：涿鹿城東一里有阪泉，上有黄帝祠。」或曰：黄帝都有熊，今河南新鄭是也。今鄭州新鄭縣。

少昊都

世紀：「少昊氏自窮桑登位。」外紀：「少皞青陽居江水，邑于窮桑。」春秋傳曰：「遂濟窮桑，在魯北。」賈逵曰：「處窮桑以登爲帝，故天下號之曰窮桑。蓋未爲帝，居魯北。既而爲帝，乃居魯。」登帝位後，徙曲阜，於周爲魯。周以封伯禽。春秋傳曰：「命伯禽而封於少皞之虚。」注：「曲阜也，在魯城内。」劉公幹魯都賦：「昔大庭氏肇建厥居，少昊受命，亦都茲焉。」水經注：「曲阜，少昊之墟，有大庭氏之庫。魯都賦曰：戢武器於有炎之庫，放戎馬於巨野之坰。」或云：金天，國號。

顓帝都

世紀：「顓頊氏自窮桑徙帝丘，於周爲衛。」春秋傳曰：「衛，顓頊之虚也，謂之帝丘。今東郡濮陽是也。」濮陽故城在今澶州開德府。濮陽縣東。唐高宗封泰山，次濮陽，問：「此謂帝丘，何也？」許敬宗曰：「昔帝顓頊始居此地，以王天下。其後夏后相因之，爲寒浞所滅。後昆吾氏因之而爲夏伯。昆吾既衰，湯滅之。至春秋時，衛成公自楚丘徙居之。左氏稱『相奪予享』，以舊地也。由顓頊所居，故曰帝丘。」通志：「顓帝都高陽。」皇覽：「顓頊冢在東郡濮陽頓丘城門廣陽里中。」通典：「棘城即顓頊之墟，在營州柳城東南一百七十里。」晉載記：「慕容廆以大棘城即帝顓頊之墟也，乃移居之。」郡縣志：「高陽故城，在汴州雍丘縣西南二十九里。」顓頊佐少昊有功，受封此邑。外紀：「顓頊都衛，故爲帝丘。」後徙高陽，稱高陽氏。」

帝嚳都

世紀：「帝嚳都亳。」今河南偃師是也。通志：「高辛氏故都，亦謂高辛。」史記正義：「高陽，高辛所興地名〔一六〕。」書序：「湯始居亳，從先王居。」注：「契父帝嚳都亳。」括地志：「亳邑故城，在洛州偃師縣西十四里。本帝嚳之墟，商湯之都也。」輿地廣記：「河南府偃師縣，帝嚳所都，亦古亳邑也。商有三亳，成湯居西亳，此即一也。周武王欲示休戎之意，名曰偃師。」

帝堯都

世紀：「帝堯始封於唐。」今中山唐縣是也，堯山在焉。郡縣志：「定州唐縣，古唐侯國，堯初封於此。今定州北有故唐城。」唐水在西北，入唐河。南有望都縣。山即堯母慶都之所居也，相去五十里。都山，一名豆山。北登堯山，南望都山，故名縣曰望都。地理志：堯山在唐縣南。張晏以堯山在唐東北、望都北。史記：「堯作游成陽。」正義：「濮州雷澤縣是。」後又徙晉陽。今太原縣也。於周在并州之域。通志：「今平定軍有古晉陽城，是其地。」及爲天子，都平陽，於詩風爲唐國，武王子叔虞封焉。季札聞唐之歌曰：「思深哉，其有陶唐氏之遺民乎！」括地志：「今晉州所治平陽故城是也。」輿地廣記：「晉州臨汾縣，本平陽，隋改。」平陽河水，一名晉水。韋昭云：「陶、唐，皆國名。」或曰堯先居陶，後居唐。陶，今廣濟軍定陶縣。唐，今中山府唐縣，猶有唐城存焉。或曰：唐城在絳州翼城西二里。括地志：「定州唐縣，堯後所封。」漢書音義：「唐，今河東永安，去晉四百里。」即堯也。詩譜曰：「唐，帝堯舊都之地，今曰太原晉陽，堯始居此，後遷河東平陽。」書：「惟彼陶唐，有此冀方。」正義：「堯都平陽，舜都蒲坂，禹都安邑，相去不盈二百，皆在冀州。」通志曰：「自開闢以來，皆河南建都，雖黄帝之都，堯、舜、禹之都，於今皆爲河北，在昔皆爲河南。大河故道自碣石入海。碣石，今平州也。所以幽薊之邦，冀并之壤，皆爲河南地。周定王五年以後，河道堙塞，漸移南流。至漢元光三年，徙從頓丘入渤海。渤海，今濱、滄間也。」李氏曰：「堯、舜都冀，地壤最闊。今之虜境，各在其内。」

帝舜都

史記：「舜耕歷山，書：帝初于歷山，往于田。郡國志：河東蒲坂有雷首山。注：縣南二十里有歷山，舜所耕處。括地志：蒲州河中府河東縣雷首山，亦名歷山，南有舜井。又越州餘姚縣有歷山、舜井；濮州雷澤縣有歷山、舜井，又有姚墟，云生舜處也；嬀州外城中有舜井，城北有歷山，皆云舜所耕處，未詳也。南豐曾氏曰：鄭康成釋歷山在河東，世之好事者因嬀水出於雷首，遷就附益，謂歷山爲雷首之别號，不攷其實矣。孟子謂：舜，東夷之人。則陶漁在濟陰，作什器在魯東門，就時在衛，耕歷山在齊，皆東方之地，合於孟子。圖記謂齊之南山爲歷山，舜所耕處，故其城名歷城。今濟南府。漁雷澤，括地志：雷夏澤，在濮州雷澤縣郭外西北。鄭康成云：在濟陰。地理志：禹貢雷澤在濟陰成陽縣西北。墨子曰：舜漁於濩澤。通典：澤州陽城縣有濩澤水。陶河濱，皇甫謐曰：濟陰定陶西南陶丘亭是也。今廣濟軍。括地志：陶城，在蒲州河東縣北三十里，即舜所都也，南去歷山不遠，何必定陶。作什器於壽丘，壽丘，在魯東門之北，今在兖州曲阜縣東北六里，附寶生黄帝於壽丘。就時於負夏。」孟子云：「遷於負夏。」鄭康成云「衛地」。

堯典：「釐降二女于嬀汭。嬀，水名，在今河中府河東縣，出歷山，入河。爾雅：水北曰汭。括地志：嬀州有嬀水，源出城中。耆舊傳曰：即舜嬀汭。水經注：世本曰：舜居嬀内，在漢中西城。或言嬀墟在西北，舜所居也。通典：金州西城縣有嬀墟。帝王世紀謂之姚墟。世本曰嬈汭。古文尚書、周語：嬴内，音嬀汭。括地志又云：姚墟，在濮州雷澤縣東十三里。會稽舊記云：上虞三十里有姚丘，即舜所生也。嬪于虞。」括地志：「故虞城，在陝州河北縣東北五十里虞山之上。」今平陸縣。皇甫謐曰：「堯以二女妻舜，封之於虞。今河東太陽山西虞城是也。舜居虞地，以虞爲氏。」郡國志：「太陽有吴山，上有虞城。」括地志：「宋州虞城縣，舜後所封。」外紀：「本處虞之嬀汭，號曰有虞氏。」

世紀：「舜所營都，或言蒲坂，即河東縣。」今河中府南二里河東縣界蒲坂故城是也。或言平陽，今晉州城是也。或言潘，今上谷嬀州城是也。外紀：「都蒲阪。」

夏都

皇王大紀：「禹都于安邑。」

世紀：「鯀封崇伯，國在秦晉之間。」左氏傳「趙穿侵崇」，是也。禹受封爲夏伯，在禹貢豫州外方南，於秦、漢屬潁川，本韓地，今河南陽翟是也。地理志：「陽翟，夏禹國。」今潁昌府陽翟縣有禹山。輿地志：「宿州虹縣，本夏丘縣，堯封禹爲夏伯，邑於此。」受禪，都平陽，或在安邑，今陝州夏縣，本夏禹之都。漢爲安邑，屬河東。後魏改爲夏縣。郡縣志：「夏縣東北十五里安邑故城，禹所都也。」或在晉陽。左傳注：「夏虚大夏。今太原晉陽。」

世本言：「夏后居陽城。」本在大梁之南，今陳留浚儀是也。劉熙云：「潁川陽城，今屬河南。按經傳，夏與堯、舜同在河北冀州之域，不在河南。居陽城者，自謂禹避商均時，非都也。」外紀：「禹都安邑，或云平陽，亦云晉陽及韓。啓筵享神於大陵之上，是爲鈞臺之享。又筵於晉之墟，作璿臺於水之陽。」寰宇記：「禹自安邑都晉陽。」桀徙安邑。相徙帝丘，於周爲衛。左傳：「衛遷于帝丘，衛成公夢康叔曰：相奪予享。」注：「相居帝丘，今濮陽。」

外紀：「相爲羿所逐，失國，居商丘，依夏同姓諸侯斟灌、斟鄩。」今按：商丘當作帝丘，蓋世紀之誤也。地理志北海壽光縣注：「古㪷灌，禹後，今灌亭是。」平壽縣注：「故㪷尋，禹後，今㪷城是。」左傳注：「壽光東南有灌亭，平壽東南有斟亭。」括地志：「斟灌故城，在青州壽光縣東五十四里。斟尋故城，今青州北海縣是也。」水經注：「地理志：北海有斟縣，京相璠曰：故斟尋國，禹後，西北去灌亭九十里。」少康中興，復還舊都。胡氏曰：「少康、靡、鬲，真人臣子哉，經營四十年，然後克殄元凶，祀夏配天，不失舊物。」通典：「宋州虞城縣有綸城，即少康邑。」在縣東南三十五里。

戰國策稱：「桀之居，左天門之險〔二〕，上黨天井關即天門也。右天谿之陽。成皋在其北，伊洛出其南。」吳起對魏武侯，亦言：「桀之居，左河、濟，右太華，伊闕在其南，羊腸在其北。」羊腸坂，在太原晉陽西北九十里。史記正義：「汲冢古文云：太康居斟尋，羿亦居之，桀又居之。書云：太康失邦，兄弟五人須于洛汭〔三〕。此即太康居，近洛也。臣瓚云：斟尋在河南，蓋後遷北海也。周書度邑篇：武王問太公：吾將因有夏之居，即河南是也。括地志：故鄩城〔四〕，在洛州鞏縣西南五十八里，蓋桀所居。夏亭故城，在汝州郟城縣東北五十四里〔五〕，蓋夏后所封〔六〕。」書湯誓注：「桀都安邑。」鳴條之野，地在安邑之西鳴條陌。服虔曰：「陶唐、虞、夏之都，大率相近，不出河東之界。」

商都

世紀：「契始封商，在禹貢太華之陽，上洛商是也。」括地志：「商州東八十里商洛縣，本商邑，古之商國，卨所封。」漢弘農郡商縣。世本曰：「契居番。」水經注：「渭水東逕巒都城北，故潘邑，契所居。闞駰曰：蕃，鄭西，今巒城。」

世本：「昭明居砥石。」荀子成相云：「契玄王生昭明，居於砥石，遷于商。」注：「砥石，地名，未詳所在，或曰即底柱也。至相土，乃遷商丘。」相土徙商丘，故陶唐氏之火正閼伯之所居也。

春秋傳曰：「閼伯居商丘，祀大火。相土因之，故商主大火，謂之辰，故辰爲商星。」杜預云：「今梁國睢陽，宋都。」括地志：「宋州城，古閼伯之墟，即商丘也。」今應天府宋城縣。相土，昭明子也。

書序：「湯始居亳，從先王居。」史記正義：括地志云宋州穀熟縣西南三十五里南亳故城，即南亳，湯都也。宋州北五十里大蒙城爲景亳〔七〕，湯所盟地，因景山爲名。河南偃師爲西亳，帝嚳及湯所都，盤庚亦都之。湯即位，居南亳，後徙西亳。孔安國云：帝嚳都亳，湯自商丘遷，故曰從先王居。通典：曹州考城縣有北亳，亦曰景亳。詩正義：皇甫謐云學者咸以亳在河、洛之間，今河南偃師西二十里有尸鄉亭，是也。謐攷孟子稱湯居亳，與葛爲鄰。案地理志，葛，今梁國寧陵之葛鄉〔八〕，今拱州之寧陵。寧陵去偃師八百里，而使亳衆爲耕，非其理也。今梁國自有二亳，南亳在穀熟，即今南京之穀熟。北亳在蒙，即今拱州之考城，古謂之蒙，漢謂之薄，非偃師也。殷有三亳，二在梁國，一在河、洛之間。穀熟爲南亳，即湯都也。蒙爲北亳，即景亳，是湯所受命地。偃師爲西亳，即盤庚所徙也。立政曰：三亳、阪尹是也。鄭康成注立政云：三亳者，湯舊都之民分爲三邑，其長居險，故曰阪尹。蓋東成皋，南轘轅，西降谷也。是鄭以三亳爲分亳民於三處，非三處有亳地也。杜預以景亳爲周地，河南鞏縣西南有湯亭，或説即偃師也。漢書音義：臣瓚案：湯居亳，今濟陰薄縣。以經無正文，各爲異説。地名變易，難得而詳。林氏曰：鄭氏云亳在河南偃師，鄭説可從。蓋偃師在河南，其地與周洛邑相近，乃四方朝覲〔九〕、貢賦道里取中之地。商頌曰：古帝命武湯，正域彼四方。邦畿千里，維民所止。商邑翼翼，四方之極。使非河南，則頌未必如此。周禮疏曰：堯治平陽，舜治安邑，唯湯居亳，得地中。通志：亳，故京兆杜縣有亳亭，是也。杜城，今在長安南，故太史公云禹興西羌，湯起亳也。及湯有天下，始居宋地，復命以亳。今南京穀熟是也。書正義：契至湯八遷，契居商，昭明居砥石，相土居商丘，湯居亳。有此四遷，其餘四遷未詳聞也。

仲丁遷於囂。」世紀：「今河南之敖倉是也。」史記：「遷于隞。」正義：「括地志：滎陽故城在鄭州滎澤縣西南十七里，殷時敖地也。」世紀云：「仲丁自亳徙都敖，周時名北制，在敖山之陽，後屬韓，爲滎陽縣。」

河亶甲居相。在河北。括地志：「故殷城，在相州内黄縣」，今屬大名府，「東南十三里，即河亶甲所築，都之，故名殷城。相州安陽，本盤庚所都，即北蒙殷墟〔一〇〕，南去朝歌城百四十六里。竹書紀年：盤庚自奄遷于北蒙，曰殷墟，南去鄴四十里，是舊都城。西南三十里有洹水，南岸三里有安陽城，西有城名殷墟，所謂北蒙也」。安陽城即相州外城。水經注：「洹水逕殷墟，項羽與章邯盟于此地。」類要：「安陽縣，本殷墟，所謂北蒙者。亶甲城，在西北五里四十步洹水南岸。後魏天平四年立相州，取河亶甲居相之義，治鄴。」

祖乙圮于耿。爲河所毁。地理志：「河東皮氏縣耿鄉，故耿國。」括地志：「絳州龍門縣東南十二里耿城，故耿國。」史記：「祖乙遷于邢。」皇極經世：「祖乙圮于耿，徙居邢。」通典：「邢州，祖乙遷於邢，即此地，亦邢國也。」括地志：「邢國故城，在邢州外城内西南角。」地理志：「襄國縣，故邢國。」今信德府龍岡縣。書正義：「汲冢古文云：「盤庚自奄遷于殷，蓋祖乙圮於耿，遷於奄。」括地志：「兖州曲阜縣，奄國之地。」

盤庚五遷，將治亳殷。盤庚遷于殷，曰：「先王不常厥邑，于今五邦。」馬氏曰：「五邦，謂商丘、亳、囂、相、耿也。」林氏曰：「序言五遷，自湯至盤庚併數之。此言五邦，又言今不承于古，則是盤庚之前遷者有五。考之前序，但有亳、囂、相、耿之四者，併盤庚數之，則盤庚歸亳不應謂之五邦。太史公謂祖乙自耿遷邢。汲冢紀年謂祖乙遷奄，此與序戾，不可據。意者更有遷而史失之。」皇極經世：「盤庚五遷，復歸于亳，改號曰殷。」三代世表云「徙河南」。世紀：「盤庚復南居亳之殷地。」今偃師是也。周氏曰：「商人稱殷自盤庚始，自此以前惟稱商而已。自盤庚遷都之後，於是殷商兼稱，或只稱殷。」通志：「溵水出陽城，東至西華、汝陽入于潁，與潁水合流，古人并謂潁爲溵，故命以殷焉。」詩補傳曰：「殷以溵水得名，溵、濦同音。古溵水縣，今陳州之商水縣也。殷商兼商山、溵水而言之。」

史記：「武乙徙河北。」三代世表：「庚丁徙河北〔一一〕。」世紀：「武丁徙居朝歌。」今河内縣也。酒誥：「明大命于妹邦。」孔氏云：「紂所都，朝歌以北是。」通志：「紂居朝歌，隋改爲衛縣，隸衛州。朝歌故城在縣西二十二里。衛縣，熙寧中省爲鎮，入黎陽。」戰國策：「殷紂之國，左孟門而右漳釜，前帶河，後被山。」史記：「吴起曰：左孟門，右太行，常山在其北，大河經其南。」括地志：「紂都朝歌，在衛州東北七十三里朝歌故城是也。本妹邑，武丁始都之。世紀云：帝乙復濟河，北徙朝歌，其子紂仍都焉。」地理志：「河内，本殷之舊都，周既滅殷，分其畿内爲三國，詩風邶、庸、衛國是也。」注：「自紂城而北謂之邶，南謂之庸，東謂之衛。」左傳注：「殷虚，朝歌也。」世紀：「紂自朝歌北築沙丘臺」，沙丘在鉅鹿東北七十里。括地志：「在邢州平鄉東北二里〔一二〕。」史記貨殖傳：「昔唐人都河東，殷人都河内，周人都河南，夫三河在天下之中，若鼎足，王者所更居也。」

周都

世紀：周「后稷始封邰」，今扶風斄是也。地理志：「右扶風斄縣，后稷所封。」括地志：「故斄城，一名武功城，在雍州京兆府武功縣西南二十二里。古邰國，有后稷及姜嫄祠〔一三〕。」及「公劉徙邑於豳」，詩稱「于豳斯館」，今新平漆之東有豳亭，是也。后稷生不窋。周語：「不窋失其官，自竄戎狄之間。」括地志：「不窋故城，在慶州弘化縣南三里，即不窋在戎狄所居之城也。豳州新平縣，即漢漆縣，詩豳國，公劉所邑之地。」郡縣志：「古豳城，在邠州三水縣西三十里，公劉始都之處。」通典：「慶州安化縣，尉李城在白馬兩川交口，亦曰不窋城。豳州，開元十三年改豳爲邠。豳，故栒邑是。」地理志：「右扶風栒邑有豳鄉，詩豳國，公劉所都。」栒邑故城在三水縣東北二十五里。至太王避狄，循漆水，在鳳翔府普潤縣東，入渭。地理志：「在右扶風漆縣西。」逾梁山，括地志：「在雍州好時縣西北十八里。」鄭康成云：「岐山西南好時。」熙寧中屬鳳翔府。徙邑於岐山之陽。西北岐城舊址是也。詩稱：「率西水滸，至于岐下。」康成云：「循西水涯，沮漆水側也。」南有周原，故始改號曰周。康成云：「周原在岐山之南。」詩閟宮曰：「居岐之陽。」地理志：「岐山在右扶風美陽西北中水鄉，周太王所邑。」括地志：「故周城，一名美陽城，在雍州武功縣西北二十五里，即太王城也。」通典：「美陽縣故城在武功縣北七里。」輿地廣記：「鳳翔府扶風縣岐陽鎮，漢美陽縣地，周太王邑於岐山之下，即此。詩所謂『居岐之陽』也，文王始亦治焉。唐岐陽縣，元和三年省入扶風。」郡縣志：「岐山亦名天柱山，在鳳翔府岐山縣東北十里。」孟子：「文王生於岐周。」

王季徙程。書序曰「維周王季宅程」，是也。孟子：「文王卒於畢郢。」史記正義：「周書云惟周王季宅郢。郢故城在雍州咸陽縣東二十一里，周之郢邑也。」詩正義：「周書稱文王在程，作程寤、程典。」皇甫謐云：「文王徙宅於程，蓋謂此也。」地理志右扶風安陵，闞駰以爲本周之程邑也〔一四〕。

文王受命，徙都於酆。在今京兆之西。詩：「既伐于崇，作邑于豐。」說文：「酆，文王所都，在京兆杜陵西南。」括地志：「周豐宮，文王宮也，在雍州京兆府鄠縣東三十五里。」鄭康成云：「豐邑在豐水之西，鎬京在豐水之東。」徐廣云：「豐、鎬相去二十五里，皆在長安南數十里。」地理志：「酆水出右扶風鄠縣東南。」通典：「岐州鳳翔府岐山縣，文王徙於岐，即此縣也。」孟子曰：「文王治岐。」尚書大傳：「春子曰：文王治岐。」詩皇矣曰：「度其鮮原，居岐之陽，在渭之將。」鄭氏箋：「在岐山之南，居渭水之側，後竟徙都於豐。」正義云：「太王初遷，已在岐山，岐山之陽去舊都不遠，豐則岐之東南三百里。」蘇氏云：「文王既克密、須，於是相其高原而徙都焉，所謂程邑是歟。」通典：「周文王作酆，今京兆府長安縣西北靈臺鄉豐水上是也。殷有崇國，在鄠縣界。」

武王徙都鎬。封文王子於酆。括地志：「鎬在雍州西南三十二里。滈水源出長安縣西北滈池。」長安志：「在縣西北十八里。」通典：「今長安縣昆明池北鎬陂是也。」詩：「宅是鎬京。」後漢志：「鎬在京兆上林苑中。」孟康云：「長安西南有鎬池。」水經注：「鎬水上承鎬池於昆明池北。」郡縣志：「周武王宮，即鎬京也，在長安縣西北十八里。自漢武帝穿昆明池於此，鎬京遺址淪陷焉。」穆天子傳：「入于宗周〔一五〕。」注：鎬京也。通志：「周地西迫戎俗，自岐之豐，自豐之鎬，是西遠戎而東即華也。」程氏曰：「伐商作洛，皆步自宗周而往，以其事告于豐廟。康有酆宮之朝。康王雖仍都鎬，其受朝仍在豐地。」**及伐紂，營洛邑而定鼎焉。今洛陽西南洛水之北有鼎中觀，是也。**史記周紀：「王曰：自洛汭延于伊汭，居易毋固。其有夏之居，我南望三塗，北望嶽鄙，顧詹有河，粵詹雒、伊〔一六〕，毋遠天室。營周居于雒邑而後去。」太史公曰：「學者皆稱周伐紂，居洛邑，綜其實不然。武王營之，成王使召公卜居，居九鼎焉。而周復都豐、鎬。」周書度邑曰：「武王問太公曰：吾將因有夏之居，南望過于三塗，北詹望于有河。」

周公相成王，以豐、鎬偏處西方，乃使召公卜居洛水之陽，以即土中，遂築新邑，營定九鼎，以爲王之東都洛邑。書：「我乃卜澗水東，瀍水西，惟洛食。」注：今河南城也。是爲王城，名曰東周。公羊傳：「王城者何？東周也。」地理志：「王城，本郟鄏之地，或謂之郟鄏。」春秋傳：「成王定鼎於郟鄏」，河南是也。今東門名鼎門，蓋九鼎所從入也。郟，山名。鄏，邑名。桓七年，王遷盟、向之民于郟。襄二十四年，齊人城郟。郟，王城。括地志：「故王城，一名河南城，本郟鄏，周公新築，在河南縣北九里苑内東北隅。自平王以下十二王皆居此城，至敬王乃遷都成周，赧王又居王城。洛陽故城，在洛陽縣東北二十六里，周公所築，即成周城也。」書：「我又卜瀍水東，亦惟洛食。」注：今洛陽也。將定下都，遷殷頑民，故并卜之。周語：「靈王二十二年，穀、洛鬭，將毁王宫。」韋昭曰：「洛水在王城南，穀水在王城北，東入于瀍。」婁敬曰：「成王營成周，都洛，以爲天下中，諸侯四方納貢職道里鈞矣。」吕氏曰：「孔子序洛誥曰：周公往營成周，則成周乃東都總名。河南，成周之王城也。洛陽，成周之下都也。王城，非天子時會諸侯則虚之。下都，則保釐大臣所居治事之地。周人朝夕受事，習見既久，遂獨指以爲成周矣。」通典：「郟鄏，陌名。」成王既卜，營洛邑，建明堂，朝諸侯，復還豐、鄗，故書序曰：「還歸在豐。」歸于宗周。

至懿王，徙犬丘，秦謂之廢丘。今京兆槐里是也。世本：「懿王居犬丘。」地理志：「右扶風槐里縣，周曰犬丘，懿王都之。」括地志：「犬丘故城，一名廢丘，在雍州始平縣東南十里，即周懿王所都，漢高祖三年更名槐里。」今京兆府興平縣。秦紀：「非子居犬丘。」

厲王出于彘。今河東永安是也。通典：「晉州霍邑縣，漢彘縣。」詩序：「宣王復會諸侯於東都。」王氏曰：「成王于洛時會諸侯而已。宣王時會諸侯於東都，而車攻謂之復古。」

平王徙居洛。洛誥所謂新邑也。吕氏曰：「平王定都王城。」地理志：「初，雒邑與宗周通封畿，東西長而南北短，短長相覆爲千里。至襄王，以河内賜晉文公，又爲諸侯所侵，故其分墜小。」郡國志：「河南，周公所城雒邑也。春秋時謂之王城，東城門名鼎門，北城門名乾祭。」注：「博物記：王城方七百二十丈，郛方七十里，南望雒水，北至陜山。地道記：去雒城四十里。」

及敬王避子朝之亂，東居成周。子朝居王城，曰西王。敬王居狄泉，在王城之東，曰東王。春秋曰：「天王入于成周。」後六年，王室定，遂徙都成周。晉率諸侯之徒修繕其城，以成周城小，不受王都，故壞翟泉以廣焉。翟泉地在成周東北。郡國志：「雒陽，周時號成周，有狄泉，在城中。」注：「摯虞曰：古之周南，今之雒陽。」世紀曰：「城東西六里十一步，南北九里一百步。」通典：「狄泉，在今洛陽城東三十餘里。」吕氏曰：「洛都雖有二城，而成周則其總名。杜預、孔穎達皆以下都爲成周，謂敬王繼子朝之亂，自王城徙都之。其説不然。大可以包小，小不可以包大。苟成周信爲下都之名，則凡書之言洛，皆謂之成周，是以下都之名而包王城，其不可信一也。左氏未嘗有敬王自王城遷成周之明文，第言子朝既逐，王入于成周而已。敬王請城成周之辭，亦謂成王合諸侯城成周以爲東都。則成周者，洛邑之總名明矣。其不可信二也。」

至赧王，又徙居西周。吕氏曰：「平王東遷之後，所謂西周者，豐、鎬也；東周者，東都也。威烈王之後，所謂西周者，河南也；東周者，洛陽也。」周紀：「考王封其弟于河南，是爲桓公，以續周公之官職。惠公封其少子於鞏以奉王，號東周惠公。」注：「於是有東、西二周。」世本：「西周桓公揭居河南，東周惠公班居洛陽。赧王時，東、西周分治，西周，河南也；東周，鞏也。」趙世家：「成侯八年，與韓分周以爲兩。」徐廣曰：「顯王二年，周紀無此。」呂氏曰：「東、西周各爲列國，不復相關，自是而後，稱東、西周君者，皆謂二周君也。本紀云赧王時東、西周分治，非也。赧王特徙都西周耳，當以趙世家爲正。」

白虎通：「夏曰夏邑，殷曰商邑，周曰京師。」詩公劉：「京師之野。」朱文公曰：「京師，高丘而衆居之也。」董氏曰：「所謂京師者，起於此，其後世因以所都爲京師。曰嬪于京，依其在京，則岐周之京也。王配于京，則鎬京也。春秋所書京師，則洛邑也。皆仍其本號而稱之，猶晉之云新絳、故絳也。洛邑亦謂之洛師，正京師之意也。」林氏曰：「岐在邰西北無百里，豳又在岐西北四百餘里，豐在岐山東南二百餘里，鎬在豐東二十五里。」方氏曰：「豐、鎬，宗廟所在，故謂之宗周。洛邑，以王道成於此，故謂之成周。」

秦都

秦紀：「非子居犬丘，周孝王分土爲附庸，邑之秦。」注：「今天水隴西縣秦亭。」地理志：「今隴西秦亭、秦谷是也。」括地志：「秦州清水縣，本名秦，嬴姓邑。漢屬天水郡。」水經注：「清水逕清水城南，又西與秦水合。水出東北大隴山秦谷，歷三泉合成一水，而歷秦川。川有故亭（一七），秦仲所封也。秦之爲號，始是。秦水又西南歷隴川，逕六槃口，過清水城西南，注清。」輿地廣記：「秦州隴城縣有秦谷。」郡縣志：「秦城，在隴州東南二十五里。」

「莊公居其故西犬丘。」世紀：「周懿王所都，今槐里是也。」

「平王封襄公爲諸侯，賜之岐以西之地，於是始國。文公居西垂宫，東獵至汧、渭之會，乃卜居之，占曰吉，即營邑之。」括地志：「故汧城，在隴州汧源縣南三里。世紀云襄公二年徙居汧，即此城。郿縣故城，在岐州鳳翔府郿縣東北十五里。文公東獵汧、渭之會，卜居之，乃營邑焉，即此城也。」世紀：「文公徙汧，今扶風郿縣是也。」

「寧公徙居平陽。」世紀：「郿之平陽亭是也。」括地志：「平陽故城，在岐州岐山縣西四十六里，秦寧公徙都之處。」岐山縣有平陽鄉，鄉内有平陽聚，武公居平陽封宮。正義云：「在平陽城内。」水經注：「汧水逕郁夷縣，逕平陽故城南。」

「德公初居雍城大鄭宮。」卜居雍後，子孫飲馬於河。世紀：「今扶風雍是也。」括地志：「岐州雍縣南七里故雍城，秦德公大鄭城也。」秦紀：「康公居雍高寢，桓公居雍太寢。」今鳳翔府天興縣。

「獻公城櫟陽，徙都之。」世紀：「今馮翊萬年是也。」括地志：「櫟陽故城，一名萬年城，在雍州東北百二十里。漢七年，分櫟陽城内爲萬年縣。」通典：「漢萬年縣，在京兆府櫟陽東北二十五里櫟陽故城是。周明帝省萬年入廣陽，更於長安城中置萬年縣，仍移廣陽縣入舊萬年縣城，即今櫟陽縣是。」

「孝公作爲咸陽，築冀闕，徙都之。」世紀：「漢元年，更名新城，屬扶風，後并於長安。故太史公曰：長安，故咸陽也。元鼎三年，復别爲渭城，今長安西北渭水陽有故城。」西京賦：「秦里其朔，寔爲咸陽。」括地志：「咸陽故城，亦名渭城，在雍州咸陽縣東十五里，京城北四十五里，即秦徙都者。今咸陽縣，古之杜郵。」劉伯莊云：「冀，猶記事；闕，猶象魏也。始皇置酒咸陽宮，營作朝宮。渭南上林苑中先作前殿阿房，爲閣道，自殿下直抵南山；爲復道，自阿房渡渭，屬之咸陽。自孝公至子嬰，十世居咸陽。」

漢都

世紀：「漢高帝元年，始爲漢王，都南鄭。」屬漢中。今興元府南鄭縣。二年，北徙櫟陽。地理志屬左馮翊，秦獻公自雍徙。括地志：「秦櫟陽故宮，在雍州櫟陽縣北三十五里，秦獻公所造。」三輔黃圖：高帝都長安，未有宮室，居櫟陽宮。」七年，徙都長安，秦咸陽之地，京兆所治縣也。地理志：「長安縣，高帝五年置。」長安，本鄉名。今爲永興軍治。其城狹小。惠帝元年，更築廣之，五年乃成。地理志：「六年成。」通典：「今城西北古城是也。」括地志：「長安故城，在雍州長安縣西北三十里〔一八〕。漢之舊都，本秦離宮。長安，故咸陽也。」

高帝居雒陽南宮。婁敬說曰：「陛下都雒陽，豈欲與周室比哉？竊以爲不侔矣。秦地被山帶河，四塞以爲固。因秦之故，資甚美膏腴之地，此所謂天府。」群臣皆言不如都周。帝疑未能決。留侯曰：「關中，左殽、函，右隴、蜀，沃野千里，南有巴、蜀之饒，北有胡苑之利，阻三面而固守，獨以一面東制諸侯。河、渭漕輓天下，西給京師，所謂金城千里，天府之國。」於是帝即日駕西，都關中。呂氏曰：「敬所談秦之形勢，乃周之形勢也。」翼奉上疏元帝曰：「願徙都於成周，左據成皋，右阻黽池，前鄉崧高，後介大河，建滎陽，扶河東，南北千里以爲關，而入敖倉。地方百里者八九〔一九〕，足以自娛。東厭諸侯之權，西遠羌胡之難。」

淮陽王更始元年，都宛，今鄧州南陽縣。十月，北都洛陽。二年，遷都長安。

光武以武信侯封蕭王，今徐州蕭縣。即位於鄗南千秋亭五城陌。更名高邑。今趙州高邑縣。

後漢注：「即位壇在柏鄉縣。」柏鄉，熙寧五年省入高邑。建武元年，入雒陽，幸南宮却非殿，遂定都焉。故成周之舊基。城東西六里十步，南北九里一百步，時人謂雒陽爲東京，長安爲西京。河南尹領縣二十，兼置司隸，領郡七。

獻帝初平元年，董卓遷都長安。郡縣志：「黄白城，在京兆府三原縣西南十五里。李傕亂政，天子東還，三輔饑歉，乃移保黄白城，即此地也。秦曲梁宫，在縣西南十五里黄白城内。」三原，今屬耀州。建安元年，還雒陽。曹操遷帝于許。漢潁川許縣，本許國，魏文帝改曰許昌。故城在今潁昌府長社縣許田鎮南三十里。唐屬許州，後唐改許田，熙寧四年省入長社。

通志：「光武又以南陽爲别都，謂之南都。」張衡南都賦：「陪京之南，居漢之陽。」摯虞曰：「南陽郡，治宛，在京之南。」

三國都

漢昭烈帝於沔陽立爲漢中王，即位武擔之南。沔陽故城在興元府西縣西，武擔山在成都府西。

都成都。公孫述改蜀郡爲成都，劉焉爲益州牧，初治綿竹，徙成都。唐玄宗幸蜀，爲成都府。

魏武爲魏公，都鄴。鄴縣，漢爲魏郡治，後魏置相州。隋文徙其居民南遷四十里，以安陽城置鄴縣。本朝熙寧六年，省入相州臨漳縣。文帝復都洛陽。黄初二年，以譙爲先人本國，今亳州譙縣。許昌爲漢之所居，長安爲西京之遺迹，鄴爲王業之本基，與洛陽號曰五都。

吴大帝屯吴。今平江府。建安十三年初，鎮丹徒，今鎮江府丹徒縣。築京城。南面、西面各開一門，因京峴號爲京鎮，在建業之北，因門爲京口。十六年，徙治秣陵。十七年，城楚金陵邑，號石頭，改秣陵爲建業。今建康府上元縣。黄初二年，自公安今江陵府。都鄂，改鄂爲武昌。今壽昌軍。黄龍元年，遷都建業，陸遜輔太子登留武昌。歸命侯甘露元年，徙都武昌。後還都建業。滕牧留鎮武昌。

晉都

晉武帝都洛陽。故洛陽城，在今洛陽縣東二十里，置司州。

愍帝都長安。

元帝南遷，都建康。都城周二十里十九步。本吴舊址，晉江左所築，但有宣陽門。至成帝作新宫，始修城，開陵陽等五門，與宣陽爲六。蘇峻滅後，宫闕荒殘。温嶠議遷都。王導曰：「建康，帝皇所居，孫仲謀、劉玄德皆云王者之宅，不可改。」

宋齊梁陳都

宋因晉舊，都於建康。齊因宋。梁因齊。梁元帝興，復即位於江陵。將還建康，胡僧祐等曰：「建業王氣已盡，與虜正隔一江，若有不虞，悔無及也。」帝以建康雕殘，江陵全盛，從僧祐等議，詔王僧辯鎮建康。陳復都建康。後梁蕭詧都江陵，稱臣於魏，爲附庸。

後魏都

拓拔氏，東胡之後，别部鮮卑，劉道原以爲檀石槐，兩部大人推寅之後。世居北荒。因大鮮卑山爲號。鮮卑山，在營州柳城縣東二百里棘城之東。塞外亦有鮮卑山，在遼西之北一百里。未詳孰是。力微遷定襄之盛樂。盛樂縣在朔州北。漢志成樂。禄官分國爲三部。一居上谷北，濡源西，東接宇文部，自統之。一居代郡之參合陂北，使子猗㐌統之。一居定襄之盛樂故城，使猗盧統之。晉懷帝時，劉琨表以猗盧爲大單于，封代公，徙馬邑。唐爲朔州。城盛樂以爲北都，修故平城以爲南都。愍帝進猗盧爲代王。食代、常山二郡。通典：「今代州城，後魏所置。」賀傉始都東木根山。什翼犍更營盛樂。建國元年，即位於繁時北。三年，都雲中之盛樂宫。四年，築盛樂城於故城南八里。秦苻堅殺寔君而分其國。

什翼犍之孫珪立爲代王。登國元年即位，是爲道武。都雲中，在朔州北三百餘里。魏土地記：「雲中宫在雲中故城東四十里。」唐志：「單于府金河縣，本道武所都。」秦、漢雲中郡地。改代曰魏，自雲中徙都平城，置司州代尹。天興元年，遷都平城。後漢注：「今雲州定襄縣。」通典：「即今雲州，隋雲内縣常安鎮也。」

孝文太和十九年，遷洛陽，以平城之司州爲恒州，洛陽置司州河南尹。二十年，改爲元氏。後孝武遷長安，爲西魏。孝静遷鄴，爲東魏。孝文經鄴，登銅雀臺。崔光曰：「鄴城平原千里，漕運四通，有西門、史起舊迹，可以饒富，請都之。」孝文曰：「鄴城非長久之地，石虎傾於前，慕容滅於後，國富主奢，暴成速敗。且西有枉人山，東有列人縣，北有柏人城。君子不飲盜泉，惡其名也。」葉氏曰：「孝文慕華風，變夷俗，始遷洛邑。根本既虚，隨即崩潰。然則用夏變夷者，聖人之道也。以夷制夏者，夷狄之利也。失其利則衰，反其常則滅。烏得謂黎民懷之，三才其舍諸。」

後周北齊都

周，宇文氏，繼西魏都長安。于長安城中置萬年縣。唐高宗幸故長安城，問侍臣：「秦、漢以來，幾君都此？」許敬宗曰：「秦居咸陽，漢惠帝始城之，其後苻堅、姚萇、宇文周居之。」

齊，高氏，繼東魏都鄴。後魏置相州。東魏初遷都，置魏尹。北齊改爲清都，以鄴爲上都，晉陽爲下都。鄴縣省入臨漳縣。

隋都

隋文帝都長安。長安縣長壽坊。開皇二年，營建新都，在漢故城之東南十三里。本後周京兆郡萬年縣界。南直終南山子午谷，北據渭水，東臨灞、滻，西枕龍首原。三年，遷新都，名其城曰大興城。文帝初封大興公，故以名。正殿曰大興殿，宮曰大興宮。宮北苑曰大興苑。改萬年縣爲大興縣。或曰：宮之大興殿，本大興村，故因用其名。通典：「唐京城是也。」呂氏曰：「西京記云大興城南直子午谷，今據子午谷乃漢城所直，隋城南直石鼈谷，則已微西，不正與子午谷對也。」六典：「京城東西十八里一百十五步，南北十五里一百七十五步。皇城之南，東西十坊，南北九坊；皇城之東、西各十二坊；兩市居四坊之地，凡一百十坊。」東都，通典云：「故都城，自周至隋大業以前，常爲都邑。今都城，隋大業元年所築。」兩京記：「煬帝登北邙，觀伊闕，曰：此龍門耶！自古何爲不建都於此？蘇威曰：以俟陛下。大業元年，自故都移於今所。其地，周之王城。初謂之東京，改爲東都。」六典：「煬帝詔楊素、宇文愷移故都創造，南直伊闕之口，北倚邙山之塞，東出瀍水之東，西出澗水之西，洛水貫都，有河、漢之象。東去故都十八里。」太平御覽：「煬帝遷洛陽，於故周之王城，即今東都城也。」

煬帝幸江都，于揚州立江都宮。李淵立代王侑於長安，王世充立越王侗於東都。

唐都

高祖都長安。本隋都。改大興殿曰太極殿，大興縣復爲萬年縣。六典：「京城，左河華，右隴坻，前終南，後九嵏，皇城在京城之中。今謂之子城。宮城在皇城之北，禁苑在大内宮城之北。」西内，太極宮。東内，大明宮。南内。興慶宮。通典：「武德以來稱京城。」唐志：「天寶元年曰西京，至德二載曰中京，肅宗元年曰上都。」兩京記：「高宗曰：兩京，朕東西二宅。」始作上陽等宮。

武后定都洛陽。昭宗天祐元年，朱全忠遷唐都于洛陽。六典：「東都城，左成皋，右函谷，前伊闕，後邙山。」唐志：「貞觀六年號洛陽宮，顯慶二年曰東都，光宅二年曰神都，神龍元年復曰東都，天寶元年曰東京，肅宗元年復爲東都。皇城曰太微城，宮城曰紫微城。」

肅宗至德二載，以蜀郡爲南京，成都府。鳳翔爲西京，西京爲中京。上元元年，置南都於荊州。爲江陵府。寶應元年，詔曰：「五都之號，其來自久，宜以京兆爲上都，河南爲東都，鳳翔爲西都，江陵爲南都，太原爲北都。」唐志：「北都，天授元年置，神龍元年罷，開元十一年復置，天寶元年曰北京，上元二年罷，肅宗元年復爲北都。」六典：「京兆、河南、太原爲三都。」

五代都

梁朱晃以汴州宣武節度建國，升爲東都開封府。以唐東都爲西都，廢京兆府爲雍州。

後唐莊宗即位於魏州。同光二年，升魏州爲東京興唐府。三年，改爲鄴都。滅梁，遷洛京。元年，以太原爲西京，鎮州爲北都，又復北都爲鎮州，太原爲北都，復汴州爲宣武軍，永平軍爲西都。三年，以洛京爲東都〔二〇〕。

晉石敬瑭鎮太原，即位，都洛陽，徙都汴。行闕以大寧宮爲名，升汴州爲東京開封府，以洛陽爲西京，雍州爲晉昌軍，改興唐府爲廣晉府，復爲鄴都。

漢劉暠即位於太原，都汴。改晉昌爲永興軍，廣晉爲大名府。

周郭威都汴。廣順二年，修大梁城。三年，築郊社壇，作太廟於大梁。顯德元年，廢鄴都。二年，以大梁城中迫隘，詔展外城。

宋朝四京

東京開封府，舊城，即汴州城。唐建中初李勉築。周迴二十里一百五十五步，本朝曰闕城，亦曰裏城。新城，周顯德三年韓通築。周迴四十八里二百三十三步，本朝曰國城，亦曰外城。大内據闕城之西北，宮城周迴五里。即唐宣武節度治所。梁爲建昌宮。晉爲大寧宮。建隆三年，廣皇城之東北隅，按洛陽宮殿圖修之。乾德三年，導五丈河，通皇城爲池。祥符九年，增築新城。熙寧八年，重修都城。太祖生於洛陽，有遷都之意。晉王言非便。太祖曰：「朕將西遷者，欲據山河之固而去冗兵。」王又言：「在德不在險。」太祖曰：「不出百年，天下民力殫矣。」范文正公曰：「太平則居東京輻凑之地，以便天下。急難則守西洛山河之宅，以保中原。」通志曰：「汴，四戰之地，受敵最深，魏東徙治梁，王假被虜，一國爲魚。梁末帝之禍尤深。王假、靖康之難，幾於石晉。」

西京河南府，開寶八年修洛陽宮室，九年幸西京，四月有事南郊。京城周迴五十二里，大內據京城之西北，宮城周迴九里三百步。

南京應天府，閼伯所居商丘，周爲宋國，漢爲梁國，隋、唐爲宋州。太祖以歸德軍節度使即位，定有天下之號曰宋。景德四年升應天府，祥符七年升南京。正殿曰歸德。高宗即位于此。

北京大名府，漢屬魏郡，後周置魏州，唐置天雄軍，後唐建鄴都曰興唐府，晉建鄴都曰廣晉府，後漢曰大名府。輿地廣記：「左傳：晉賜畢萬魏。卜偃曰：魏，大名也。其地於今爲河中之永樂，非元城之魏也。漢以大名名此，失矣。」今按舊唐書：田悦稱魏王，以魏州爲大名府，其失始此。慶曆二年升爲北京。正殿曰班瑞。

中興行都

建炎元年，幸揚州。三年，幸杭州，進幸江寧，改江寧爲建康府。四年，幸温州，復幸越州。紹興二年，以杭州爲臨安府，幸臨安。三年，營建康行宮。即舊府治。張浚謂人主居此，則北望中原，常懷惕不敢遐逸。四年，進幸平江府。五年，還臨安。六年，又幸平江。七年，進幸建康。八年，復還臨安。遂定都。三十一年，幸建康。三十二年，還臨安。真氏曰：「國家南渡，駐蹕海隅，何異越棲會稽之日。宗廟宮室，本不應過飾，禮樂文物，本不應告備。惟當養民撫士，一意復讐〔二〕。而秦檜乃以議和移奪上心，粉飾太平，沮鑠士氣。士大夫豢於錢塘湖山歌舞之娛，無復故都黍離麥秀之歎。此檜之罪，所爲上通於天而不可贖也。」朱文公曰：「建康形勢雄壯，然淮破則只隔一水，欲進則可都建康，欲自守則莫若都臨安。」建康形勢勝於臨安，張浚欲都建康，趙鼎入相，遂定都臨安。

邵子曰：「三皇，春也。五帝，夏也。三王，秋也。五伯，冬也。七國，冬之餘冽也。漢，王而不足。晉，伯而有餘。三國，伯之雄者也。十六國，伯之叢者也。南五代，伯之借乘也。北五朝，伯之傳舍也。隋，晉之子也。唐，漢之弟也。隋季諸郡之伯，江漢之餘波也。唐季諸鎮之伯，日月之餘光也。後五代之伯，日未出之星也。」

五伯

夏伯昆吾。杜氏云：「東郡濮陽縣，唐武德四年析濮州濮陽置昆吾縣，八年省。」濮陽縣，今屬開德府。括地志：「昆吾故城，在縣西三十里。」

商伯大彭、今徐州彭城縣。豕韋。或謂之韋。杜氏云：「東郡白馬縣東南有韋城。」今滑州韋城縣。

周伯齊桓、世家：「太公都營丘。」括地志：「營丘，在青州臨淄北百步外城中。」水經注：「臨淄城中有丘，淄水出其前，經其左，故有營丘之名。」胡公徙都薄姑。括地志：「蒲姑城，在青州博昌縣，今博興縣東北六十里。薄姑氏，本殷諸侯國。」地理志：琅邪姑幕縣。應劭曰：「薄姑氏之國。」後漢注：「姑幕故城，在密州莒縣東北。」獻公徙薄姑，都治臨菑。輿地廣記：「青州臨淄縣，城臨淄水，即營丘也。」晉文。叔虞封唐。括地志：「故唐城，在絳州翼城縣西二十里，即堯裔子所封。子燮爲晉侯，徙居晉水傍，在并州晉陽縣北二里。」詩譜云：「燮父以堯墟南有晉水，改曰晉侯。」穆侯自晉陽徙都絳，孝侯改絳爲翼，一名故絳，在絳州翼城東南十五里，後爲曲沃武公所并，自曲沃徙都之。獻公又命曰絳。後魏爲北絳縣。隋改曰翼城。景公遷新田，又謂新田爲絳。括地志：「絳邑故城，漢絳縣，本晉都新田，在絳州曲沃縣南二里，因絳山爲名。」通志：「新田，今絳州絳縣。」

十二諸侯

太史公曰：「齊、晉、秦、楚，其在成周微甚，封或百里或五十里。晉阻三河，齊負東海，楚介江淮，秦因雍州之固，四國迭興，更爲伯主，文武所褒大封，皆威而服焉。譜十二諸侯，自共和訖孔子。」

魯，都曲阜。括地志：「兗州曲阜縣外城，即魯公伯禽所築。」祥符中改曲阜爲仙源。

齊。晉。秦。見前。楚。見後。

宋，都商丘。世本：「宋更名曰睢陽。」正義：「今宋州宋城縣。」

衛，都朝歌。故城在衛州衛縣西二十二里。衛縣，今省入濬州黎陽。戴公廬于曹。亦作漕，今滑州白馬是也。齊桓城楚丘，而居文公焉。括地志：「楚丘，滑州衛南縣。」今屬開德府。成公遷帝丘，濮陽。元君徙野王。正義：「懷州城，古野王邑也。」

陳，都宛丘。今陳州治。

蔡，本畿内之地，爲蔡叔之采邑。孔安國云：「叔封圻内。」世本：「叔居上蔡。」書正義：「圻内，蔡地，不知所在。」蔡仲改封汝南，宋仲子云：「胡徙居新蔡。」杜預云：「武王封叔度於汝南上蔡。」括地志：「蔡州上蔡縣，在州北七十里，古蔡國外城，叔度所都城也。有蔡崗，在縣東十里，因名。」平侯徙都新蔡，蔡州新蔡縣。昭侯徙州來。以州來爲下蔡，汝南爲上蔡。州來即下蔡縣，今壽春府治。

曹，都曹。今廣濟軍治定陶是。

鄭桓公友初封於鄭，括地志：「故城在華州鄭縣西北三里。」武公取虢、鄶十邑之地，居之。今河南新鄭是也。今鄭州新鄭縣。

燕。見後。

吳，都吳。世本：「吳熟哉始居蕃離。」宋忠注：「熟哉，仲雍也。蕃離，今吳餘暨縣。」正義：「太伯居梅里，在常州無錫縣東南六十里〔二二〕，至十九世孫壽夢居之，號句吴。諸樊南徙吴。至光，使子胥築闔閭城〔二三〕，都之。今蘇州也。」世本：「熟移丹徒句吴，家楚徙吴〔二四〕。」宋忠注：「句吴，太伯所居，地名。」索隱云：「表言十二，實叙十三者，賤夷狄，不數吴。」吴越春秋：「太伯起城，周三里二百步，外郭三百餘里，在西北隅，名曰故城。闔閭元年，造大城，周回四十七里〔二五〕；築小城，周十里。」寰宇記：「太伯初適吴，築城，在平門外。太伯至王僚二十三王都之。」今常州無錫縣東南四十里有吴太伯城，是也。闔閭始築吴郡城，都之。今蘇州城是。通典常州無錫注「太伯始居此地」，蘇州注「闔閭以後都于此」。

越，都會稽。今會稽城亦謂句踐城。句踐徙都琅邪，在密州諸城縣東。越見春秋凡六，其三稱越，皆在昭公之時；其三稱於越，二在定公，一在哀公之時。蘇氏曰：「十二諸侯，首魯，訖吴，實十三國，而越不與焉。不知中國禮樂，絶而棄之。」通典：「吴之都，其南百四十里，與越分境。」

六國

趙之先造父封趙城。今晉州趙城縣。晉獻公賜趙夙耿。今河中府龍門縣東南。趙襄居原。括地志：「故原城，在懷州濟源縣西北二里。」今屬孟州。簡子居晉陽。今太原府。獻侯治中牟。索隱曰：「在河北，非鄭之中牟。」敬侯元年，始都邯鄲。今磁州縣。

魏，晉獻公以魏封畢萬。魏城在陜州芮城縣北五里，漢河北縣。輿地廣記：「河中府永樂縣，古魏國，唐分芮城置。」水經注：「永樂澗水北出于薄山，南流逕河北縣故城西，故魏國也。晉以封畢萬。」悼子徙治霍。晉州霍邑縣。魏絳徙治安邑，在陝州夏縣。又解州縣。武侯二年，城安邑。惠王三十一年，徙治大梁，今開封府祥符縣。稱梁王。

韓，武子封於韓原。今同州韓城縣。宣子徙居州。漢河内州縣。括地志：「懷州武德縣，本周司寇蘇忿生之州邑也。」熙寧六年，省武德爲鎮，入河内縣。貞子徙居平陽。晉州臨汾縣。世本云：「景子徙平陽。」哀侯二年，滅鄭，因徙都鄭。改號曰鄭。今鄭州新鄭縣，戰國策謂韓惠王曰鄭惠王。

齊，田和立爲齊侯，都臨菑。地理志：「臨菑名營丘。」故齊詩曰：「子之營兮。」

楚，熊繹當周成王時，封於楚蠻，居丹陽，徐廣曰：「在南郡枝江縣。」今江陵府。括地志：「歸州巴東縣東南四里歸故城，楚子熊繹之始國也。」輿地志：秭歸縣東有丹陽城，周迴八里，熊繹始封也。」文王始都郢。括地志：「紀南故城，在荆州江陵縣北五十里。」杜氏云：「郢，今南郡江陵縣北紀南城是。」括地志：「平王城郢，在江陵縣東北六里，故郢城是也。」昭王去郢，北徙都鄀。括地志：「楚昭王故城，在襄州樂鄉縣東北三十三里。」輿地廣記：「鄀縣，故鄀國，春秋時自商密遷此，爲楚附庸。楚滅之。昭王畏吴，自郢遷焉。後復還郢。唐改爲樂鄉，周省入宜城縣〔二六〕。」今襄陽府。襄王二十三年〔二七〕，秦拔郢，東北保於陳城。今陳州。考烈王二十二年，東徙，都壽春，命曰郢。今安豐軍壽春縣。項梁立楚懷王孫心爲楚懷王，都盱台。今招信軍。項羽尊懷王爲義帝，徙長沙郴縣。今郴州。荆，自文王始見於春秋，僖元年始稱楚。

燕，武王封召公於北燕，都薊。幽州薊縣。司馬公曰：「春秋時，北燕至微，逼介蠻貊，不與中國之會盟。太史公世家以姞姓之燕仲父伐周惠王者爲北燕，誤矣。」括地志：「燕山，在幽州漁陽縣東南六十里。」國都城記：「地在燕山之野，故國取名焉。」輿地廣記：「武王封帝堯之後於薊，又封召公於北燕，其後燕國都薊。」詩補傳曰：「薊後改爲燕，猶唐之爲晉、荆之爲楚。或曰：黄帝之後封於薊者已絶，成王更封召公奭於薊，爲燕。」蘇氏曰：「周衰，姬姓復興者三國：燕、韓、魏，皆據地千里。」戰國策：「安邑者，魏之柱國也。晉陽者，趙之柱國也。鄢、郢者，楚柱國也。柱國，都也。」

十八王

漢異姓諸侯表：「據漢受命，譜十八王。」

西楚霸王項籍，都彭城。今徐州縣。

衡山王吴芮，都邾。今黄州黄岡縣東南。

臨江王共敖，都江陵。江陵府縣。

九江王英布，都六。安豐軍安豐縣。

常山王張耳，都襄國。邢州龍岡縣。

代王趙歇，都代。蔚州。

臨淄王田都，都臨菑。青州縣。

濟北王田安，都博陽。在濟北。

膠東王田市，都即墨。萊州膠水縣南。

雍王章邯，都廢丘。京兆府興平縣。

塞王司馬欣，都櫟陽。京兆府縣。

翟王董翳，都高奴。在鄜州北。今延安府膚施縣金明寨。

燕王臧荼，都薊。幽州。

遼東王韓廣，都無終。薊州玉田縣。

魏王魏豹，都平陽。晉州城西南北面〔二八〕。

殷王司馬卬，都朝歌。衛州衛縣。今濬州黎陽縣衛鎮。

韓王韓成，都陽翟。今潁昌府縣。

河南王申陽，都雒陽。今河南府。

西漢末群雄割據

赤眉樊崇立劉盆子於長安，居長樂宮。

彭寵據漁陽，稱燕王。今薊州。

王郎稱帝於邯鄲。今磁州。

劉永據睢陽，爲梁王，稱帝。今應天府。

盧芳據安定，稱西平王。匈奴立爲漢帝。今涇州。

隗囂據天水，爲朔寧王。今秦州。初據平襄，後保冀縣。

秦豐據黎丘，號楚黎王。今襄陽府宜城縣黎丘城。

張步據臨淄，爲齊王。今青州。

董憲據東海，爲海西王。今海州。

李憲據廬江，稱淮南王。今廬州。

公孫述據成都，爲蜀王，稱帝，號成家。今成都府。

十六國

涼。

蜀。

趙。

後趙。

燕。

秦。

後燕。

後秦。

西秦。

後涼。

南涼。

南燕。

西涼。

北涼。

夏。

北燕。

晉載記：「劉淵以惠帝永興元年據離石，今石州。稱漢。永嘉二年徙都蒲子，今隰州隰川縣。僭位，遷都平陽，今晉州。劉曜徙都長安，國號曰趙。謂之前趙。曜子嗣奔上邽。李雄以永興元年稱成都王，僭帝位。建國爲成。壽改爲漢，謂之後蜀。後九年，石勒據襄國，今邢州龍岡縣。稱趙。石虎據鄴，今相州，謂之後趙。張氏先據河西。張軌據姑臧，今涼州。是歲，自石勒後三十六年也〔三九〕，重華自稱涼王。據敦煌，今沙州，謂之前涼。後一年，冉閔據鄴，稱魏。後一年，苻健據長安，稱秦。永和八年僭位，苻丕稱帝于鄴，苻登稱帝于隴東南安郡。慕容氏先據遼東，廆遷於徒河之青山，移居棘城。通典：漢徒河縣之青山，在營州城東百九十里。棘城，在營州城東南一百七十里。稱燕。是歲，自苻健後一年也，儁始僭號。皝以咸康三年即燕王位，築龍城，改柳城爲龍城縣。七年，遷都龍城，號新宫曰和龍。通典：營州柳城縣有和龍城。通志：即大遼之黄龍府也。儁都薊，以永和八年僭位，自薊城遷于鄴，謂之前燕。後三十一年，後燕慕容垂據鄴。都中山。後秦姚萇據長安。後二年，西燕慕容冲據阿房。京兆府長安縣有阿房宫。是歲也，乞伏國仁據枹罕，今河州。稱秦。都苑川。通典：在蘭州五泉縣。後曰子城縣。北史：築勇士城，都之。乾歸還金城，今蘭州，謂之西秦。水經注：「苑川水出勇士縣之子城南山，東北流，世謂之子城川。又北逕牧師苑，故漢牧苑之地也。有東西二苑城，相去七里，西城即乞伏所都也。」後一年，慕容永據上黨，稱帝於長子。今潞州，隆德府。是歲，吕光據姑臧，稱涼。謂之後涼。後十二年，慕容德據滑臺，今滑州。稱南燕。都廣固，今青州益都縣西。是歲，秃髮烏孤據廉川，築廉川堡以都之。隆安元年稱西平王。水經注：漢水又西南合楊廉川水〔三〇〕。隗囂奔西城，從楊廣。後人以「廣」爲「廉」，置楊廉縣。水出西谷，東南流，逕西城縣故城北〔三一〕。後漢注：西城縣屬漢陽郡〔三二〕。一名始昌城。在今秦州上邽縣西南。稱南涼。烏孤更稱武威王。後三歲，徙于樂都。通典：鄯州湟水縣有湟水，一名樂都水。後魏置鄯州。後周置樂都郡。今爲西寧州。又云烏孤都廣武。張駿置廣武郡，蘭州廣武縣也。唐更名金城縣。利鹿孤徙居西平。後漢西平郡故城在鄯州鄯城縣西，今西寧州。以隆安五年稱河西王。傉檀以元興元年號涼王，遷樂都，又遷姑臧。段業據張掖，今甘州。稱北涼〔三三〕。後三年，李暠據敦煌，稱西涼。遷酒泉。今肅州。後一年，沮渠蒙遜殺段業，稱涼。都張掖，遷姑臧，謂之北涼。後四年，譙縱據蜀，稱成都王。後二年，赫連勃勃據朔方，都統萬，今夏州。稱大夏。赫連定僭號於平涼，今渭州。後二年，馮跋據和龍，營州柳城。稱北燕。爲戰國者一百三十六載。何氏曰：「晉之興，中原半爲夷居。劉淵，匈奴也，而居晉陽。石勒，羯人也，而居上黨。姚氏，羌也，而居扶風。苻氏，氐也，而居臨渭。慕容，鮮卑也，而居昌黎。是以劉淵一倡，而并、雍之胡乘時四起。」邵子曰：「晉室之禍，本於夕陽亭之一言。石勒長嘯于上東門，亦悠悠爾。」蘇氏曰：「劉、石、慕容、苻之儔，覆亡相繼，遠者不過一傳，再傳而滅，何也？其心固安於無法也，而束縛於中國之法。中國之人固安於法也，而苦其無法。君臣相戾，上下相厭，安能久乎！」晉取三焉：蜀、南燕、後秦。

隋末群雄割據

鄭。王世充據東都。河南府。

魏。李密據鞏。河南府縣。

梁。蕭銑據江陵。

夏。竇建德據樂壽，瀛州縣。遷都洺州。

燕。高開道據漁陽。薊州。

梁。梁師都據朔方。夏州。

涼。李軌據武威。涼州。

秦。薛舉據金城。蘭州。

永樂。李子和據榆林。勝州。

定楊。劉武周據馬邑，爲定楊可汗。朔州。

漢東。劉黑闥據洺州。

吴。李子通據江都。揚州。

吴。杜伏威據歷陽。和州。

梁。沈法興起吴興。今安吉州。

宋。輔公祏據丹陽，即陳故宫都之。今鎮江府。

楚。朱粲據南陽。今鄧州〔三四〕。

元興。操師乞據豫章。今隆興府。

楚。林士弘據虔州。今贛州。

魯。徐圓朗據兗州。

十國

歐陽公曰："自唐失其政，天下乘時，黥髡盜販，衮冕峨巍。吴暨南唐，姦豪竊攘。蜀險而富，漢險而貧，貧能自彊，富者先亡。閩陋荆蹙，楚開蠻服。剽剥弗堪，吴越其尤。牢牲視人，嶺蜑遭劉。百年之間，竝起争雄，山川亦絶，風氣不通。語曰：清風興，群陰伏；日月出，爝火息。故真人作而天下同。"

職方攷："梁初，天下别爲十一國，南有吴、楊行密。浙、錢鏐。荆、高季興。湖、馬殷。閩、王審知。漢，劉隱。西有岐、李茂貞。蜀，王建。北有燕、劉仁恭。晉。李克用。至於周末，在者七國。自江以南二十一州爲南唐，自劍以南及山南西道四十六州爲蜀，自湖南北十州爲楚，自浙東西十三州爲吴越，自嶺南北四十七州爲南漢，自太原以北十州爲東漢，而荆、歸、峽三州爲南平。"

劉道原十國紀年："吴，楊行密，都廣陵。唐，李昪，後稱江南，都金陵，遷豫章，復都金陵。前蜀，王建，成都。後蜀，孟知祥，成都。吴越，錢鏐，錢唐。閩，王審知，福州。漢，劉隱，廣州。楚，馬殷，潭州。荆南，高季興，南平。江陵。北漢，劉旻。五代史曰東漢。太原。王延政以建州稱殷。即閩也。"

胡文定公曰：「避寇而徙都，未有能復振者。周自豐、鎬徙于東洛而不振，魏自安邑徙于大梁而不振，楚自渚宮徙于陳、蔡而不振，劉嗣自咸陽徙于上邽而不振，赫連定自統萬徙于北地而不振，李景自秣陵徙于豫章而不振。故中夏定都，必與俱存而不動。」李氏綱曰〔三五〕：「後唐李氏有淮南則可都金陵，其後失之，遂以削弱。」

校勘記

〔一〕史記正義高陽高辛所興地名　史記卷一五帝本紀索隱：「張晏云：高陽者，所興地名也。」則文出於索隱，非正義也。

〔二〕左天門之險　「險」，戰國策卷二二魏策一作「陰」。按下文云「右天谿之陽」，「左」與「右」、「陰」與「陽」相對，疑「險」爲「陰」字之誤。

〔三〕兄弟五人須于洛汭　「洛」下原空一字，元本「汭」字不清，據遞修本、浙本及史記卷二夏本紀正義補。

〔四〕故鄩城　「鄩城」，史記卷二夏本紀正義引括地志作「鄩城」，此「鄩城」疑誤。

〔五〕在汝州郟城縣東北五十四里　「郟城縣」，原作「郊城縣」，元本、遞修本、浙本作「郟城縣」。史記卷二夏本紀正義引括地志作「郟城縣」，新舊唐書地理志汝州均領有郟城縣，據改。

〔六〕蓋夏后所封　「夏后」，原作「夏後」，據遞修本、浙本改。

〔七〕宋州北五十里大蒙城爲景亳　「大蒙城」，原作「蒙城」，史記卷三殷本紀正義引括地志「宋州北五十里大蒙城」云云，據補。

〔八〕案地理志葛今梁國寧陵之葛鄉　漢書卷二八上地理志上陳留郡寧陵顔師古注引孟康曰：「故葛伯國，今葛鄉是。」續漢書郡國志二梁國寧陵縣「故屬陳留。有葛鄉，故葛伯国」。「地理志」疑爲「郡國志」之誤。

〔九〕乃四方朝覲　「四方」，原作「曰方」，元本、遞修本、浙本作「四方」，林之奇尚書全解卷一八作「四方」，據改。

〔一〇〕即北蒙殷墟　「北蒙」，原作「北冢」，水經洹水注：「竹書紀年曰：盤庚即位，自奄遷于北蒙曰殷。」史記卷三殷本紀正義引竹書紀年：「盤庚自奄遷于北蒙，曰殷墟，南去鄴四十里。」方詩銘古本竹書紀年輯證：「『冢』爲『蒙』字之誤。」據改。下同。

〔一一〕三代世表庚丁徙河北　「三代」，原作「二代」，遞修本、浙本作「三代」；「庚丁」，原作「武丁」，元本、遞修本作「庚丁」。史記卷一三三代世表：「帝庚丁，廩辛弟。殷徙河北。」據改。

〔一二〕在邢州平鄉東北二里　「二里」，史記卷三殷本紀、卷六秦始皇本紀正義引括地志皆作「二十里」，此處疑脱「十」字。

〔一三〕有后稷及姜嫄祠　「及」，原作「乃」，庫本、浙本作「及」，史記卷四周本紀正義引括地志亦作「及」，據改。

〔一四〕闞駰以爲本周之程邑也　「周」，原作「州」，據元本、遞修本、浙本及漢書卷二八上地理志上顏師古注引闞駰曰改。

〔一五〕入于宗周　「入」，原作「之」，元本、元乙本漫漶不清，據遞修本、浙本改。

〔一六〕粤詹雒伊　「詹」，原作「陽」，史記卷四周本紀：「顧詹有河，粤詹雒、伊。」據改。

〔一七〕川有故亭　「故亭」，王先謙合校水經注渭水注作「故秦亭」，云：「近刻訛作『有育故亭』。案朱訛趙改。刊誤曰：『育故亭』誤，當作『故秦亭』，史記秦本紀：孝王曰：『朕其分土爲附庸，邑之秦。』徐廣曰：『今天水隴西縣秦亭也。』」

〔一八〕在雍州長安縣西北三十里　「三十里」，史記正義言及西漢各宮距唐長安里距時，多引括地志，里距不一。與本處文字相近者，卷七九范睢蔡澤列傳所引：「長安故城本秦離宮，在雍州長安北十三里也。」元和郡縣圖志卷一、太平寰宇記卷二五均言長安故城在長安縣西北十三里。

〔一九〕地方百里者八九　「八九」，原作「八尢」，元本、遞修本、浙本爲「八九」。漢書卷七五翼奉傳作「八九」，據改。

〔二〇〕三年以洛京爲東都　「三年」，原作「二年」，元本作「一年」。舊五代史卷三二莊宗紀：同光三年三月，「宜依舊以洛京爲東都」。新五代史卷五莊宗紀、資治通鑑卷二七三後唐紀二、五代會要卷一九同，據改。

〔二一〕一意復讐　「一意」，原作「之意」，元本、遞修本闕，浙本作「立意」，真德秀西山文集卷三直前奏事劄子作「一意」，據改。

〔二二〕在常州無錫縣東南六十里　「無錫縣」，各本均作「無錫去」。史記卷三一吴太伯世家正義作「無錫縣」，據改。

〔二三〕使子胥築闔閭城　「子胥」，各本均作「子齊」。史記卷三一吴太伯世家正義作「光使子胥築闔閭城，都之，今蘇州也」，據改。

〔二四〕家楚徙吴　史記卷三一吴太伯世家集解：「世本曰『諸樊徙吴』也。」世本清人张澍注：「澍按：詩地理考引世本云：『孰徙丹徒句吴，家楚徙吴。』『家楚』二字誤，宜作『諸樊』。諸樊名遏，壽夢之子。」此「家楚」當誤。

〔二五〕周回四十七里　「四十七里」，原作「二十七里」，據元本、遞修本、周生春吴越春秋輯校匯考卷四闔閭内傳改。

〔二六〕周省入宜城縣　「宜城縣」，原作「宜成縣」，據元本、遞修本、浙本、輿地廣記卷八襄州宜城縣改。

〔二七〕襄王二十三年　史記卷四〇楚世家：「頃襄王二十一年，秦將白起拔我郢，「東北保於陳城」。楚襄王遷陳在二十一年，此「二十三年」疑誤。

〔二八〕晉州城西南北面　史記卷四九外戚世家正義引括地志：「平陽故城即晉州城西面，今平陽故城東面也。」此處疑誤。

〔二九〕自石勒後三十六年也　據中華本晉書卷一〇一載記第一校記〔二〕：「是歲指永興元年後九年，即永嘉六年，張重華稱涼王，據通鑑九八在永和六年，相距三十八年，『六』當作『八』。」

〔三〇〕漢水又西南合楊廉川水　「楊廉川水」，原作「焉廉川水」，元本、遞修本、浙本作「楊廉川水」，元乙本「楊」字似「陽」。水經漾水注作「楊廉川水」，據改。

〔三一〕逕西城縣故城北　「西城縣」，水經漾水注作「西縣」。

〔三二〕後漢注西城縣屬漢陽郡　按：王氏所引爲續漢書卷一三隗囂傳之注：「西城，縣名，屬漢陽郡。」續漢書郡國志五西城縣屬漢中郡，西縣屬漢陽郡。太平寰宇記卷一五〇秦州清水縣，「始昌城，一名西城，按城即漢爲西縣城也」。則兩漢爲西縣，晉改名始昌縣，此「西城縣」爲「西縣」之誤。

〔三三〕是歲秃髮烏孤據廉川稱南涼段業據張掖稱北涼　此處時間有誤，據中華本晉書卷一〇一載記第一校記〔二〕：「是歲指慕容德據滑臺之年，檢慕容德載記事在隆安二年，而秃髮烏孤稱南涼，段業稱涼州牧，據安紀在隆安元年，不在一歲。此誤。」

〔三四〕今鄧州　「今」，原爲空格，據浙本補。

〔三五〕李氏綱曰　「李氏綱」，原作「李氏紀」，元本、遞修本作「李氏綱」。按該段引文出自李綱梁谿集卷七八奉詔條具邊防利害奏狀，據改。

通鑑地理通釋卷之五

十道山川攷

禹貢定高山大川，以别九州之境，職方、爾雅取法焉。山川萬古不易，州縣隨時變遷。後之志地理者，附山川于注，失其綱領。唯唐六典叙十道，得禹貢遺意。今釋其地，以備參攷。「山川能説」，九能之一，或庶幾焉。

關内

東距河，

班固西都賦：「帶以洪河。」注：「書曰：導河自積石，南至于華陰。」

西極隴坂，

隴坂，即隴坻，今之隴山。應劭曰：「隴西郡有隴坻，在其西。」見後。杜篤論都賦：「置列汧隴，廱偃西戎。」西京賦：「右有隴坻之隘。」注：「應劭曰：天水有大坂，曰隴坻。」

南據終南之山。西都賦：「表以太華、終南之山。」地理志：「武功縣太一山，古文以爲終南。」張衡西京賦：「終南太一，隆崛崔崒。」注：「五經要義：太一，一名終南山，在扶風武功縣。此云終南太一，不得爲一山明矣。蓋終南，南山之總名；太一，一山之別號。」郡縣志：「終南山，在京兆府萬年縣南五十里。按經傳所說，一名太一，亦名中南。」據西京賦云。西征賦云：「九嵕巀嶭，太一巃嵸，面終南而背雲陽，跨平原而連嶓冢。然則終南、太一，非一山也。」左傳：「中南，九州之險也。」柳宗元謂：「據天之中，在都之南。西至于褒斜，又西至于隴首，以臨于戎。東至于商顏，又東至于太華，以距于關。其物產之厚，器用之出，則璆、琳、琅玕，夏書載焉；紀、堂、條、梅，秦風詠焉。」終南山又在鳳翔府郿縣南三十里。

北邊沙漠。唐世，突厥薄渭橋，吐蕃入奉天，邇戎狄故也。

名山：太白，在鳳翔府郿縣東南五十里。漢武功縣地。柳宗元碑云：「其地寒，冰雪之積未嘗已。」水經注：「地理志：武功縣有太一山，古文以爲終南，杜預以爲中南，亦曰太白山。在武功縣南，去長安二百里。俗云：武功太白，去天三百。杜彥達曰：太白山南連武功山，於諸山最爲秀桀，冬夏積雪，望之皓然。」韓愈南山詩：「西南雄太白。」唐田游巖入太白山。

九嵕，

在京兆府醴泉縣，漢左馮翊谷口縣也。谷口縣，九嵕山在西。谷口故城在醴泉東北四十里。西都賦：「冠以九嵕，陪以甘泉。」西京賦：「九嵕甘泉，涸陰沍寒。」水經注：「涇水東經九嵕山東，中山西，謂之谷口。」

吴山，

職方雍州山鎮。嶽山在隴州吴山縣西南五十里，謂之吴嶽，唐爲西鎮。禹貢導岍，漢志以爲扶風汧縣吴山。按：隴州汧源縣有汧山，汧水所出，非吴山也。

岐山，

在鳳翔府岐山縣東北十里，亦名天柱山。漢右扶風美陽縣西北。周太王所邑，文王始亦治焉。西京賦注：「説文曰：岐山在長安西美陽縣界，山有兩岐，故因以名焉。」周之興也，鸑鷟鳴於岐山，成王有岐陽之蒐。石鼓文在天興縣南二十里，石形如鼓，其數有十。韋應物詩謂宣王大獵岐陽，韓愈歌亦云蒐岐陽。其文可見者四百六十五。呂氏春秋「九山」之一。河圖曰：「岐山在昆侖東南，爲地乳。」岐陽鎮，詩所謂「居岐之陽」也。

梁山，在京兆府奉天縣北五里。漢志：「右扶風好畤縣有梁山〔一〕。」九域志：「奉天縣、鳳翔府好畤縣有梁山。」古公逾梁山。秦立梁山宮。又同州韓城縣南十九里亦有梁山，漢左馮翊夏陽縣西北。詩韓奕所謂「奕奕梁山」也。爾雅以爲晉望。薛氏禹貢解曰：「梁山在同州韓城縣，而乾州好畤縣亦有梁山，在邠、岐間，非禹貢之梁山也。」

泰華。在華州華陰縣南八里。山海經：「華首之山西六十里曰太華之山〔二〕，削成而四方，其高五千仞，其廣十里。」太華西八十里少華之山。西京賦：「綴以二華。」少華山在華州鄭縣東南十里。唐玄宗銘曰：「雄峰峻削，菡萏森爽，是曰靈嶽，衆山之長。偉哉此鎮，崢嶸中土。高標爀日，半壁飛雨。」華嶽題名五百十一人，再題三十一人，自開元訖清泰。獨孤及仙掌銘〔三〕：「巨靈贔屭，高掌遠蹠，以流河曲，厥跡猶存。」巨靈，河神也。遁甲開山圖曰：「巨靈能造山川，出江河。」

大川：涇，出原州百泉縣笄頭山〔四〕，東南至京兆府高陵縣入渭。職方雍州川。論都賦：「帶以涇渭，號曰陸海。」山海經：「出長城北山。」

渭，

出渭州渭源縣今熙州渭源堡。鳥鼠山，東至華州華陰縣入河。山海經：「鳥鼠同穴之山，渭水出焉。東流注于河。」水經：「出南谷山，在鳥鼠山西北。」職方雍州浸。郡縣志：「在京兆萬年縣北五十里。」論都賦：「鴻渭之流，徑入于河，大船萬石〔五〕，轉漕相過。」潘岳西征賦：「北有清渭濁涇。」黄氏曰：「渭水出熙州狄道縣鳥鼠同穴山，東南至華州華陰縣入河。」

灞，

出藍田谷，北入渭。在京兆府萬年縣東二十一里。西征賦：「南有玄灞素滻。」通典：「荆溪下流也。」故滋水，秦穆公更名，以顯霸功。郡縣志：「即秦嶺水之下流〔六〕，東南自商州上洛縣界流入，又西北流，合滻水入渭。白鹿原，在萬年縣東二十里，亦謂之霸上。」

滻。

亦出藍田谷，北至萬年縣入渭。水經：「北入于灞。」注云：「北歷藍田川，北流注于霸水。」上林賦：「終始霸、產。」唐望春宮臨滻水。韋堅治漢隋運渠，絶灞、滻，並渭而東，至永豐倉與渭合。長樂坡，在萬年縣東北十二里，即滻川之西岸。本滻陂。隋文帝更名。

遠夷控北蕃、突厥。

吐蕃，本西羌屬，散處河、湟、江、岷間，或曰南凉秃髮利鹿孤之後。突厥，古匈奴北部，居金山之陽，其地三垂薄海，南抵大漠。

河南

東盡于海，古青、徐之域。

西距函谷，古函谷關在陝州靈寶縣，函谷故城在縣南十里。東自崤山，西至潼津，通名函谷，號曰天險，所謂秦得百二也。

南瀕于淮，古徐州之域。

北薄于河。古豫、兖之域。洛、陝，負河而北；虢、汝、許、鄭，負河而南。

名山：三崤，又名嶔崟山，在河南府永寧縣北二十八里，自東崤至西崤三十五里〔七〕。呂氏春秋

「九塞」之一。輿地廣記：「二崤山連入硤石界。其南陵，夏后皐之墓。其北陵，文王之所避風雨。春秋晉敗秦師于殽。陝州石壕鎮，本殽縣，後魏置，唐改硤石。」誦訓掌道方志，以詔觀事。若魯有大庭氏之庫，殽之二陵。

少室，

在河南府登封縣西十里，漢潁川密高縣也。在告成縣西北五十里，漢陽城縣。述征記：「漢武築登仙臺。」

砥柱，

俗名三門山，在陝州硤石縣東北五十里黄河中。山有三門，河所經。唐太宗勒銘。硤石，省入陝縣。山在河中，形若柱。水經注謂禹所鑿。禹貢：「導河積石，至于龍門。又東，至于砥柱。」李齊物鑿砥柱爲門，以通漕。裴耀卿鑿漕渠以避三門之險。隋開皇十五年，鑿砥柱。宋乾德元年，鑿砥柱。

蒙山，

在沂州費縣西北八十里。楚老萊子所耕處。禹貢：「蒙、羽其藝。」詩：「奄有龜、蒙。」漢泰山郡蒙陰縣西南。東蒙山在費縣西北七十五里。顓臾爲東蒙主，近於費。

嶧山，

一名鄒山，在兗州鄒縣南二十二里。郡縣志：「秦始皇觀禮于魯，刻石於嶧山。」禹貢：「嶧陽孤桐。」詩：「奄有鳧、繹。」太史公：鄉射鄒嶧。晉郗鑒避難嶧山中，鎮鄒山，後自嶧山奔下邳。

嵩，在河南府登封縣北八里，漢潁川崈即「嵩」字。高縣也，一曰太室山，是爲中嶽。晉司馬彪曰：「太室，九州之險也。」漢武帝禮登太室。郡縣志：「東曰太室，西曰少室，嵩高總名，即中嶽也。山高二十里，周迴一百三十里。少室山，在縣西十里。啓母祠，縣東北七里。漢武帝祀中嶽，見夏啓母石，是也。」

岱。職方兗州山鎮。岱山，泰山也，一曰岱宗。在襲慶府奉符縣西北三十里。唐兗州乾封縣。漢泰山郡博縣西北。漢官儀：「泰山東南名曰日觀。」管仲曰：「古者封泰山，禪梁父者七十二家。」社首山，在縣西北二十六里。

大川：伊，出商州上洛縣熊耳山東北，至河南府洛陽縣南，北入于洛。郡縣志：「伊水，在河南縣東南十八里。」秦三川郡謂河、洛、伊。山海經：「蔓渠之山，伊水出焉，東流注于洛。」

洛，

汝，

職方豫州川。出商州洛南縣冢領山，至河南府鞏縣入河。郡縣志：「在洛陽縣西南三里，西自苑内上陽之南彌漫東流。」繫辭曰：「洛出書。」禹貢：「豫州伊、洛入于河。」伊水入洛，洛水入河。山海經：「讙舉之山，雒水出焉，東北流，注于玄扈之水。」河圖曰：「玄扈，洛汭。」冢嶺山，在洛南縣西七十里〔八〕，洛水所出。

出汝州梁縣天息山，逕蔡、潁州入淮。爾雅：「汝爲濆。」

潁，

出河南府陽城縣陽乾山，東至壽春府下蔡入淮。皆古豫州地。職方以爲荆州浸，未詳。山海經：「出少室。」黄氏曰：「出河南登封陽乾山，東南流至潁州潁上縣入淮〔九〕。」

沂，

出沂州沂水縣艾山，南至下邳西南入泗。禹貢：「徐州，淮、沂其乂。」職方青州浸。曾氏曰：「徐州水以沂名者非一，酈道元謂水出尼丘山，西北徑魯之雩門〔一〇〕，亦謂之沂水。水出泰山武陽之冠石山，亦謂之沂水。」禹貢廣記曰：「沂水經下邳縣，分爲二水，一水於城北，西南入泗；一水經城東，屈曲從縣南，亦注泗，謂之小沂水。」

泗，

職方青州川。出襲慶府泗水縣桃墟西北陪尾山。源有泉四，四泉俱導，因以爲名。西南過彭城，又東南過下邳入淮。禹貢：「泗濱。」孔子宅在曲阜縣今仙源縣。故魯城中，歸德門内闕里之中，背洙面泗〔二〕，矍相圃之東北。太史公北涉汶、泗，講業齊、魯之都，觀夫子遺風。

淮，

職方青州川。出唐州桐柏縣桐柏大復山，東南至盱眙軍招信縣入海。水經云：「出南陽平氏縣胎簪山。」禹自桐柏導之耳。桐柏縣，漢平氏縣東界。

濟。

職方兖州川。沸當以古文「沸」字爲正。出絳州垣曲縣王屋山東南，始發源曰沇水，既見而伏。東出於孟州濟源縣。二源：東源周迴七百步，西源周迴六百八十五步。合流至温縣，是爲濟水，西南入于河。山海經：「出共山南東丘。」酈道元謂當王莽之世，川瀆枯竭，但入河而已，不復截流而南。古説濟水伏流地中。通典：禹貢濟水洪爲滎，「今不復入滎」。

遠夷控海東新羅、日本。

新羅，魏時新盧國，本辰韓種。辰韓始有六國，稍分爲十二，新羅其一也。國在百濟東南，東濱大海，兼有沃沮、不耐、韓、濊之地。倭，自後漢通焉，在帶方東南大海中，依山島居，一名日本，自云國在日邊，故以爲稱。

河東

東距常山，

左傳：「晉表裏山、河。」常山，見後。

西據河，

河至慈州文城縣孟門山，是爲入龍門。至絳州，汾水合河之上〔一二〕，是爲出龍門口。柳子晉問：「晉之故封，黄河迤之。」

南抵首陽、太行，

雷首山，在河中府河東縣，本蒲坂，舜都也。夷、齊居其陽，所謂首陽山也。山南曰陽。石曼卿詩謂：「耻生湯武干戈日，寧死唐虞揖遜區。」詩唐風：「采苓首陽。」太行山，在懷州河内縣西北，亘十州之界。連亘河北諸州。始於懷而達於幽。爲天下之脊。一名皇母，一名女媧，其上有女媧祠。寰宇記：「在河内縣北二十五里。」郡縣志：「太行陘，在縣西北三十里。」崔伯易感山賦曰〔一三〕：「上正樞星，下開冀方。逢胃而畢，自柳以張。亂則冀安，弱則冀强。起爲名丘，妥爲平岡。巋乎甚尊，其名太行。墨翟察而知驥之貴，尸佼過而辨牛之難。穆王升由翟道而出〔一四〕，世宗行自大河而還。孝明嘗登幸上黨郡，章帝以游至天井關。孟德北上，紀摧輪之恐；謝公西顧，引憂生之端。阮籍失路而詠懷，劉峻懷交而發歎。歸晉陽，子惠之便道；對二坂，祖濬之詳觀。决羊腸之險，塹此山之道，攻滎陽伐韓以威天下，應侯爲秦昭王之謀也。據敖倉之粟，杜此山之阸，距飛狐之口，守白馬之津，使天下知所歸者，酈食其爲漢高祖之謀也。逾此山，入射犬，破青犢之衆，殺謝躬於鄴，以收復天下爲心者，漢光武之謀也。濟河降射犬之衆，還軍敖倉，屬魏种以河北事，然後西向以争天下者，魏武帝之謀也。進據武牢，扼其襟要，俾竇建德不能逾山入上黨，收河東之地，而卒以并天下者，唐太宗之謀也。」

禹貢：「太行恒山，至于碣石。」注曰：「二山連延，東北接碣石。」述征記曰：「太行山首始於河内，自河内北至幽州，凡有八陘。」軍都陘在幽州昌平縣北十里〔一五〕，太行八陘蓋盡於此。

北邊匈奴。

漢匈奴傳：「詩：薄伐獫允，至于太原。晉文公攘戎翟，悼公和戎翟，戰國趙邊於匈奴。」

名山：雷首，在河中府河東縣南十五里。禹貢：「壺口、雷首，至于太岳。」一名中條山。唐司空圖居山之王官谷。唐志：「河中府永樂縣。」壺口山，在慈州吉鄉縣。郡縣志：「平山，一名壺口山，今名姑射山，在晉州臨汾縣西八里。」

介山，在河中府萬泉縣，漢河東汾陰縣南。武帝用事介山。其山特立，周七十里，高三十里。在縣西南二十里。唐志：「又汾州介休縣亦有介山。」

霍山，職方冀州山鎮，謂之霍大山。在晉州霍邑縣東北三十里，漢河東彘縣。禹貢大岳、岳陽。

崞山。音郭。在代州崞縣。本作崞，誤。後漢書注：「崞縣有崞山。」地理志名山無崞山，有五臺山，在代州五臺縣東北百四十里。道經以爲紫府山，内經以爲清凉山。漢慮虎縣，隋改。

九域志：「崞縣有崞山。」

大川：汾水，

職方冀州浸。出憲州靜樂縣漢汾陽縣地。北管涔山，南流至河中府寶鼎縣北入河。寶鼎，漢汾陰縣。說文：「出太原晉陽山，西南入河。」詩：「彼汾沮洳。」國語：「宰孔曰：晉景霍以爲城，汾、河、涑、澮以爲淵。」山海經：「管涔之山，汾水出焉。」又云：「汾水出上窳北。」

晉水，

在太原府陽曲縣。晉陽省入陽曲。出縣西懸甕山，東入汾。山海經：「縣雍之山，晉水出焉，東南流注于汾水。」雍，音甕。詩譜：「晉陽南有晉水，唐叔子燮改爲晉侯。」唐北都城，左汾右晉。

丹水，

澤州高平縣有泫水，一曰丹水。漢上黨高都縣莞谷，丹水所出，東南入泫水。高都，澤州晉城縣，隋曰丹川。

沁水。

出沁州沁源縣漢穀遠縣，後魏改。今屬威勝軍。羊頭山世靡谷，至懷州武陟縣入河。澤州有沁水縣。山海經：「謁戾之山，在上黨涅縣。沁水出焉，南流注于河。」注云：「至滎陽東北入河。」又云：「出井陘山東，東南注河，入懷東南。」懷縣，今武陟。

河北

東並于海，

滄州安東並海。

南近於河，

爾雅：「兩河間曰冀州。」職方：「河内曰冀州。」通典：「河在無棣縣界。」見前。

西距太行、常山，

地理志：「嬀州懷戎縣東南五十里有居庸塞，東連盧龍、碣石，西屬太行、常山，實天下之險，有鐵門關。」居庸，呂氏春秋「九塞」之一。

北通渝關。

渝關，在幽州北七百里，營州城西四百八十里。又平州石城縣有臨渝關，在州西一百八十里。因渝水爲名。

名山：林慮，音廬。在相州林慮縣西二十里。本隆慮，漢屬河内郡，殤帝改爲林。夏馥入山中，匿姓名，爲冶家傭。崔伯易感山賦：「隆慮、雷首。」橋順二子師事仙人盧子基於隆慮山棲霞谷。

白鹿，在衛州共城縣西五十四里。隋章仇大翼隱於白鹿山，徙居林慮山茱萸澗。

封龍，一名飛龍山，在真定府獲鹿縣南四十五里。漢石邑縣。郡縣志：「飛龍山，在趙州元氏縣西北三十里。」趙武靈王取封龍。隋志：「石邑縣有封龍山。」唐志：「趙州元氏縣有封龍山。」晉王浚使祁弘東討石勒，戰於飛龍山。

井陘，陘山，在真定府井陘縣東南八十里，四面高平，中下似井，故名之。韓信擊趙，欲下井陘。隋、唐置井州，吕氏春秋「九塞」之一。井陘口，今名土門口，在獲鹿縣西南十里，有井陘關，一名土門，即太行八陘之第五陘也。

碣石，在平州石城縣西南。漢右北平郡驪城縣。通典：「在平州盧龍縣南二十餘里。」郡縣志：「盧龍縣南二十三里。」碣然而立，在海旁。水經注：「驪城枕海有石如甬道數十里，當山頂有大石如柱形。其山昔在河口海濱，歷世既久，爲水所漸，淪入于海，去岸五百餘里。」秦築長城，起所自碣石，在今高麗界，與北碣石異。禹貢：「夾右碣石入于河。」山海經：「碣石之山，繩水出焉。」注：「水經曰：今在遼西臨渝縣南水中。」秦皇刻碣石門，登之以望巨海。漢武帝東巡海上至碣石。通典：「碣石山在漢樂浪郡遂城縣，長城起於此山。長城東截遼水而入高麗，遺趾猶存。右碣石，即河赴海處，在平州。高麗中爲左碣石。」

常嶽。

在定州曲陽縣西北。郡縣志：「在縣北一百四十里，常水所出。」職方「并州山鎮曰恒山」，是爲北嶽。

大川：漳，

職方冀州川。濁漳水，出潞州長子縣發鳩山，東至相州鄴縣入清漳。又清漳，出太原府樂平縣少山，東北流至德州長河縣、瀛州平舒縣入于河。周定王五年，河徙而東，故漳水不入河而自達于海。

淇，

出相州臨慮縣西大號山，南逕朝歌縣北。山海經：「沮洳之山，瀤水出焉，南流注于河。」郡縣志：「出衛州共城縣西北沮洳山，至衛縣古朝歌。入河，謂之淇水口。」詩邶曰「亦流于淇」，鄘曰「送我淇上」，衛曰「瞻彼淇奥」。

呼沲，

職方并州川。虖池，山海經「出大戲之山」，在代州繁畤縣，山在縣東南九十里。東南流經五臺山，東流至文安縣入海。何承矩築堤儲水爲阻固，並邊諸河，若滹沲、胡盧、永濟等河，皆匯于塘。

遠夷控契丹、奚、靺鞨、室韋。

契丹與庫莫奚異種同類，當遼西正北二百里，隨水草畜牧。唐貞觀中内屬，以爲松漠都督府。

庫莫奚，鮮卑宇文別種，後强盛，有阿會氏，諸部皆歸之。至隋代，號曰奚。

靺鞨，隋文帝初來獻，謂即勿吉也。古肅慎國地，西北與契丹接。

室韋，後魏末通焉，在靺鞨之北，有五部。南室韋在契丹北三千里。北室韋分九部，唐所聞有九部焉。

山南

東接荆、楚，

詩有蠻荆、荆楚。春秋莊公之世書荆，僖公元年始書楚。

西抵隴、蜀，

秦隴、巴蜀。

南控大江，

詩：「江漢之域。」即荆、梁二州。

北據商、華之山。

商山，在商州上洛縣南十四里，商洛縣南一里。亦名地肺山，亦名楚山。四皓所隱。王莽傳謂「繞霤之固，南當荆、楚」，言四面塞阨屈曲，水回繞而霤，即七盤十二繞。

華山。見前。

名山：嶓冢，

在興元府金牛縣今大安軍三泉縣。東二十里，漢水所出。禹貢：「岷、嶓既藝，嶓冢導漾，東流爲漢。」一在秦州清水縣。郡縣志：「在秦州上邽縣西南五十八里，漾水所出。」薛氏曰：「隴東之山，皆嶓冢也。」山海經：「大時之山，又西三百二十里曰嶓冢之山，漢水出焉，而東南流注于沔。」注：「嶓冢在武都氐道縣南。」

熊耳，在商州上洛縣南四十里。其山兩峰，狀若熊耳。禹貢：「導洛自熊耳。」其山在虢州盧氏縣界。齊桓公登熊耳山以望江、漢。山海經：「浮濠之水出焉，西流注于洛。」

巫峽，在夔州巫山縣西，楚置巫郡。荆州記：「信陵縣西二十里有巫峽。」建平郡信陵縣，今歸州巴東縣。通典：「晉置建平郡於巫山縣。」

銅梁，在合州石照縣唐石鏡縣。南五里。左思蜀都賦：「外負銅梁。」山之北址即巴子故城。

荆山，在襄陽府南漳縣。禹貢：「南條荆山。」山海經：「荆山，漳水出焉，而東南流注于睢。」「睢」與「沮」同。禹貢「荆及衡陽惟荆州」，即此山。卞和得玉之處。

峴山。在襄陽府襄陽縣東南九里。歐陽文忠公記曰：「峴山臨漢上，望之隱然，蓋諸山之小者，而其名特著於荆州，蓋羊祜以其仁，杜預以其功。」

大川：巴水，

漢水，

巴江，在達州永睦縣。巴江、渠江合於通川縣東南。

職方荆州川。禹貢漾漢爲東漢水，出大安軍三泉縣西嶓冢山，至漢陽軍漢陽縣入江。漢水，一名沔水，酈道元謂東西兩川俱出嶓冢而同爲漢水。詩：「漢之廣矣。」楚，漢水以爲池。

沔水，源出武都東狼谷中〔一六〕，即漢水之上源。山海經：「嶓冢之山，漢水出焉，東南流注于沔。」

沮水，

在荆門軍當陽縣。漢臨沮故城在縣北。郡縣志：「出房州永清縣省入房陵。西南景山，東南入于漢江。」一云出房州房陵縣東山，東南過江陵府枝江縣入于江。王粲登樓賦：「倚曲沮千余切。之長洲。」顔師古曰：「左傳：江、漢、沮、漳，楚之望也。」山海經：「景山，睢水出焉，東南流注于江。」景山，在南郡房陵西南二百里。

淯水。

出虢州盧氏縣南，至鄧州順陽縣入于沔。山海經：「攻離之山〔一七〕，淯水出焉，南流注于漢。」在淯陽縣南。漢南陽郡淯陽縣在淯水之陽，故城在鄧州南陽縣南。晉杜預修召信臣遺迹，激用淯水，浸原田萬餘頃。郡縣志：「東去鄧州南陽縣三里，西去新野縣二百步。」九域志：「金州洵陽縣有淯水。」

隴右

東接秦州，漢隴西秦亭、秦谷，今秦州地。

西逾流沙，流沙，在沙州西八十里，其沙隨風流行。禹貢：「導弱水餘波，入于流沙。」漢志：「張掖郡居延縣，居延澤在東北。古文以爲流沙。」在唐甘州張掖縣東北百六十里。沈括云：「嘗過無定河活沙，履之百步皆動，如行幕上。或陷，則人馬車駝以百千數，無孑遺者。或謂此即流沙也。」

南連蜀及吐蕃，蜀始見于牧誓。秦惠王伐蜀，有其地。吐蕃。見前。

北界朔漠。唐置北庭、安西都護府，抵大漠。

名山：秦嶺，

在秦州上邽縣，省入成紀。九域志：「隴州隴安縣有秦嶺山。」西都賦：「睎秦嶺。」晁氏以爲隴山、秦嶺皆古之岍。通典：「秦嶺在京兆藍田縣界。」又商州上洛縣西十八里有秦嶺山，嶺北爲秦山，南爲漢山，周六百二十里。

隴坻，

在秦州隴城縣。大隴山在縣東一百里。西京賦：「右有隴坻之隘。」丁禮切。漢武帝幸雍，遂踰隴。通典：隴州汧源縣，隴山在縣西六十二里，一曰隴坻。秦州隴城縣有大隴，亦曰隴首山。清水縣小隴山，一名隴坻，又名分水嶺。

西傾，

在洮州臨潭縣漢臨洮縣。西南，後名西强山，在吐谷渾界。水經：「西傾之南，桓水出焉。」禹貢：「西傾，因桓是來。」吐谷渾阿豺升西强山，觀墊江源。輿地記：「西傾之北，洮水所出，北流入河。」

朱圉，

在西和州大潭縣，俗呼爲白巖山。郡縣志：「在秦州伏羌縣西南六十里。」

積石，

在鄯州龍支縣西九十八里，黃河在縣西南六十里。禹貢導河始此。漢段熲追羌出塞，至積石。河自積石始西南流。山海經：「積石山，其下有石門，河水冒之以西南流。」廓州積石軍在州西南，西臨大澗，北枕黃河。河州枹罕縣積石山，一名唐述山，在縣西北七十里。今人目龍支縣山爲大積石山，此名小積石山。

合黎，

在甘州張掖縣西北二百里，亦名羌谷，俗名要塗山。水經：「在酒泉會水縣東北。」禹貢：「導弱水至于合黎。」通典：「合黎水、弱水並在張掖縣。」

崆峒，

在岷州溢樂縣西二十里。唐地理志。今西和州。史記：「黃帝西至空桐。」韋昭曰：「在隴右。」正義：「笄頭山，一名崆峒，在原州平高縣五百里。」括地志：「在肅州福祿縣東南六十里。」二處皆云黃帝登之，未詳孰是。漢武帝至隴西，登空桐。

三危，

在沙州燉煌縣南三十里，山有三峰，故曰三危。舜竄三苗。禹貢：「三危既宅，導黑水至于三危。」鄭玄引河圖及地說云在鳥鼠西南。山海經：「廣員百里。」鳥鼠同穴。

在渭州渭源縣西七十六里。今熙州渭源堡。俗呼爲青雀山，其同穴鳥如家雀，色小青。鼠如家鼠，色小黄。渭水出焉。禹貢：「導渭自鳥鼠同穴。」同穴，山名。鳥鼠山者，同穴之枝山也。孔氏曰：「鳥鼠共爲雌雄，同穴而處。」其説怪誕不經。河圖曰：「鳥鼠同穴，地之幹也。上爲掩畢星。」山海經注：「鳥名曰鵌，鼠名曰鼵。鼵如人家鼠而短尾，鵌似燕而黄色。穿地入數尺，鼠在内，鳥在外，而共處。」

大川：洮水，

出西羌中，北至河州枹罕縣入河。

弱水，

出吐谷渾界窮石山，自甘州删丹縣西至合黎山，與張掖縣河合。其水力不勝芥，然可以皮船渡。通鑑：「魏太武擊柔然，至栗水，西行至菟園水，又循弱水西行至涿邪山。」則弱水在菟園水之西，涿邪山之東。禹貢：「弱水既西。」以水皆東流，唯弱、黑二水乃西注耳〔一八〕。

羌水，

出塞外，水經：出羌中參合。南至陰平文州。入白水。

河濆，

河源在西徼之外。禹迹所及，止於積石。漢志：「河水行塞外，東北入塞內，至章武入海。」章武縣，漢屬渤海，今入滄州清池縣。六典：「凡天下水泉三億三萬三千五百五十有九，其在遐荒絶域者不可得而知。江、河自西極達東溟，中國之大川也；百三十有五水，是爲中川；千二百五十二水，斯爲小川。」桑欽水經所引天下之水百三十七，江、河在焉。酈善長注引枝流一千二百五十二。」曾氏曰：「河自西出而南，又東折，然後北注於海。堤防之起自戰國，而漢以來，築作者輒復敗。」

休屠澤。在涼州姑臧縣東北。屠，直閭切。漢志云：「禹貢豬野澤。」史記：「都野。」

遠夷控西域胡戎。西域，隋大業中，來朝者四十餘國。唐貞觀四年，伊吾來降，列其地爲西伊州。武后時，王孝傑復四鎮。自是，諸國朝貢侔於前代。

胡戎：党項、羊同、悉立、泥婆羅之屬。

東臨海，

淮南

禹貢：「揚州東距海。」

西抵漢，沔、安二州抵漢水。沔，今漢陽軍。安，今德安府。

南據江，漢志：「江東至江都入海。」薛氏曰：「大江過湖口，東行至通州海門縣入海。」

北距淮。禹貢：揚州北據淮，跨淮而過。

名山：八公，一名淝陵山，在壽州壽春縣北四里，淝水之北，淮水之南。今安豐軍。苻堅望見八公山上草木，皆以爲晉兵。宋景文公覽郡圖，得八公山。故老言山上有車轍馬迹，是淮南王上賓之遺。耕者往往得金，云丹砂所化，可以療病。因作詆仙賦。上有淮南王安廟，圖安及八士像。

灊，在安慶府懷寧縣西北二十里。通典：「一名天柱山。灊，音潛。」漢武帝嘗登。

大別，在壽州霍山縣。今安豐軍六安縣。史記索隱云「在安豐縣」。薛氏曰：「大別山在漢陽軍，亦曰甑山。」左傳：「楚距吳，濟漢而陳，自小別至于大別。」小別山在汉川縣東南五十里。禹貢：「導嶓冢至于荆山，内方至于大別。」近漢之山，今漢陽軍漢陽縣東北一百步。其山前枕蜀江，北帶漢水。魯山，一名大別。

霍山，在霍山縣南五里。開寶元年省爲鎮，入六安。漢書注：「南嶽霍山在灊縣，屬廬江。」一名天柱山。武帝所登。爾雅南嶽。

羅山，在申州羅山縣今信陽軍。西南九里。有石城，山甚高峻，在鍾山縣西南二十一里。冥阸，蓋謂此山。吕氏春秋「九塞」之一。

塗山。在壽春縣東北，濠州鍾離縣西九十五里。禹會諸侯，周穆亦會。柳宗元有銘。下有鯀廟〔一九〕，山前有禹會村。

大川：滁水，在滁州全椒縣南六十里，原出廬州梁縣，至瓜步入大江。

肥水，

自安豐縣流入，經壽春縣北，又西入淮。晉謝石、謝玄大破秦兵于肥水。齊垣崇祖於壽陽城西北堰肥水。

巢湖。

在廬州合肥縣東南六十四里，亦名焦湖。

江南

東臨海，

謂蘇、杭、台、温、明等州。吳舟師自海入齊。

西抵蜀，

謂施、黔等州。

南極嶺，

五嶺，在虔、郴、永、道州。

北帶江。

謂洪、江、鄂等州。

名山：茅山，

在建康府句容縣東南六十里，鎮江府金壇縣西南三十五里。唐置茅州。一名句曲山，言山形如句字之曲。三茅得道之所。

蔣山，

在建康府上元縣西北十八里。唐置蔣州。蔣子文立廟鍾山，封爲蔣侯，因改爲蔣山。江表上巳常遊於此，爲衆山之傑。

天目，

在臨安府於潛縣北六十里，有兩峰，峰頂各一池，左右相對，名曰天目。郭璞云：「天目山前兩乳長，龍飛鳳舞到錢唐。」

會稽，

職方揚州山鎮。在紹興府會稽縣東南二十里，有禹穴。禹於此會諸侯之計，因名。秦始皇上會稽，祭大禹，立石頌德。太史公上會稽，探禹穴。越絶書：「句踐小城，山陰是也。」吕氏春秋「九山」之一。水經注：「會稽山東有穴，深不見底，謂之禹井。」

四明，

唐志：在越州餘姚縣西一百五十里〔二〇〕。明州，以境有四明山爲名，在州西八十里。山海經句餘之山，注：「今在餘姚南、句章北，二縣因爲名。」謝靈運山居賦注：

「天台、四明相接連。四明，方石四面，自然開窗。」九域志：「鄞有四明山，慈溪有句餘山。」

天台，

在台州天台縣北十里，一曰桐柏山，高萬八千丈，周旋八百里，其山八重，四面如一。赤城山，在縣北六里，天台之南門也。名山略記曰：「葛仙公山也。」孫綽有賦。唐司馬子微廬天台，隋徐則入天台山。

括蒼，

在處州麗水縣。本括州，隋置括蒼縣，唐改。輿地廣記：「台州臨海縣有括蒼山。」寰宇記：「今蒼嶺。」

縉雲，

在處州縉雲縣，一名仙都。本括蒼縣地。舊傳黄帝遊仙之處。有孤石特起，高二百丈，峰數十，或如羊角，或如蓮花。隋徐則杖策入縉雲山。

金華，

在婺州金華縣北二十里。赤松子得道處。神仙傳：「皇初平至金華，居石室中。」金華洞在縣北三十里。

大庾，

在南安軍大庾縣西南二十里。一名塞上嶺，即五嶺之一。五嶺之最東者，亦曰東嶠。漢時吕嘉反，漢軍伐之。監軍姓庾，城於此，故謂之大庾嶺。唐志：在虔州南康縣。今南安軍。高駢繇大庾，擊賊廣州。

武夷，在建寧府崇安縣南三十里。漢郊祀志有武夷君。通典在建安縣，唐志在建陽縣，時未有崇安縣。朱文公武夷圖序：「峰巒巖壑，秀拔奇偉，清溪九曲，流出其間。」文公築精舍于五曲大隱屏之下。

廬山，在江州潯陽縣今德化。東三十二里，南康軍城北十五里。本名鄣山。郡縣志：「匡俗字子孝。廬于此山，漢武帝拜爲大明公，俗號廬君，故名。山周環五百餘里。」太史公南登廬山，觀禹疏九江。廬山東白鹿洞，唐李渤之隱居，南唐創書院。

衡嶽。職方荆州山鎮。在潭州衡山縣西三十里，衡州衡陽縣北七十里。有五峰，曰紫蓋、天柱、芙蓉、石廩、祝融。湘中記曰：「衡山有玉牒，禹案其文以治水，遥望衡山如陣雲。」郭璞曰：「山别名岣嶁。」韓文公詩：「岣嶁山尖神禹碑。」南嶽記曰：「朱陵之靈臺，宿當翼軫，度應機衡，故爲名。禹導水通瀆，刻石書名山之高。南嶽文云高四千一十丈。」岣嶁者，衡山南麓别峰之名。通典：「衡山在衡州湘潭縣。」衡嶽廟在衡山縣西三十里。

大川：浙江，

在臨安府錢塘縣南十二里，越州蕭山縣西二十五里。莊子云：淛河，蓋取其曲折爲名。地理志、水經曰漸江。郡縣志：「江源自歙州界，東北流經界石山，又東北經州北，又東北流入于海。江濤每日晝夜再上，常以月十日、二十五日最小，月三日、十八日極大。小則水漸漲，不過數尺，大則濤湧，高至數丈。每年八月十八日，數百里士女共觀，舟人漁子泝濤觸浪，謂之弄濤。」秦始皇至錢唐，臨浙江。吴越春秋：「越王至浙江之上，望見大越山川重秀，天地再清。」前潮水，伍子胥也；後重水，大夫種也。燕肅海潮圖論曰：「浙江夾岸有山，南曰龕，北曰赭。二山相對，謂之海門，岸狹勢逼，湧而爲濤。」高麗圖經云：「潮汐往來，應期不爽，爲天地之至信。古人嘗論之，在山海經以爲海鰌出入之度，浮屠書以爲神龍之變化，竇叔蒙海濤志以爲水隨月之盈虧，盧肇海潮賦以謂日出于海衝擊而成，王充論衡以爲水者地之血脈隨氣進退，率未之盡。大抵天包水，水承地，而一元之氣升降於太空之中。地乘水力以自持，且與元氣升降，互爲抑揚，而人不覺。方其氣升而地沉，則海水溢上而爲潮。及其氣降而地浮，則海水縮而爲汐。計日十二辰，由子至巳，其氣爲陽，而陽之氣又自有升降，以運乎晝。由午至亥，其氣爲陰，而陰之氣又自有升降，以運乎夜。一晝一夜，合陰陽之氣，凡再升再降，故一日之間，潮汐皆再焉。然晝夜之攻擊，乘日升降，如應乎月，日臨於子則陽氣始升，月臨於午則陰氣始升故也。夕潮之期，日皆臨子。晝潮之期，月皆臨午焉。又日行遲，月行速，以速應遲，每二十九度過半而月行及之。日月之會，謂之合朔。故月朔之夜潮，日亦臨子；月朔之晝潮，日亦臨午焉。且晝即天上而言之，天體西轉，日月東行，自朔而往，月速漸東，至於漸遲，而潮亦應之，以遲於晝。故晝潮自朔後，迭差而入於夜，此所以一日午時，二日午末，三日未時，四日未末，五日申時，六日申末，七日酉時，八日酉末也。至夜，即海下而言之，天體東轉，日月西行，自朔而往，月速漸西，至於漸遲，而潮亦應之，以遲於夜。故夜潮自朔後，迭復而入於晝。此所以一日子時，二日子末，三日丑時，四日丑末，五日寅時，六日寅末，七日卯時，八日卯末也。以時有交變，氣有盛衰，而潮之所至，亦因之爲大小。」

湘水，出全州清湘縣陽朔山，東入洞庭，北至衡州衡陽縣入江。太史公浮沅、湘。山海經：「湘水出舜葬東南陬，西環之，入洞庭下。」

贛水，山海經：「出聶都東山，東北注江，入彭澤西。」注云：「出南野縣西北。」南野，今南安軍大庾縣，聶都山在縣西南。漢地理志：「贛縣，豫章水出西南，北入大江。」通典：「虔州贛縣有章水、貢水合流，故曰贛。」虔州，今改爲贛。東江發源於汀州新樂山，經雩都會于章水。西江導源於大庾縣之聶都山，與貢水合。

沅水，在常德府武陵縣。漢臨沅縣地，至長沙入洞庭湖，又入龍陽縣界，歷凡洲，洲長二十里，即李衡種柑所〔二〕。地理志、水經出牂柯且蘭縣。今遵義軍播州地。山海經：「出象郡鐔城西，入東注江。入下雋西，合洞庭中。」楚辭：「沅有芷兮，澧有蘭。濟沅、湘以南征。」

澧水，在澧州澧陽縣。出慈利縣歷山，東至辰州沅陵縣入沅，注于洞庭。水經云：「出武陵充縣，西至長沙下雋縣西北入江。」禹貢：「又東至于澧。」楚辭澧浦。薛氏曰：「出澧州石門縣，東合石門縣之涔水，至安鄉縣入洞庭湖。」

洞庭，在岳州巴陵縣西南一里五十步。周迴二百六十里。青草湖相連，青草在南，洞庭在北。巴丘湖，又名青草湖，在縣南七十九里，周迴二百六十五里。洞庭，太湖也。廣圓五百餘里，日月若出沒於其中。中有君山，在縣西三十里青草湖中。莊子：「黃帝張咸池之樂於洞庭之野。」楚辭：「邅吾道兮洞庭。」資水、沅水、澧水、湘水同注洞庭，北會大江，名五渚。戰國策「秦與荊戰，大破之，取洞庭五渚」，謂此也。薛氏曰：「洞庭，即巴丘也，合沅、湘諸水，至岳州巴陵縣入江。」

彭蠡，在江州潯陽縣。今德化縣。括地志：「在縣東南五十里。」六典注：「一名宮亭湖。」俗謂之鄱陽湖。在南康軍星子縣南，江州彭澤縣西。地理志：「在豫章郡彭澤縣西。」郡縣志：「在都昌縣今屬南康軍。西六十里，與潯陽縣分湖爲界。」禹貢：「揚州彭蠡既豬。」即江、漢所滙之澤，合江西、江東諸水，跨豫章、饒州、南康軍三州之地。吳起曰：「三苗左洞庭，右彭蠡。」宋武帝破盧循於左里，即彭蠡湖口。左里故城在都昌縣西南九十五里，彭澤故縣城在都昌縣北四十五里。晉陶潛爲令，治此城。

太湖。

職方：「揚州，其浸五湖。」國語注：「太湖即五湖。」在吳西南。唐志：「湖州烏程縣有太湖，占湖、宣、常、蘇四州境。」通典：「湖州東有太湖，一名震澤。」在吳縣西南五十里。太史公上姑蘇，望五湖。太湖周五百里，故曰五湖。有苞山，亦曰夫椒山，俗謂之洞庭。山海經：「浮玉之山，北望具區。」注：「太湖也。」李氏曰：「五湖：彭蠡、洞庭、巢湖、太湖、鑑湖。」薛氏曰：「震澤，今太湖，在平江吳縣。」

遠夷控五溪之蠻。

通典：「黔州，楚黔中。謂之五溪，謂西、辰、巫、武、沅等〔二二〕。古老相傳云：楚子滅巴，巴子兄弟五人流入黔中，各爲一溪之長。一説云五溪蠻皆槃瓠子孫，非巴子也。」水經注：「武陵五溪：雄、樠、酉、潕、辰。」周武帝時，蠻帥以其地歸附，遂置黔州。其在黔中五溪、長沙間，爲盤瓠之後；其在峽中、巴、梁間，爲廩君之後。

劍南

東連牂柯，

通典：「牂柯渠帥姓謝氏，舊臣中國，貞觀中修貢〔二三〕，列其地爲牂州。思州，當牂柯之衝要。」

西界吐蕃，見前。

南接群蠻，

群蠻，南詔北抵益州，又有烏蠻、白水蠻、昆明蠻、充州蠻〔二四〕、六姓蠻之屬。漢州雒縣西北有白馬羌、南平蠻，北與涪州接。獠，蓋蠻之別種，漢中、邛、筰川谷之間所在皆有。

北通劍閣。

劍閣，在劍州劍門縣。張載作銘。有梁山，亦曰大劍山，在縣西南二十四里。今隆慶府。郡縣志：「大劍山，亦曰梁山，在劍州普安縣北四十九里。」通典：「利州益昌縣，古劍閣道，秦使司馬錯伐蜀所由，謂之石牛道。」郡縣志：「自益昌縣界西南十里，至劍州普安縣大劍鎮。」

名山：峨眉，峨眉大山，在嘉州峨眉縣西七里，漢犍爲郡，隋眉山郡，今嘉定府。兩山相對，望之如峨眉。中峨眉在縣東南二十里。西魏置眉州〔二五〕，在峨眉之陰。因山爲名。蜀都賦：「抗峨眉之重阻。」大峨山在峨眉縣南百里，中峨山在南二十里，小峨山在南三十里，是爲三峨。

青城，在永康軍青城縣北三十二里。岷山第一峰也。仙經云此是第五洞天。上有流泉懸澍，一日三時灑落，謂之潮泉。

鶴鳴，在蜀州晉原縣西七十九里，今崇慶府。絶壁千尋。後漢張陵學道鶴鳴山中。一云在縣西八十里。益州記：「張道陵登仙之所，嘗有白鶴遊其上。」

岷山，在茂州汶山縣，俗謂之鐵豹嶺。禹導江始於此。河圖括地象曰：「岷山之地，上爲井絡，帝以會昌，神以建福。」禹貢：「岷山導江，東別爲沱。」沱水，在彭州唐昌縣。太史公西瞻蜀之岷山。郡縣志：「岷山，在岷州溢樂縣南一里。」

大川：涪水，出剛氐道徼外，經綿州巴西縣，至合州入漢。

雒水，出漢州雒縣章山，南至新都谷入湔。蜀都賦：「浸以綿、雒。」

西漢水，出秦州清水縣通典上邽縣，今省入清水。嶓冢山，南入廣漢白水，東南至重慶府江津縣入江。禹貢廣記：「此嘉陵江水。」薛氏曰：「西漢出清水之嶓冢，與嘉陵合流入蜀。」

江瀆。江源在松州交川縣西北江源鎮，至茂州岷山。自岷山東流，別而爲沱。至通州海門縣入海。山海經：「岷山，江水出焉，東北流注于海。崍山、崌山，江水出焉，東流注于大江。」

遠夷控西洱河群蠻〔二六〕。唐志：「劍南諸蠻州九十二，無城邑，椎髻皮服。」通典：「松外諸蠻，貞觀末遣兵從西洱河討之。其西洱河，從巂州西千五百里，其地有數十百部落。」

嶺南

東南際海，秦置南海尉，所謂東南一尉也。通典：「禹貢物産貢賦、職方山藪川浸皆不及五嶺之外，則嶺南之地非九州之境。」

西極群蠻，漢交趾、九真、日南、合浦皆有蠻。唐嶺南諸蠻州九十二，隸桂、邕州、安南府。蜀爨蠻州十八，隸峰州。

北據五嶺。秦南守五嶺。塞上嶺，一也；今南安軍大庾嶺。騎田嶺，二也；今郴州臘嶺。都龐嶺，三也；今道州永明嶺。甿渚嶺，四也；今道州白芒嶺。越城嶺，五也。今静江府北、永州南臨源嶺。

名山：黄嶺，在廣州東莞縣。

靈洲山。在廣州南海縣鬱水中。南越志：「肅連山西十二里有靈洲焉，其山平原彌望。」

大川：桂水，連州桂陽縣在桂水之陽。又静江府臨桂縣有灘水，一名桂江，經縣東，去縣十步。九域志：「韶州曲江縣有桂水。」

鬱水。在南海縣。漢志：「鬱林郡廣鬱縣鬱水，首受夜郎豚水，東至四會縣入海。」四會屬廣州。山海經：「出象郡，而西南注南海，入須陵東南。」

遠夷控百越、林邑、扶南。通典：「自嶺以南，是百越之地。自交趾至會稽七八千里，百越雜處，各有種姓，古謂之雕題。林邑，漢桓、靈後，蠻獠據象郡象林縣，遂爲林邑國。晉灌邃討之。宋杜慧度、宗慤，隋劉方破之。唐曰環王。今占城。扶南，在日南郡之南，海西大島中，在林邑西南，文身被髮。晉、隋遣使貢獻，唐亦來貢。」

校勘記

〔一〕右扶風好畤縣有梁山　「右扶風」，原作「有扶風」，元本、遞修本、浙本作「右扶風」，漢書卷二八上地理志上有「右扶風」，據改。

〔二〕華首之山西六十里曰太華之山　按山海經原文作「華山之首曰錢來之山……西四十五里曰松果之山……又西六十里曰太華之山」。

〔三〕獨孤及仙掌銘　按王氏所引爲張衡西京賦文字，獨孤及仙掌銘序中有「巨靈贔屭」句，正文中有「高掌遠跖」句，無後面兩句。

〔四〕出原州百泉縣笄頭山　「笄頭山」，原作「幵頭山」，史記卷二夏本紀正義引括地志云：「涇水出原州百泉縣西南笄頭山涇谷，東南流入渭也。」據改。

〔五〕大船萬石　「石」，各本同，後漢書卷八〇上杜篤傳、玉海卷一八二漢通褒斜道所引均爲「艘」。

〔六〕即秦嶺水之下流　「秦嶺水」，原作「秦嶺」，元和郡縣圖志卷一藍田縣：「霸水，故滋水也，即秦嶺水之下流，東南自商州上洛縣界流入，又西北流，合滻水入渭。」據補。

〔七〕自東崤至西崤三十五里　「三十五里」，原作「二十五里」，據元本、遞修本、浙本及元和郡縣圖志卷五改。

〔八〕冢嶺山在洛南縣西七十里　「洛南縣」，原作「河南縣」，元本、遞修本、浙本作「洛南縣」。史記卷二夏本紀正義引括地志：「洛水，出商州洛南縣西冢嶺山。」太平寰宇記卷一四一商州洛南縣：「洛水，在縣北一里，源出冢嶺山。」據改。

〔九〕東南流至潁州潁上縣入淮　「潁州」，原作「潁川」，遞修本作「潁州」。按新舊唐書地理志、元豐九域志卷一均有潁州，並領潁上縣，據改。

〔一〇〕西北徑魯之雩門　「雩門」，原作「雲門」，據庫本、浙本、水經泗水注改。

〔一一〕背洙面泗　「面」，各本均無，據王應麟困學紀聞卷一六兩漢崇儒考、玉海卷一〇二漢祠孔子、卷一七五漢幸孔子宅補。

〔一二〕汾水合河之上　「汾水」，原作「汾州」。按北宋絳州在南，汾州在北，兩州之間另有晉州，絳、汾兩州不可能相接，故「州」字誤。宋程大昌禹貢山川地理圖卷上文字與此處同，作「汾水」，據改。

〔一三〕崔伯易感山賦曰　「崔伯易」，原作「崔伯陽」，元本、遞修本作「崔伯易」。本卷林慮條下作「崔伯易」，且王應麟困學紀聞卷一五考史、玉海卷一八五食貨、吕祖謙宋文鑒卷六均作「崔伯易」，據改。

〔一四〕穆王升由翟道而出　「翟道」，原作「雀道」，穆天子傳卷四「逕絶翟道」，據改。

〔一五〕軍都陘在幽州昌平縣北十里　「軍都陘」，原作「罕都陘」，元本、遞修本、浙本作「軍都陘」，元和郡縣圖志卷一六懷州河内縣、太平寰宇記卷五三懷州河内縣作「軍都陘」，據改。

〔一六〕源出武都東狼谷中　「東狼谷」，原作「末狼谷」，元本、遞修本、庫本、浙本作「東狼谷」，續漢書郡國志武都郡「沮沔水出東狼谷」，據改。

〔一七〕攻離之山　袁珂山海經校注：「珂案：經文『支離』，王念孫、孫星衍、郝懿行並校作『攻離』。」

〔一八〕以水皆東流唯弱黑二水乃西注耳　元本、遞修本作「水皆東流，唯弱水、黑二水西注」，元乙本作「水皆東流，唯弱、黑二水西注」。

〔一九〕下有鯀廟　「鯀廟」，原作「縣廟」，元本漫漶不清，遞修本、浙本作「鯀廟」。蘇東坡濠州七絶塗山注「下有鯀廟，山前有禹會村」，據改。

〔二〇〕唐志在越州餘姚縣西一百五十里　按新唐書地理志無此里距，此里距見之於元和郡縣圖志卷二六越州餘姚縣下。

〔二一〕即李衡種柑所　「柑」，原作「柏」，元本、遞修本作「甘」，浙本作「柑」。三國志卷四八吴書孫休傳裴松之注引襄陽記曰：「衡每欲治家，妻輒不聽，後密遣客十人，於武陵龍陽汜洲上作宅，種甘橘千株。」輿地廣記卷二七鼎州龍陽縣：「有龍陽洲，吴李衡植柑於其上。」據改。

〔二二〕謂酉辰巫武沅等　「沅」，原作「陵」。通典卷一八三黔州作「沅」，太平寰宇記卷一二〇黔州亦作「沅」。據改。

〔二三〕貞觀中修貢　「貞觀」，原作「正觀」，據浙本改。

〔二四〕兖州蠻　原作「兖州蠻」。按兖州屬河南，與此劍南地望不合。新唐書卷四三下地理志七有諸蠻州五十一，其一兖州，云「武德三年以牂柯蠻别部置」。通典卷一八七邊防三：「兖州，牂柯别部，與牂柯鄰境。勝兵二萬。……亦貞觀中朝貢，列其地爲兖州。」據改。

〔二五〕西魏置眉州　「置」，原作「至」，據元本、遞修本、浙本改。

〔二六〕遠夷控西洱河群蠻　「西洱河」，原作「西河」，據陳仲夫唐六典點校本卷三改補。

通鑑地理通釋卷之六

周形勢攷

周室微，諸侯不享覲。天子之在者，惟祭與號〔一〕。通鑑記始於威烈王命魏、趙、韓。稽古録曰：「三大夫始受天子之命，禮之紀綱盡矣。」蓋文侯之命，書所以終。平王東遷，春秋所以始。知趙、韓、魏，左氏傳之終也〔二〕。魏、趙、韓爲諸侯，通鑑之始也。源流貫通，相爲經緯。觀通鑑者，當自書、春秋始。今略攷周之地埶，系於七國之前。

左氏傳：「景王使詹桓伯辭於晉曰：我自夏以后稷，魏、駘、芮、岐、畢，吾西土也。及武王克商，蒲姑、商奄，吾東土也；巴、濮、楚、鄧，吾南土也；肅慎、燕、亳，吾北土也。吾何邇封之有。」

杜氏曰：「夏世以后稷功，受五國，爲西土之長。」

魏，陝州芮城縣。本魏國地，魯桓公時，芮伯萬出居于魏，即此地。漢河北縣地，後周改芮城。

駘，京兆府武功縣。本邰邑，后稷所封，亦作斄。漢屬右扶風，後漢省。武功，亦漢縣，治故斄城。

芮，同州馮翊縣。本芮國，漢臨晉縣地，屬左馮翊。隋改縣曰馮翊。

岐，鳳翔府岐山縣東北十里有岐山。通典「文王徙於岐」，即此縣。孟子：「春子言文王治岐。」杜氏注：「在美陽縣西北。」輿地廣記：岐陽縣，「漢美陽縣地，太王邑岐山之下，詩謂居岐之陽，文王亦治焉。唐省入扶風縣，爲岐陽鎮」。

畢，在京兆府咸陽縣西北。郡縣志：「畢原，在京兆府萬年縣西南二十八里。詩注云：畢，終南之道名也。書：周公葬於畢。畢原，即咸陽縣所理是也。左傳：畢，文之昭也，即謂此地。原南北數十里，東西二三百里，亦謂畢陌。」通典：「文王葬畢。初，王季都之，後畢公高封焉。」

蒲姑，注云：「博昌縣北有蒲姑城。」通典：「姑幕縣故城，在密州莒縣東北，古蒲姑氏國。」郡縣志：「薄姑故城，在青州博昌縣東北六十里。」今博興縣。輿地廣記：青州博興縣「有薄姑城〔三〕，商末爲諸侯居此，成王滅之。晏子曰：蒲姑氏因之，而後太公因之」。

商奄，左傳：「因商奄之民。」説文：「郁國，在魯。」括地志：「兗州曲阜縣奄里，即奄國之地。」周有徐、奄。注：「二國，嬴姓。」書序：「成王東伐淮夷，遂踐奄，遷其君於蒲姑。」

巴，重慶府巴縣，本江州縣。古巴國，今重慶、黔、達、施、忠、萬、開、涪州、南平軍、渠、資、普、昌、合州、廣安軍，皆其地也。秦取其地立巴郡。

濮，見牧誓。伊尹为四方獻令：正南百濮。郡國志：「越嶲會無縣。」華陽國志曰：「故濮人邑。」鄭語：「楚蚡冒始啓濮。」劉伯莊曰：「濮在楚西南。」左傳：「麇人率百濮聚於選，將伐楚。」通典有尾濮、木綿濮、文面濮、折腰濮、赤口濮、黑僰濮。爾雅：「南至於濮、鉛。」周書王會：「卜人丹砂。」注云：「西南之蠻，蓋濮人也。」諸濮與哀牢地相接。

楚，商頌：「奮伐荆楚。」荆州之楚國也。周封熊繹爲楚子，今歸州秭歸縣東南丹陽城。

鄧，襄陽府鄧城縣，漢爲鄧縣，唐爲臨漢縣，有故鄧城在縣東北二十二里，即鄧國。

肅慎，北夷，在玄菟北三千餘里。通典：「挹婁，即古肅慎之國，在不咸山北，夫餘東北千餘里，濱大海。勿吉，在高句麗北，亦古肅慎國地。靺鞨，即勿吉也。」

燕，在涿鹿山南，召公所封，都幽州薊縣。北燕伯款始見春秋。

亳，秦紀：「寧公與亳戰。」皇甫謐云：「西夷之國。」北土之亳未詳〔四〕。

國語：「史伯曰：當成周者，南有荆蠻、申、吕、應、鄧、陳、蔡、隨、唐，北有衛、燕、翟、鮮虞、潞〔五〕、洛、泉、徐、蒲，西有虞、虢、晉、隗、霍、楊、魏、芮，東有齊、魯、曹、宋、滕、薛、鄒、莒。」

荆蠻，注云：「芈姓之蠻，鬻熊之後。」蠻芈，蠻矣，謂叔熊在濮，從蠻俗也。今按：詩云蠻荆。叔向曰：「昔成王盟諸侯于岐陽，楚爲荆蠻，置茅蕝，設望表，與鮮牟守燎，故不與盟。」荆蠻，即楚也。春秋莊公世書「荆」，僖元年乃書「楚人伐鄭」，蓋始改爲楚。

申，姜姓。詩申伯。故申城在鄧州南陽縣北二十里。南陽，秦宛縣，國在今鄧州信陽軍之境。

吕，姜姓。書吕侯。故吕城在鄧州南陽縣西四十里。林氏曰：「秦漢之際，南陽爲要地，楚有圖北方之志，其君多居于申，合諸侯又在焉。子重請申、吕爲賞田。巫臣曰：不可。此申、吕所以邑也，是以爲賦，以禦北方。若取之，是無申、吕也，晉、鄭必至于漢。」申，即宛也。方城之險，楚所恃，而申在方城之内。冥阨之險又在方城之内。

應，姬姓，武王子封。在汝州魯山縣。漢志：「潁川郡父城縣應鄉，故國。」秦范雎封應侯。縣廢入汝州葉縣。

鄧，曼姓。見前。

陳，嬀姓。周封舜後滿，以備三恪。在陳州宛丘縣。

蔡，姬姓。文王子所封，蔡州上蔡縣，蔡叔始封也。平侯自上蔡遷新蔡縣。

隨，姬姓。在隨州隨縣。左傳：「漢東之國，隨爲大。」

唐，姬姓。隨州唐城縣，故唐國。漢爲上唐鄉，屬春陵。晉置上唐縣。隋改唐城。

衛，姬姓。康叔之封，都殷之朝歌。衛州及黎陽、野王，皆衛之分。

燕，姬姓。見前。

翟，隗姓。白狄。有延安府、鄜、丹、綏、廓、銀、石州之地。

鮮虞，姬姓，在翟者。今中山府新樂縣。古鮮虞國。戰國爲中山。

路，妘姓。春秋赤狄潞氏。今潞州潞城縣。

洛，隗姓。漢匈奴傳：「武王放逐戎夷涇、洛之北。」注云：「洛，即漆沮水也，出上郡雕陰泰冒山，東南入于渭。」後漢西羌傳：「洛川有大荔之戎。」

泉，隗姓。左傳：「泉皋之戎。」注云：「今伊闕北有泉亭。」

徐，注云：「赤翟，隗姓。」

蒲，注云：「赤翟，隗姓。」

虞，姬姓。武王封太王子仲雍之後爲虞公。陝州平陸縣，吴山在西，上有虞城。

虢，姬姓。西虢，虢叔之後。陝州陝縣，上陽故城在縣東，兼虢州爲南境。東虢，虢仲之後，在孟州汜水縣制邑，故虎牢城。

晉，姬姓。唐叔之後。燮父改唐爲晉。今太原府陽曲縣。

隗，姬姓。未詳其地。

霍，姬姓。文王子叔處所封。在晉州霍邑縣。

楊，姬姓。晉州洪洞縣，本楊侯國，漢爲楊縣，隋改洪洞，取嶺爲名。

魏，姬姓。河中府永樂縣，古魏國。詩謂魏地狹隘。漢河北縣，唐分芮城置永樂。

芮，姬姓。見前。

齊，姜姓。太公望之後，都營丘。今青州臨淄縣。

魯，姬姓。周公旦之後，伯禽宅曲阜。今襲慶府仙源縣。

曹，姬姓。文王子振鐸之後，宅陶丘。今興仁府濟陰縣東北三十七里定陶故城。

宋，子姓。微子後，爲宋公。今應天府宋城縣。

滕，姬姓。文王子叔繡所封。今徐州滕縣西南十四里有滕城。

薛，任姓。奚仲所封。漢有薛縣，故國，後廢。故城在徐州滕縣東。

郳，曹姓。春秋郳子陸終之後。今襲慶府鄒縣。

莒，己姓。東夷之國。今密州莒縣。

曹元首六代論曰：「三代之君與天下共其民，故天下同其憂。秦王獨制其民，故傾危而莫救。夫與人共其樂者，人必憂其憂，與人同其安者，人必拯其危。先王知獨治之不能久也，故與人共治之。知獨守之不能固也，故與人共守之。兼親疏而兩用，參同異而並進，是以輕重足以相鎮，親疏足以相衛，并兼路塞，逆節不生。及其衰也，桓、文帥禮，苞茅不貢，齊師伐楚，宋不城周，晉戮其宰。王綱弛而復張，諸侯傲而復肅。二霸之後，寖以陵遲。吴、楚憑江，負固方城，雖心希九鼎，而畏迫宗姬，姦情散於胸懷，逆謀消於唇吻。斯豈非信重親戚，任用賢能，枝葉碩茂，本根賴之與！自此之後，轉相攻伐，吴并於越，晉分爲三，魯滅於楚，鄭兼於韓。暨乎戰國，諸姬微矣。

唯燕、衛獨存，然皆弱小，西迫强秦，南畏齊、楚，救於滅亡，匪遑相恤。至於王赧，降爲庶人，猶枝榦相持，得居虛位〔六〕，海内無主四十餘年。」

林氏曰：「春秋歷十三王，君無弑逆之禍，臣無專擅之變，外弱而内固，枝傷而榦存，故晉、齊多叛臣，宋、鄭多叛親，魯多叛邑，衛多叛民，而周無僭逆之亂。齊俗好游，秦俗好兵，晉、魏之俗褊，鄭、衛之俗淫，而周無變易之風。齊作内政，晉作爰田，魯作丘甲，鄭作封洫，而周之政則守先王之政。晉大夫貪，鄭大夫侈，魯大夫抗，齊大夫驕，而周之臣則貴先王之禮。齊、晉有世臣而無公族，宋、魯有公族而無世臣，權在世臣則雖强而亡，權在公族則雖存而削。惟周之立國兼而有之，親疏相制，本枝相維，凡此者皆非諸國之所及也。故秦雖免胄而過門，楚雖觀兵而問鼎，吴雖告勞而矜功，亦終懾服内聽而不敢動。况中國之君乎？」

左氏傳：「桓王八年，與鄭人蘇忿生之田：温、原、絺、樊、隰郕、欑茅、向、盟、音孟。州、陘、隤、懷。惠王五年，與鄭伯武公之略，自虎牢以東，與虢公酒泉。襄王十七年，與晉侯陽樊、温、原、欑茅之田，晉於是始啓南陽。」

漢地理志：「周地，今河南雒陽、穀城、平陰、偃師、鞏、緱氏，是其分也。初，雒邑與宗周通封畿，東西長而南北短，短長相覆爲千里。至襄王，以河内賜晉文公，又爲諸侯所侵，故其分墬小。」唐天文志：「周之興也，王畿千里。及其衰也，僅得河南七縣。」通典：「周之封域〔七〕，其西得今河南洛陽、偃師，東至緱氏、鞏縣，南得伊闕，北至于河。當戰國時，其境最狹，東西南北方百餘里〔八〕。」

温，孟州温縣。春秋：「僖十年，狄滅温，蘇子奔衛。」於是襄王以賜晉文公。

原，在孟州濟源縣。漢軹縣原鄉，晉沁水縣南。

絺，在野王縣西南，今懷州河内縣。

樊，一名陽樊。野王縣西南有陽城。國語：「陽人曰：陽有夏商之嗣典，樊仲之官守。」樊仲山父食采於樊。

隰郕，在懷縣西南。懷縣，省入懷州武陟縣。

欑茅，在懷州脩武縣北。

向，軹縣有地名向上。軹縣，唐省入孟州濟源縣。

盟，今盟津，在孟州河陽縣。

陘，通典：河南府密縣有陘山。

隤，在脩武縣北。

懷，即懷縣。凡十二邑。禹貢覃懷之地。

南陽，懷州脩武縣有南陽城，「晉啓南陽」，即此。今孟、懷州，皆春秋南陽之地。

虎牢，孟州汜水縣。

酒泉，周邑。未詳。

陳氏曰：「九州川浸澤藪，各在職方，不屬諸侯之版，而詩不以圃田繫鄭，春秋不以沙麓繫晉，略可睹矣。周季，諸侯始擅不肦之利，齊斡山海，而桃林之塞，郇瑕之地，晉實私之。僭侈滋甚，往往稱伯。甚者，至周歲貢百二十金於魏〔九〕，以易温囿。」

呂氏曰：「言周秦之强弱者，必歸之形勢，其説始於婁敬。敬所見者，特平王之周耳，曷嘗見文、武、成、康之周哉？敬以周之形勢爲弱，秦之形勢爲强。抑不知敬之所謂秦，乃文、武、成、康之周也。文、武、成、康之世，岐、豐乃周之都，如敬之言，被山帶河，四塞以爲固者，蓋皆周之形勢。當是時，安有所謂秦者耶？迨至平王東遷，輕捐岐、豐之地以封秦，遂成秦之强。是秦非能自强也，得周之形勢而强也。秦得周之形勢，以無道行之，猶足以雄視諸侯，并吞天下，況文、武、成、康，本之以盛德，輔之以形勢，其孰能禦之耶？是天下形勢之强者，莫周若也！敬何由見而遽以弱名周耶。自平王捐岐、豐以封秦，既失周之半。以破裂不全之周，兢兢自保，猶恐難立，豈容復有所侵削。今日割虎牢畀鄭，明日割酒泉畀虢，至襄王又頓捐數邑於晉。隧，固王章也。千里之畿甸，亦王章也。襄王惜禮文不以與晉，自謂能守王章，抑不知割地自削，則畿甸之王章既不全矣。惜其一而墮其二〔一〇〕，烏在其能守王章耶？」

趙氏曰：「周之始東也，以父子之變。東而又東也，以兄弟之争。」

林氏曰：「周至平王而弱，襄王而微，敬王而亂，此東周之三變也。平王當齊、晉、秦、楚代興之始，襄王當齊、晉、秦、楚争伯之初，敬王當齊、晉、秦、楚俱弱之後，夫四國强而周弱，四國伯而周微，固其勢也。四國既弱，而周之亂又甚焉，實周自爲耳。」或曰：觀史伯之言，成周南有申、吕而有荆蠻焉，北有衛而有翟焉，何以無亂華之憂？曰：大雅有云「大邦維屏，大宗維翰」，此立國之根本也。申、吕在宛，維周之翰，何畏乎荆。衛在河朔，行方伯連率之職，何虞乎翟？「肅肅謝功，召伯營之」，爲申伯作也。「修爾車馬，弓矢戎兵」，衛武自儆也。乃心罔不在王室，諸夏安而四夷服。周之衰也，申侯啓西戎之禍而終爲荆所滅，衛宣稔淫亂之惡而終爲狄所滅。東遷之後，晉、鄭焉依。晉有河東，鄭有成皋、滎陽，皆洛都之屏翰也。周亦不競，於鄭，奪其政，取其田，召狄以伐之；於晉，助蟊賊而翦覆焉，賞簒逆而爵命焉。征伐安得不自諸侯出乎？然子穨之亂，鄭之自入；子帶之難，又晉之由定，猶有賴於二國也。晉、楚争鄭，迭爲勝負，鄭以犧牲玉帛待於二。竟宋之盟，無夷夏之辨。申之會，諸侯胥爲夷，晉亦不臣而暴蔑宗周。至於率陰戎伐潁，況蠻荆何有於周室。劉文公合十八國于召陵，謀伐楚，而晉大夫以賄敗之，諸侯遂不知有周矣。嘗以春秋書魯者攷之，天王來聘者七，錫命者三，賵葬者四，歸脤者一，而公如京師者一，朝王所者二〔一一〕，卿大夫如京師者五。君日卑而臣日慢，福威下移，冠屨易位，履霜於曲沃之命，堅冰於三晉之命，周自是不可爲。雖孟子之言王道已絶望于周，魯仲連，其能障横流之波乎？

黄氏曰：「荆宛、并韓，其國都皆近京師。宛衛武關以制楚，韓扞臨晉以制狄，皆天下形勝，故宣王中興，特著二詩焉。大抵周人，幽據全燕，制狄。齊據海、岱，制徐、淮。兖、冀翼蔽洛陽，并、荆控扼咸雍，此天下全勢也。觀九州山川險要之處，與其建牧規模，而經略大體可見矣。」

朱氏曰：「自申、繒之讎不復，而母家之屯戍是急；鍾巫之賊不正，而諸侯之盟會狎至，春秋所以作也。討夏南之亂，不出於諸華，而反出於夷狄之國。請討田恒之無君，不見於公卿，而特出於去位之大夫。更戰國與秦，斯義愈晦。然三户亡秦之怨，猶見於故楚之遺老。使者五反，必欲復立魏後之義，猶復見於先魏之故臣。感五世相韓之德，不憚破家捐軀而求報者，猶有圯下孺子也。天命流行，人心如故，斯理詎可湮滅哉。」

校勘記

〔一〕惟祭與虢　「虢」，原作「虢」，據元本、遞修本、浙本及春秋穀梁傳注疏卷一八改。

〔二〕知趙韓魏左氏傳之終也　原作「知趙韓魏闕左傳之終也」，多一「闕」字，少一「氏」字，據元本、遞修本删補。

〔三〕青州博興縣有薄姑城　按輿地廣記薄姑城敘于青州千乘縣，不在博興縣。

〔四〕北土之亳未詳　「北土」，原作「此土」，據元本、遞修本、浙本改。

〔五〕潞　各本原作「路」。國語鄭語作「潞」，左傳宣公十五年：「六月癸卯，晉荀林父敗赤狄于曲梁，辛亥，滅潞。」據改。

〔六〕得居虛位　「虛位」，原作「虎位」，遞修本作「號位」，庫本、浙本作「虛位」。藝文類聚卷一一、文選注卷五二所引均作「虛位」，據改。

〔七〕周之封域　「封域」，原作「封城」，據元本、遞修本、浙本及通典卷一七二州郡二改。

〔八〕東西南北方百餘里　「方」，元本、遞修本、浙本及通典卷一七二州郡二作「才」。

〔九〕至周歲貢百二十金於魏　「歲貢」，原作「成貢」。詩地理考卷三、毛詩類釋卷四所引「陳氏曰」與本處同，均作「歲貢」，據改。

〔一〇〕惜其一而墮其二　「二」，呂祖謙左氏博議卷一四作「一」。

〔一一〕朝王所者二　「二」，原作「一」，元本、遞修本、浙本作「二」。宋呂大圭呂氏春秋或問卷一一公如齊：「或問：公如齊，何也？曰：十二公，書如京師者一，朝王所者二，如齊，如晉，如楚，屢矣。其言可見也。」王應麟困學紀聞卷六：「公如京師者一，朝王所者二，卿大夫如京師者五。」據改。

通鑑地理通釋卷之七

名臣議論攷

古之謀國者，知天下之大勢，圖事揆策，規畫先定，無言不酬。今自樂毅而下，著于篇。

樂毅對伐齊

樂毅爲魏使於燕，燕王以客禮待之，遂委質爲臣。當是時，齊湣王强，南敗楚相唐眛於重丘〔一〕，西摧三晉於觀津，遂與三晉擊秦，助趙滅中山，破宋，廣地千餘里，與秦昭王争重爲帝。於是燕昭王問伐齊之事。樂毅對曰：「齊，霸國之餘業也。地大人衆，未易獨攻也。王必欲伐之，莫如與趙及楚、魏。」於是使樂毅約趙惠文王，别使連楚、魏，令趙嚪秦以伐齊之利。諸侯害齊湣王之驕暴，皆争合從與燕伐齊。樂毅還報，燕昭王悉起兵，使樂毅爲上將軍，趙惠文王以相國印授樂毅。樂毅於是并護趙、楚、韓、魏、燕之兵以伐齊，破之濟西。諸侯兵罷歸，而燕軍樂毅獨追至于臨菑。齊湣王之敗濟西，亡走保於莒。樂毅獨留徇齊。燕昭王大説，親至濟上勞軍，行賞饗士，封樂毅於昌國，號爲昌國君。樂毅留徇齊五歲，下齊七十餘城，皆爲郡縣以屬燕，唯獨莒、即墨未服。

重丘

應劭曰：安德縣北五十里有重丘鄉。水經注：故重丘縣。漢屬平原。在德州。左傳襄二十五年：「諸侯同盟于重丘。」輿地廣記：「永静軍將陵縣，漢重丘縣地，隋於重丘故城置，唐屬德州。慶曆七年屬永静。」

觀津

正義：「在冀州武邑縣東南二十五里。」輿地廣記：「觀津鎮，本趙地。樂毅封於此，號望諸君。漢爲縣，屬信都。」初屬清河。外戚傳：「竇后家在觀津。」通典：「故城在德州蓨縣東北。」後屬冀州。

濟西

正義謂濟州已西。左傳僖三十一年：「取濟西田，分曹地也。」水經注：「春秋莊十八年，公追戎于濟西。京相璠曰：濟水自鉅野至濟北是也。」蘇代曰：「秦以濟西委於趙。」有濟西，趙之河東國危。

臨淄
青州臨淄縣，古營丘之地，城臨淄水，故曰臨淄。師尚父所封。

莒
今密州莒縣，故莒國。

昌國
正義：故城在淄州淄川縣東北四十里。漢齊郡之縣。

即墨
今萊州之縣。故城在縣西，膠水縣南六十里。

濟上
濟水之上。禹貢：「濟東北會于汶。」孔氏云：「濟與汶合。」濟，職方氏及漢志、説文作泲，兖州之川。今禹貢從「水」，從「齊」，乃字之誤，當以古文爲正。濟水出常山郡房子縣贊皇山，别是一水，名音同，實異。

寧臺
索隱云：「燕臺也。」括地志：「元英、磨室二宫皆燕宫〔三〕，在幽州薊縣西四里寧臺之下。」戰國策云曆室。通典：「燕國都碣石宫。」

薊丘

正義：「薊縣西北隅有薊丘。」索隱云：「燕所都之地。」今燕山府薊縣，因丘以名邑。地理志：「薊南通齊、趙，勃、碣之間一都會也。」薊縣，故燕國，召公所封。漢屬廣陽郡，唐屬幽州。

汶篁

正義：「汶水源出兗州博城縣東北原山，西南入泲〔三〕。」徐廣云：「竹田曰篁。謂燕之疆界移於齊之汶水。」索隱〔四〕：「薊丘，燕所都之地，燕之薊丘所植，植齊汶上之竹〔五〕。」

蕭何韓信論定三秦

項羽立沛公爲漢王，而三分關中地，王秦降將以距漢王。漢王怒，欲謀攻項羽。蕭何諫之曰：「雖王漢中之惡，不猶愈於死乎？語曰『天漢』，其稱甚美。夫能詘於一人之下，而信於萬乘之上者，湯武是也。願大王王漢中，養其民以致賢人，收用巴、蜀，還定三秦，天下可圖也。」漢王曰：「善。」

韓信拜大將，王曰：「丞相數言將軍，將軍何以教寡人計策？」信曰：「項王雖霸天下而臣諸侯，不居關中而都彭城，又背義帝約而以親愛王，諸侯不平。諸侯之見項王逐義帝江南，亦皆歸逐其主，自王善地。項王所過，亡不殘滅，多怨百姓。百姓不附，特劫於威，强服耳。名雖爲霸，實失天下心，故曰其强易弱。今大王誠能反其道，任天下武勇，何不誅。以天下城邑封功臣，何不服。以義兵從思東歸之士，何不散。且三秦王爲秦將，將秦子弟數歲，而所殺亡不可勝計，又欺其衆，降諸侯。至新安，項王詐阬秦降卒二十餘萬人，唯獨邯、欣、翳脱。秦父兄怨此三人，痛於骨髓。今楚强以威王此三人，秦民莫愛也。大王之入武關，秋毫無所害〔六〕，除秦苛法，與民約，法三章耳，秦民無不欲得大王王秦者。於諸侯之約，大王當王關中，關中民户知之。王失職之蜀，民亡不恨者。今王舉而東，三秦可傳檄而定也。」於是漢王大喜，自以爲得信晚。遂聽信計，部署諸將所擊。漢王舉兵東出陳倉，定三秦。二年，出關，收魏、河南，韓、殷王皆降。令齊、趙共擊楚彭城，漢兵敗散而還。信復發兵，與漢王會滎陽，復擊破楚京、索間，以故楚兵不能西。信定河東，使人請漢王：「願益兵三萬人，臣請以北舉燕、趙，東擊齊，南絶楚之糧道，西與大王會於滎陽。」興元府城固縣有韓信臺，即高帝置壇設九賓之禮，拜信爲大將。

漢中

元和郡縣志：「屬楚。秦惠文王取漢中地六百里，爲漢中郡。」後漢注：「故城在今梁州南鄭縣東北。」輿地廣記：「房、金、洋州、興元府。」索隱云：「在楚之西北，漢水南。」穰侯相秦，舉任鄙爲漢中守。呂氏曰：「鄙之守邊，秦之所倚也。」沛公王巴、蜀、漢中四十一縣，都南鄭。今興元府南鄭縣。水經注云：「耆舊傳云：南鄭之號，始於鄭桓公。後桓公死於犬戎，其民南奔，故以南爲稱，即漢中郡治也。漢高祖入秦，項羽封爲漢王。蕭何曰：天漢，美名也。遂都南鄭。大城周四十二里，城内有小城，南憑北結，環雉金墉漆井，皆漢所修築。」漢中地形襟要，高帝始基於此，用能定三秦。先主之用蜀，倚爲重鎮。酈商傳：「别將攻旬關，西定漢中。」旬關，洵陽縣。郡縣志：「通關山，在興元府城固縣東北九里。漢高祖北定三秦，蕭何守漢中，欲修此道通關中，故名通關山。城固故城，在縣東六里，韓信所築。」

巴、蜀

秦二郡。苴、蜀相攻，秦使張儀、司馬錯取蜀。譙周曰：「苴，今之巴郡也。」正義曰：「蜀王封其弟於漢中，號曰苴侯，因命之邑曰葭萌。苴侯與巴王爲好，巴與蜀爲讎，故蜀王怒，伐苴。苴奔巴，求救於秦。秦遣張儀伐蜀，滅之，因滅巴。」括地志云：苴侯都葭萌，今利州益昌縣葭萌故城是。蜀侯都益州。太史公曰：「巴、蜀四塞，棧道千里，唯褒斜綰轂其口。」在漢中。

三秦

章邯王雍，地理志右扶風。輿地廣記：「鳳翔府，屬雍國。天興縣，故雍縣。」都廢丘。韋昭曰：「即周犬丘，懿王所都。秦更名廢丘。漢更曰槐里。」括地志：「古城在雍州始平縣東南十里。」輿地廣記：「京兆府興平縣。」司馬欣王塞，顏氏曰：「取河、華之固爲阸塞。」地理志：「京兆、左馮翊。」廣記：「京兆府、同州，屬塞國。」都櫟陽。括地志：「故城一名萬年城，在雍州櫟陽縣東北二十五里。秦獻公城櫟陽，即此。」董翳王翟，地理志上郡。文穎曰：「本上郡，秦所置，項羽更名。」廣記：「延安府，屬翟國。」都高奴。延安府臨真縣。法言曰：「漢創業山南，漢中也。發迹三秦。」

關中

韓生曰：「關中阻山帶河，四塞之地。」三輔舊事云：「西以散關爲限，東以函谷爲界，二關之中，謂之關中。」雍録云：「此説未盡。顏氏曰：自函谷關以西總名關中。徐廣曰：東函谷，南武關，西散關，北蕭關。其説是也。」史記正義：「東有函谷、蒲津，西有散關、隴山，南有嶢山、武關，北有蕭關、黄河。在四關中，故曰關中。」

彭城

徐州之縣，故大彭國。春秋時，宋封魚石。呂氏曰：「或咎羽不從韓生之計，殊不知天時不如地利，地利不如人和。以羽之暴，雖王關中無益也。」

江南

項羽紀：「徙義帝長沙郴縣。」今郴州縣。

新安　河南府之縣。括地志：「故城在澠池縣東二十三里。」漢屬弘農。

武關　左傳哀四年：楚人謀北方，司馬起豐、析以臨上雒。使謂陰地之命大夫曰：「將通於少習，以聽命。」杜氏注：「少習，商縣武關也，將大開武關道以伐晉。」商縣，漢屬弘農郡，後漢屬京兆，晉屬上雒郡，隋改爲商洛縣。郡縣志：「商州，即晉陰地也。」史記貨殖傳：「南陽西通武關、鄖關。」應劭曰：「武關，秦南關，通南陽。」文穎曰：「在析西百七十里。」郡國志：「在南陽析縣西。」析，今鄧州内鄉縣。地理志漢中長利縣有鄖關。長利，今商州上津縣。京相璠曰：「少習，楚通上洛阨道也。」水經注：「丹水自商縣東南，歷少習。」郡縣志：「武關，在商州商洛縣東寰宇記「東南」。九十里，括地志同。即少習也。楚懷王三十年，秦昭王遺懷王書，願會武關，詐令一將軍伏兵武關，號爲秦王，至則閉執之以歸。楚世家：「秦兵出武關攻楚，取析十五城。」漢元年八月，沛公攻武關入秦。子嬰立三月，沛公兵從武關入至咸陽。三年五月，轅生説漢王出武關。又七國反，周亞夫擊之。趙涉説曰：從此右走藍田，出武關，抵洛陽，不過差一二日，直入武庫，擊鳴鼓，諸侯聞之，以爲將軍從天而下。」戰國策：「即墨大夫見齊王曰：鄢郢大夫使收楚故地，即武關可以入矣。」武帝紀：「太初四年冬，徙弘農都尉治武關。」輿地廣記：「商洛縣東有少習，秦謂之武關。」賈誼新書：「所爲建武關、函谷、臨晉關者，大抵爲備山東諸侯也。」田禄伯説吴王：「願得五萬人入武關。」淮南王安曰：「發南陽兵守武關。」延岑自武關走南陽。林氏曰：「春秋時，武關，晉地，非秦有也。秦未得武關，故不可以制楚。穆公之世，秦伐鄀，與楚争商密。商密近武關。」吕氏曰：「沛公圍宛，定南陽，至丹水，還攻胡陽，攻析、酈，皆降。攻武關，入秦，引兵繞嶢關，逾蕢山，擊秦軍至藍田，遂西入咸陽。此高帝入關所歷也。」王氏曰：「臨晉以限東諸侯，武關以限南諸侯，函谷以限河北。沛公南出轘轅，略南陽，然後引兵而西，則其破武關而入秦，皆南境也。」晉桓温伐秦，步兵自淅川趨武關。太康地理志：「嶢關在武關之西。」法言：「或問義帝初矯，劉龕南陽，項救河北，二方分崩，一離一合，設秦得人如何？曰：人無爲秦也，喪其靈久也。」荆州記曰：「武關西北一百二十里有商城，漢爲商縣。」

陳倉

縣，屬右扶風。輿地廣記：「鳳翔府寶雞縣，故陳倉。故城在縣東二十里，大散關在西南。」郡國志注：「三秦記曰：秦武公都雍，陳倉城是也。」

河南、韓、殷

申陽王河南，鄭昌王韓，司馬卬王殷。吕氏曰：「漢王降申陽而置河南郡，降魏豹而得河東郡，虜司馬卬而置河内郡，三河之地皆爲漢有矣。故告諸侯之辭有『悉發關中兵收三河士』之語也。」

滎陽

漢屬河南。今鄭州滎陽、滎澤二縣。故城在滎澤縣西南十七里。范雎說秦昭王曰：「王下兵而攻滎陽，則鞏、成皋之道不通。」呂氏曰：「滎陽、成皋，自春秋以來常爲天下重地。由秦而上，晉、楚於此而爭霸。由秦而下，楚、漢於此而分雌雄。天下既定，七國、淮南、衡山之變，猶睥睨此地而決成敗焉〔七〕。東都以後，言形勢者及之者鮮矣。人事既改，則地之輕重亦有時而移也。」高帝十二年，詔陳平、灌嬰將十萬衆屯滎陽。帝以天下新定，恐易世之際，人心或動摇，故以信臣重兵填南北之衝。地理志成皋亦名制，滎陽故虢國，則成皋、滎陽皆東虢地。

京、索

元和郡縣志：「鄭州滎陽縣，京水出縣南平地，索水出縣南三十五里小陘山。京縣故城，縣東南二十里，即鄭京城太叔之邑。古大索城，今縣治。左傳：鄭子皮、子大叔勢諸索氏。小索城，縣北四里。」史記正義：「京縣有大索城、小索城，楚、漢戰滎陽京、索間，即此三城。」蒯通曰：「楚人起彭城，轉鬬逐北，至滎陽乘利席勝，威震天下。然兵困於京、索之間，迫西山而不能進。」應劭曰：「京縣有大索、小索亭。」高帝紀：「與楚戰滎陽南京、索間。」

酈食其畫取楚之策

漢三年秋，項羽擊漢，拔滎陽，漢兵遁保鞏。楚人聞韓信破趙，彭越數反梁地，則分兵救之。韓信方東擊齊，漢王數困滎陽、成皋，計欲捐成皋以東，屯鞏、雒以距楚。食其因曰：「臣聞之，知天之天者，王事可成。不知天之天者，王事不可成。王者以民爲天，而民以食爲天。夫敖倉，天下轉輸久矣，臣聞其下乃有藏粟甚多。楚人拔滎陽，不堅守敖倉，廼引而東，令適卒分守成皋，此乃天所以資漢。方今楚易取而漢反却自奪便，臣竊以爲過矣。且兩雄不俱立，楚漢久相持不決，百姓騷動，海内摇蕩，農夫釋耒，紅女下機，天下之心未有所定也。願足下急復進兵，收取滎陽，據敖倉之粟，塞成皋之險，杜太行之道，距飛狐之口，守白馬之津，以示諸侯形制之勢，則天下知所歸矣。方今燕、趙以定，唯齊未下，今田廣據千里之齊，田間將二十萬之衆，軍於歷城。諸田宗强，負海岱，阻河濟，南近楚。齊人多變詐，足下雖遣數十萬師，未可以歲月破也。臣請得奉明詔説齊王，使爲漢而稱東藩。」上曰：「善。」乃從其畫，復守敖倉，而使食其説齊王。

轅生説漢王曰：「漢與楚相距滎陽數歲，漢常困。願君王出武關，項王必引兵南走。王深壁，令滎陽、成皋間且得休息。使韓信等得輯河北趙地，連燕、齊，君王乃復走滎陽。如此，則楚所備者多，力分。漢得休息，復與之戰，破之必矣。」

鞏

河南府之縣。地理志：「東周所居。」元和郡縣志：「春秋：晉師克鞏。縣本與成皋中分洛水，西則鞏，東則成皋，後魏併焉。爾雅：鞏，固也。四面有山河之固，因以爲名。」

成皋

漢河南之縣，故虎牢。郡縣志：「河南府汜水縣，後屬孟州。古東虢國，鄭之制邑，漢之成皋。隋改曰汜水。項羽使曹咎守之，漢王破之。成皋故關，在縣東南二里。」通典云：「後漢置關。」春秋襄公二年：「遂城虎牢」；十年，「戍鄭虎牢」。胡氏春秋傳曰：「虎牢，鄭地，故稱制邑。至漢爲成皋，今爲汜水縣。巖險聞於天下，猶虞之下陽，趙之上黨，魏之安邑，燕之榆關，吴之西陵，蜀之漢，樂，地有所必據，城有所必守，而不可以棄焉者也。有是險而不能守，故不繫於鄭。」地理志注：「穆天子傳云：七萃之士生捕虎，即獻天子。天子畜之東虢，號曰虎牢。」宋毛德祖戍虎牢〔八〕，後魏晝夜攻圍二百日乃克。

雒

河南雒陽縣。周公遷殷民，是爲成周。郡縣志：「故洛陽城，在縣東二十里。」顏氏曰：「魚豢云：漢火行，忌水，故去『洛』水而加『隹』。如魚氏説，則光武以後改爲『雒』字。」

敖倉

書：「仲丁遷于囂。」詩：「搏獸于敖。」後漢注：「詩：薄狩于敖，即此。秦於此築太倉，亦曰敖庾，在今鄭州滎陽縣西北。」左傳：「晉師在敖、鄗之間。」二山名。秦建敖倉於成皋。太康地理志。敖，地名，在滎陽西北山上，臨河有太倉。孟康注。秦建敖倉於成皋。故秦積粟於此。通典：巨橋盈而殷喪，成皋溢而秦亡。」郡縣志：「敖山，在鄭州滎澤縣西十五里。宋武北征記：秦時築倉於山上，漢高祖因敖倉傍山築甬道，下汴水。河南府河陰縣，本漢滎陽地。三皇山，亦曰敖鄗山，上有三城，即劉、項相持處。」括地志云：「敖倉，在滎陽縣西十五里石門之東，北臨汴水，南帶三皇山。」

成皋之險

正義：「即汜水縣山險之道。」淮南王曰：「先要成皋之口，人言絶成皋之道，天下不通。」婁敬曰：「與項羽戰滎陽，爭成皋之口。」輿地廣記：「孟州汜水縣有故虎牢城，有汜水關，東南有成皋故關，西南有旋門故關。」陸機洛陽記〔九〕：「洛陽四關，東有成皋關。」在汜水縣東南二里。

太行之道

地理志：「太行山，在河内山陽縣西北。」山陽，後廢〔一〇〕，故城在懷州修武縣西北〔一一〕。正義云：「在懷州河内縣河内縣，本野王，太行山在西北。北二十五里。」澤州之南，羊腸之道也。白起攻南陽，河内修武也。太行道絶之。范雎曰：「北斷太行之道，則上黨之師不下。」山自孟州綿亘至幽州。崔伯易感山賦云〔一二〕：「或主或臣，建功立業，尤顯聞於後世，則有決羊腸之險，塹此山之道，攻滎陽伐韓，以威天下，應侯爲秦昭王之謀也。據敖倉之粟，杜此山之阨〔一三〕，使天下知所歸者，酈食其爲漢高祖之謀也。逾此山，入射犬，破青犢之衆，殺謝躬於鄴，以收復天下爲心者，漢光武之謀也。濟河降射犬之衆，還軍敖倉，屬魏种以河北事，然後西向以争天下者，魏武帝之謀也。進據武牢，扼其襟要，俾竇建德不能逾山入上黨，收河東之地，而卒以併天下者，唐太宗之謀也。」郡國志：「河内野王縣有太行山，有射犬聚，世祖破青犢。」輿地廣記：「射犬故城在懷州武德縣北。」蔡澤謂范雎曰：「君相秦，決羊腸之險，塞太行之口。」

飛狐之口

臣瓚曰：「飛狐在代郡西南。」正義：「蔚州飛狐縣北百五十里，有秦、漢故郡城。西南有山，俗號飛狐口。」文帝紀：「匈奴入上郡、雲中，以令免爲車騎將軍，屯飛狐。」匈奴傳云：「漢使三將軍軍屯北地，代屯句注，趙屯飛狐口。」後漢王霸與杜茂治飛狐道。注云：「在今蔚州飛狐縣，北通嬀州懷戎縣，即古之飛狐口。」晉劉琨自代出飛狐口，奔於安次。常山圖經云：「山北四百餘里號飛狐口。」輿地廣記有飛狐谷、飛狐關，在代國南四十里。

白馬之津

漢白馬縣屬東郡。戰國策：「張儀曰：決白馬之口以流魏氏。」蘇代説燕曰：「決白馬之口，魏無黄、濟陽。」楚伐魏，決白馬之口。高誘曰：「白馬，津名。」水經注：「河過黎陽縣南，爲白馬津。津之東南有白馬城。」唐滑州黎陽津即此也，今屬滑州白馬縣。本衛之曹邑。黄河去外城十二步。郡縣志：「白馬故關，在衛州黎陽縣東一里。酈食其説高祖曰：杜白馬之津，即此地。後更名黎陽津。黎陽津，一名白馬津，在白馬縣北三十里鹿鳴城之西南隅。」通典：「後魏改爲黎陽津。」張耳、陳餘從白馬渡河。劉賈擊楚，度白馬津，入楚地。顔氏曰：「即今滑州白馬縣河津。」袁紹遣顔良攻劉延於白馬。郡縣志：「白馬山，在白馬縣東北三十二里〔一四〕。開山圖曰：有白馬群行山上，悲鳴則河決，馳走則山崩。津與縣，蓋取此山爲名。」慕容德改黎陽津爲天橋津。

歷城

今齊州縣，漢屬濟南。田廣罷歷下兵，即其地。

武關見前。

朱氏[謹]曰：「漢、楚自彭城之後，割鴻溝之先，漢惟京、索一勝。其他二戰，每戰輒敗。不特楚之兵威如飄風暴雨，非漢所能遏，而漢之視楚，如羔豚之畏貔虎。自南鄭以來，雖決策東鄉之計定於韓信；明其爲賊之義發於董公；捐金以間其君臣之謀顯於陳平；説布使叛楚，捐關東地以與信、越之議，籌之隨何、張良。而其所以疲楚之力，而分其勢者，猶未之講也。獨轅生進説，使楚力分而漢休息，迄用之以平天下。若生之策，所謂多方以誤之，亟肆以疲之者歟〔一五〕。高帝自得是説，始出屯宛，羽於是捨滎陽而南〔一六〕。彭越破薛公下邳，羽於是棄成皋而東。高帝破終公成皋，羽於是復引兵而西。羽拔滎陽，猶未設版也〔一七〕。而漢之諸將已入其心腹，燒其積聚矣。羽不得已，又揭揭而東。羽方頓兵大梁，分師援齊，而漢之大兵已破其梟將，拔取成皋矣。羽不得已，又躑躅而西。歲月未久，奔走不寧，智勇無機，前後受敵。以一國之兵而分應數十，以一人之力而奔命四方，此其所以坐困歟。」

或曰：漢取天下，其征伐次叙大抵如秦。秦人先據咸陽，以爲形勝之勢，乃取巴、蜀以爲富饒之本，遂用范睢遠交近攻之策，先滅韓、魏，次及楚，及趙，及燕，然後并齊，以一天下。高祖始居巴、蜀，由蜀而取三秦，然後韓信引兵取魏，取趙，取燕，取齊，與高祖會垓下，以挫羽而滅之。大抵先易而後難，先小而後大，先據形勢而後進取，此用兵之道也。

賈誼論封梁淮陽

誼上疏曰：「陛下所以爲蕃扞及皇太子之所恃者，唯淮陽、代二國耳。代北邊匈奴，與强敵爲鄰，能自完則足矣。而淮陽之比大諸侯，廑如黑子之著面，適足以餌大國耳，不足以有所禁禦。高皇帝瓜分天下以王功臣，反者如蝟毛而起，以爲不可，故蕲去不義諸侯而虛其國。擇良日，立諸子雒陽上東門之外，畢以爲王，而天下安。今淮南地遠者或數千里，越兩諸侯，而縣屬於漢。其吏民徭役往來長安者，自悉而補，中道衣敝，錢用諸費稱此，其苦屬漢而欲得王至甚，逋逃而歸諸侯者已不少矣。其勢不可久。願舉淮南地以益淮陽，而爲梁王立後，割淮陽北邊二三列城，與東郡以益梁。不可者，可徙代王而都睢陽〔一八〕。梁起於新郪以北著之河，淮陽包陳以南揵之江，則大諸侯之有異心者，破膽而不敢謀。梁足以扞齊、趙，淮陽足以禁吴、楚，陛下高枕，終無山東之憂矣。」文帝於是從誼計，廼徙淮陽王武爲梁王，北界泰山，西至高陽，得大縣四十餘城。徙城陽王喜爲淮南王，撫其民。景帝立，三年而吴、楚、趙與四齊王合從，舉兵西鄉京師。梁王扞之，卒破七國。

淮陽　高帝夷彭越，分梁地爲二國，立子恢爲梁王，子友爲淮陽王。文四年，徙代王武爲淮陽王。通典：「漢淮陽郡故城，在陳州宛丘縣西南。」

代　高帝詔曰：「代地居常山之北，與夷狄邊，趙乃從山南有之，遠，數有胡寇，難以爲國。頗取山南太原之地益屬代，代之雲中以西爲雲中郡，則代受邊寇益少矣。」文帝以代王入，即位，後分代爲兩國，立子武爲代王，參爲太原王。四年，徙參爲代王，盡得故地，都晉陽如故。括地志：「并州太原，地名大明城，即古晉陽。」

雒陽上東門　顏氏云：「東面最北出門曰上東門。」雒陽城十二門。李尤銘云：「上東少陽，厥位在寅。」水經注：「建春門，即上東門也。晉曰建陽。」

梁　文十二年，武徙梁。七國反，先擊梁棘壁。梁王城守睢陽，而使韓安國、張羽等爲將軍，以距吳、楚。吳、楚以梁爲限，不敢過而西。按睢陽，今應天府宋城縣。括地志：「州南二里外城中，本漢睢陽縣。」張、許守一城，扞天下，蔽遮江淮，即此地也。棘壁，即左傳大棘。括地志：「大棘故城，在宋州寧陵縣西南七十里。」寧陵屬拱州。

新鄭

地理志：汝南之縣。春秋文十六年：「盟于鄭丘。」應劭云：「秦伐魏，取鄭丘。漢興，爲新鄭。」蘇秦説魏曰「南有新鄭」，則非漢改是名也。按郡國志：「新鄭，建初四年徙宋公於此。」水經注：「潁水東南逕宋公縣故城北〔一九〕，鄭丘也。」後漢郭竟封新鄭侯。注：「新鄭縣，屬汝南郡，故城在今潁州今順昌府。汝陰縣西北鄭丘城是也。」

陳

古陳國。輿地廣記：「陳州宛丘縣，楚頃襄王自郢徙都焉。陳勝據陳，自立爲張楚。漢高帝置淮陽國。」

泰山

今襲慶府奉符縣，本漢博縣，有泰山。

高陽

郡縣志：「高陽故城，在汴州雍丘縣西南二十九里。高陽氏佐少昊有功，受封此邑。」陳留風俗傳：「高陽在雍丘西南。」今開封府雍丘縣。酈生，陳留高陽人。沛公至高陽傳舍。徐廣云：「今在圉縣。」耆舊傳云：「圉，高陽鄉。」郡國志：「圉有高陽亭。」輿地廣記：「圉縣故城，在雍丘縣東南。」

淮南

文十二年，城陽王喜王淮南故地。十六年，復王故城陽，而立厲王三子王淮南，故地三分之。

鄧禹説光武

鄧禹聞光武安集河北，即杖策北渡，追及於鄴。禹進説曰：「更始雖都關西，今山東未安，赤眉、青犢之屬，動以萬數，三輔假號，往往群聚。更始既未有所挫，而不自聽斷，諸將皆庸人掘起，志在財幣，争用威力，朝夕自快而已。非有忠良明智，深慮遠圖，欲尊主安民者也。四方分崩離析，形勢可見。明公雖建藩輔之功，猶恐無所成立。於今之計，莫若延攬英雄，務悦民心，立高祖之業，救萬民之命。以公而慮，天下不足定也。」光武大悦，因令左右號禹曰「鄧將軍」，常宿止於中，與定計議。及王郎起兵，光武自薊至信都，使禹發奔命，得數千人，令自將之，别攻拔樂陽。從至廣阿，光武舍城樓上，披輿地圖，指示禹曰：「天下郡國如是，今始乃得其一。子前言以吾慮天下不足定，何也？」禹曰：「方今海内淆亂，人思明君，猶赤子之慕慈母。古之興者，在德薄厚，不以大小。」光武悦。

邳彤對光武

世祖北至薊，會王郎兵起，使其將徇地，所到縣莫不奉迎，唯和成、信都堅守不下〔二〇〕。彤聞世祖從薊還，失軍，欲至信都，乃先使五官掾張萬、督郵尹綏，選精騎二千餘匹，緣路迎世祖軍。彤尋與世祖會信都。世祖雖得二郡之助，而兵衆未合，議者多言可因信都兵自送，西還長安。彤廷對曰：「議者之言皆非也。吏民歌吟，思漢久矣，故更始舉尊號而天下響應，三輔清宫除道以迎之。一夫荷戟大呼〔二一〕，則千里之將無不捐城遁逃，虜伏請降。自上古以來，亦未有感物動民其如此者也。又卜者王郎，假名因勢，驅集烏合之衆，遂震燕、趙之地，况明公奮二郡之兵，揚響應之威，以攻則何城不克，以戰則何軍不服！今釋此而歸〔二二〕，豈徒空失河北，必更驚動三輔，墮損威重，非計之得者也。若明公無復征伐之意，則雖信都之兵猶難會也。何者？明公既西，則邯鄲勢成〔二三〕，民不肯捐父母，背成主〔二四〕，而千里送公，其離散亡逃可必也。」世祖善其言而止。即日拜彤爲後大將軍、和成太守如故，使將兵居前。北至堂陽。范蔚宗論曰：「邳彤之廷對，其爲幾乎？語曰：「一言可以興邦，斯近之矣。」

鄴、薊　相州臨漳縣，本漢鄴縣。薊縣，漢屬廣陽國，今幽州。燕山府。

信都　冀州信都縣，漢爲信都國治。光武自薊還，聞信都獨爲漢拒邯鄲，即馳赴之。任光爲太守，開門迎謁。

欒陽　縣，屬常山郡。

廣阿　縣，屬鉅鹿郡。輿地廣記：「趙州隆平縣，本廣阿。」後漢注：「故城在象城縣西北。」象城，本朝改隆平。

和成　東觀記：「王莽分鉅鹿爲和成郡，居下曲陽，以邳彤爲卒正。」按：鉅鹿郡下曲陽，漢都尉治，今祁州鼓城縣。常山郡上曲陽，今中山府曲陽縣。有上，故此云下。世祖徇河北至下曲陽，彤舉城降。

邯鄲縣，屬趙國。時王郎據邯鄲，「邯」，山名。「鄲」，盡也。邯山至此盡。今縣屬磁州〔二五〕。

堂陽縣，屬鉅鹿。今冀州南宫縣堂陽鎮。在堂水之陽。

諸葛孔明對昭烈

先主屯新野，徐庶謂先主曰：「諸葛孔明者，卧龍也，將軍豈願見之乎？」先主遂詣亮，凡三往，乃見。因屏人曰：「漢室傾頽，奸臣竊命，主上蒙塵。孤不度德量力，欲信大義於天下〔二六〕，而智術短淺，遂用猖蹶，至于今日。然志猶未已，君謂計將安出？」亮答曰：「自董卓已來，豪傑並起，跨州連郡者不可勝數。曹操比於袁紹，則名微而衆寡，然操遂能克紹，以弱爲强者，非惟天時，抑亦人謀也。今操已擁百萬之衆，挾天子而令諸侯，此誠不可與争鋒。孫權據有江東，已歷三世，國險而民附，賢能爲之用，此可與爲援而不可圖也。荆州北據漢、沔，利盡南海，東連吴會，西通巴蜀，此用武之國，而其主不能守，此殆天所以資將軍，將軍豈有意乎？益州險塞，沃野千里，天府之土，高祖因之以成帝業。劉璋闇弱，張魯在北，民殷國富而不知存恤，智能之士思得明君。將軍既帝室之胄，信義著於四海，總攬英雄，思賢如渴，若跨有荆、益，保其巖阻，西和諸戎（二七），南撫夷越，外結好孫權，内修政理。天下有變，則命一上將將荆州之軍以向宛、洛，將軍身率益州之衆出於秦川，百姓孰敢不簞食壺漿以迎將軍者乎？誠如是，則霸業可成，漢室可興矣。」先主曰：「善！」

新野、隆中

新野縣，屬南陽郡，唐省入鄧州穰縣。漢晉春秋：「諸葛亮家于南陽之鄧縣，在襄陽城西二十里，號曰隆中。」

荆州

刺史初治漢壽，武陵。後治南郡。江陵。南齊志云：「中平末，王叡始治江陵。」部郡七。劉表傳云：荆州八郡。劉表爲牧，開土遂廣，南接五嶺，北據漢川，地方數千里。漢沔。左氏傳：「楚國，漢水以爲池。」注云：「漢水出武都，至江夏南入江。」水經：「沔水出武都沮縣東狼谷中。」地理志：「東漢水受氐道水，一名沔，過江夏，謂之夏水，入江。」

南海。詩江漢：「于疆于理，至于南海。」左傳：「楚奄征南海。」

吴會。吴郡、會稽郡。永建四年，分會稽爲吴郡。吴志「朱桓部伍吴、會二郡」，莊子釋文云「浙江爲吴、會分界」，是也。

巴蜀。漢地理志：「江陵，故郢都，西通巫、巴。」

益州

刺史初治雒，部郡九，屬國三。劉焉爲牧，徙治綿竹，漢州縣〔二八〕。又徙治成都。璋，其子也。張魯據漢中，取巴郡。

宛洛

南陽，西通武關、鄖關，東南受漢、江、淮。宛，亦一都會也。宛縣，今鄧州南陽縣。洛陽，東有成皋，西有殽、黽。通典云：「襄陽北接宛洛。」高紀：「沛公北攻平陰，絶河津。南戰雒陽東，軍不利。略南陽郡，圍宛城。陳恢見沛公曰：宛，大郡之都也，連城數十。」

秦川

天水郡秦州，秦始封之邑。水經注：「秦水出大隴山秦谷，歷三泉，合成一水，而歷秦川。川有秦亭，秦仲所封也。」高紀：「漢王從故道襲雍。」故道，鳳州梁泉縣。孔明出祁山〔二九〕、岷州長道縣。岷州，今西和州。斜谷，興元府褒城縣。姜維欲乘虚向秦川出駱谷，鳳翔府盩厔縣。此自蜀攻秦之路。

王朴平邊策

周世宗即位，獻平邊策，曰：「唐失道而失吳、蜀，晉失道而失幽、并，觀所以失之由，知所以平之術。當失之時，君闇政亂，兵驕民困，近者姦於內，遠者叛於外，小不制而至于僭，大不制而至于濫，天下離心，人不用命，吳、蜀乘其亂而竊其號，幽、并乘其間而據其地。平之之術，在乎反唐、晉之失而已。必先進賢退不肖，以清其時；用能去不能，以審其材；恩信號令，以結其心；賞功罰罪，以盡其力；恭儉節用，以豐其財；徭役以時，以阜其民。俟其倉廩實，器用備，人可用而舉之。彼方之民，知我政化大行，上下同心，力强財足，人安將和，有必取之勢，則知彼情狀者願爲之間諜，知彼山川者願爲之先導。彼民與此民之心同，是與天意同。與天意同，則無不成之功。攻取之道，從易者始。當今惟吳易圖，東至海，南至江，可撓之地二千里。從少備處先撓之，備東則撓西，備西則撓東，彼必奔走以救其弊。奔走之間，可以知彼之虛實，衆之强弱。攻虛擊弱〔三〇〕，則所向無前矣。勿大舉，但以輕兵撓之。彼人怯弱，知我師入其地，必大發以來應，數大發則民困而國竭，一不大發則我獲其利。彼竭我利，則江北諸州乃國家之所有也。既得江北，則用彼之民揚我之兵，江之南亦不難而平之也。如此，則用力少而收功多。得吴，則桂、廣皆爲内臣，岷、蜀可飛書而召之。如不至，則四面並進，席卷而蜀平矣。吴、蜀平，幽可望風而至。唯并必死之寇，不可以恩信誘，必須以强兵攻，力已竭，氣已喪，不足以爲邊患，可爲後圖。方今兵力精練，器用具備，群下知法，諸將用命，一稔之後，可以平邊。」是時，世宗鋭意征伐，已擾衆議，親敗劉旻於高平，歸而益治兵，慨然有平一天下之志。數顧大臣問治道，選文學之士徐台符等二十人，使作爲君難爲臣不易論及平邊策，朴在選中。而當時文士皆不欲上急於用兵，以謂平定僭亂，在修文德以爲先。唯翰林學士陶穀、竇儀，御史中丞楊昭儉與朴皆言用兵之策，朴謂江淮爲可先取。世宗雅以知朴，及見其議論偉然，益以爲奇，引與計議天下事，無不合，遂決意用之。歐陽公曰：「其陳用兵之略，非特一時之策，至言諸國興滅次第，云淮南可最先取，并必死之寇最後亡。其後宋興，平定四方，惟并獨後服，皆如朴言。」

高平

縣，屬澤州。秦破趙於長平，即此地。顯德元年，次澤州，及劉旻戰於高原，敗之。追及於高平，又敗之。

吴江北諸州

顯德三年，南征。五年，克淮南十四州，以江爲界。揚、楚、泗、滁、和、光、黄、舒、蘄、廬、壽、海、泰、濠。揚、泰、滁、和、壽、濠、泗、楚、光、海等州已爲周有，李景獻廬、舒、蘄、黄。

桂廣

南漢據四十七州，桂、廣其都會也。世宗平江北，劉晟遣使脩貢，爲楚人所隔。

岷蜀

顯德二年，伐蜀，克秦、成、階、鳳。

幽并

石晉獻十六州于契丹。瀛、莫、幽、涿、檀、薊、順、蔚、朔、雲、應、新、嬀、儒、武、寰。顯德六年北伐，取瀛、莫，定三關。益津關爲霸州，瓦橋關爲雄州，淤口關上置寨。述律謂周所取皆漢故地，不足顧，十四州之地皆可取矣。世宗疾〔三一〕，功志不就。自太原以北十州通鑑：十二州〔三二〕，有隆、蔚。入於劉旻。忻〔三三〕、代、嵐、石、憲、麟、并、汾、沁、遼。顯德元年，攻太原，不克。

蘇文忠公曰：「古之君子，如伊尹、太公、管仲、樂毅之流，其王霸之略皆定於畎畝中，非仕而後學者也。淮陰侯見高皇帝於漢中，論劉、項短長，畫取三秦，如指諸掌。及佐帝定天下，漢中之言無一不酬者。諸葛孔明卧草廬中，與先主策曹操、孫權，規取劉璋，因蜀之資，以爭天下，終身不易其言。此豈口傳耳受，嘗試爲之，而僥倖其或成者哉。」

張宣公曰：「蕭何爲相之初，首薦韓信爲大將，而三秦之計遂定，此得爲相用人之體。」

校勘記

〔一〕南敗楚相唐昧於重丘　「唐昧」，原作「唐眛」，據史記卷八〇樂毅列傳改。

〔二〕元英磨室二宫皆燕宫　「磨室」，戰國策卷三〇燕策二昌國君樂毅爲燕昭王作「曆室」，史記卷八〇樂毅列傳作「磨室」，集解曰：「磨，歷也。」索隱作「磿室」，引戰國策作「歷室」，正義引括地志亦作「歷室」。則「磿」、「曆」、「歷」，古字通用，作「磨室」誤。

〔三〕西南入沛　「沛」，史記卷八〇樂毅列傳正義：「汶水源出兖州博城縣東北原山，西南入泲。」

〔四〕索隱　元本、遞修本、浙本作「索隱曰」。

〔五〕植齊汶上之竹　「汶上之竹」，原作「汶上之水」，元本「水」字不清，元乙本、遞修本、浙本作「汶上之竹」。史記卷八〇樂毅列傳索隱：「言燕之薊丘所植，皆植齊王汶上之竹也。」據改。

〔六〕秋毫無所害　元本、遞修本、浙本作「秋豪亡所害」。

〔七〕猶睥睨此地而决成敗焉　「睥睨」，原作「睥昵」，據元本、遞修本、浙本改。

〔八〕宋毛德祖戍虎牢　「毛德祖」，原作「毛德臣」，元本、遞修本作「毛德祖」。宋書卷四少帝紀：景平元年正月，「虜將達奚叩破金墉，進圍虎牢。毛德祖擊虜敗之」。四月「乙未，魏軍克虎牢，執司州刺史毛德祖以歸」。本書卷一四「虎牢」條亦作「毛德祖」。據改。

〔九〕陸機洛陽記　「陸機」，原作「陸璣」，元本、遞修本、浙本作「陸機」。舊唐書卷四六經籍志：「洛陽記一卷，陸機撰。」王應麟玉海卷二四地理：「陸士衡洛陽記：漢洛陽四關：東成皋關，南伊闕關，西函谷關，北孟津關。」晉書卷五四陸機傳：「陸機，字士衡。」據改。

〔一〇〕後廢　二字原無，據元本、遞修本、浙本補。

〔一一〕元本、遞修本、浙本此段注文在「山陽縣」下。

〔一二〕崔伯易感山賦云　「崔伯易」，原作「崔伯陽」，據元本、遞修本改。參見本書卷五校記〔一三〕。

〔一三〕杜此山之阨　「此」，原作「中」，浙本作「此」，宋吕祖謙宋文鑒卷六崔伯易感山賦「杜此山之阨」，漢書卷四三酈食其傳「杜太行之阸」，知此處山名應是「太行」，因崔伯易感山賦專爲太行山所作，故應作「此山」。

〔一四〕在白馬縣東北三十二里　「三十二里」，元和郡縣圖志卷八滑州白馬縣、太平寰宇記卷九滑州白馬縣均作「三十四里」。

〔一五〕亟肆以疲之者歟　「疲」，原爲空格，庫本作小字「闕字」，據元本、遞修本、浙本補。

〔一六〕高帝自得是説始出屯宛羽於是捨滎陽而南　「説始出屯宛羽於是捨滎陽」原無，有小字注文「闕」，前後共空十格，庫本作小字「闕十一字」，今據元本、遞修本、浙本補。

〔一七〕猶未設版也　「未」，原爲空格，庫本爲小字「闕字」，據元本、遞修本、浙本補。

〔一八〕可徙代王而都睢陽　「睢陽」，各本均作「淮陽」，據漢書卷四八賈誼傳改。

〔一九〕潁水東南逕宋公縣故城北　「公」，清趙一清言爲衍字：「一清案：『公』字衍文。郡國志云『宋公國』，蓋以爲宋是公國耳，與他縣云侯國例合。師古曰：封于新鄭，號爲宋國。後漢書郭憲傳云『汝南宋人』可證也。」詳見水經注箋刊誤卷八。

〔二〇〕唯和成信都堅守不下　「和成」，原作「和戎」。後漢書卷二一邳彤傳作「和成」，注引東觀記曰：「王莽分鉅鹿爲和成郡，居下曲陽，以彤爲卒正也。」據改。下同。

〔二一〕一夫荷戟大呼　「戟」，原作「戰」，據元本、遞修本、浙本及後漢書卷二一邳彤傳改。

〔二二〕今釋此而歸　「今釋」，原作「令失」，據元本、遞修本、浙本及後漢書卷二一邳彤傳改。

〔二三〕則邯鄲勢成　「勢成」，後漢書卷二一邳彤傳作「城」。

〔二四〕背成主　「成主」，後漢書卷二一邳彤傳作「城主」，此「成主」爲「城主」之誤。

〔二五〕今縣屬磁州　「縣屬」，原作「屬縣」，據元本、遞修本、浙本乙正。

〔二六〕欲信大義於天下　「信」，原作「扶」，據元本、遞修本、浙本及三國志卷三五蜀書諸葛亮傳改。

〔二七〕西和諸戎　原作「西和諸夷」，元本作「西河諸戎」，據遞修本、浙本、三國志卷三五蜀書諸葛亮傳改。

〔二八〕漢州縣　「漢州」，原作「漢川」，元本、遞修本作「漢州」。此處所言爲漢代之綿竹縣在宋代的地理位置，據太平寰宇記卷七三、輿地廣記卷二九所載，綿竹縣隸屬於漢州，據改。

〔二九〕孔明出祁山　「祁山」，原作「祈山」，據元本、遞修本、浙本及三國志卷三五蜀書諸葛亮傳改。

〔三〇〕攻虚擊弱　「弱」，原作「實」，元本、遞修本、浙本及舊五代史卷一二八、新五代史卷三一王朴傳均作「攻虚擊弱」，據改。

〔三一〕世宗疾　元本、遞修本、浙本作「世宗遇疾」。

〔三二〕通鑑十二州　「通鑑」，原作「通典」，元本、遞修本作「通鑑」。資治通鑑卷二九〇後周紀一：廣順元年，劉崇即皇帝位於晉陽，「所有者并、汾、忻、代、嵐、憲、隆、蔚、沁、遼、麟、石十二州之地」。即此所云，作「通鑑」是，據改。

〔三三〕忻　原作「沂」，據遞修本、庫本、浙本及新五代史卷六〇職方考改。

通鑑地理通釋卷之八

七國形勢攷上

地利不如人和，在德不在險。六國有地險而不修仁義，卒并於秦。秦又不監而漢滅之。作七國形勢攷。

秦

蘇秦説秦惠王曰：「秦四塞之國，被山帶渭，東有關河，西有漢中，南有巴蜀，北有代馬，此天府也。」戰國策云：「西有巴、蜀、漢中之利，北有胡貉、代馬之用〔一〕，南有巫山、黔中之限，東有殽、函之固，地勢形便，此所謂天府，天下之雄國也。」

范雎對秦昭王曰：「大王之國，四塞以爲固，北有甘泉、谷口，南帶涇、渭，右隴、蜀，左關、坂，此王者之地也。」

春申君説秦昭王曰：「大王之國〔二〕，徧天下有其二垂，此從生民已來，萬乘之地未嘗有也。王又舉甲而攻魏，杜大梁之門，舉河内，拔燕、酸棗、虚、桃，入邢，魏之兵雲翔而不敢救，王之功亦多矣。王休甲息衆，二年而後復之，又并蒲、衍、首垣，以臨仁、平丘，黄、濟陽嬰城而魏氏服。王又割濮、磨之北〔三〕，注齊秦之要，絶楚趙之脊，天下五合六聚而不敢救，王之威亦殫矣。」

荀子彊國篇曰：「古者百王之一天下，臣諸侯也，未有過封内千里者也。今秦南乃有沙羨與俱，是乃江南也；北與胡、貉爲鄰，西有巴、戎，東在楚者乃界於齊，在韓者，踰常山乃有臨慮；在魏者，乃據圍津，即去大梁百有二十里耳，其在趙者剡然有苓而據松柏之塞，負西海而固常山，是地徧天下也。威動海内，彊殆中國，然而憂患不可勝校也，諰諰常恐天下之一合而軋己也，此所謂廣大乎舜、禹也。」

應侯問曰：「入秦何見？」荀卿子曰：「其國塞險形勢便，山林川谷美，天材之利多，是形勝也。」

太史公六國表曰：「秦始小國僻遠，諸夏賓之，比於戎翟。至獻公之後，常雄諸侯。論秦之德義不如魯衛之暴戾者，量秦之兵不如三晉之强也，然卒并天下，非必險固便形勢利也，蓋若天所助焉。或曰：東方物所始生，西方物之成孰。夫作事者必於東南，收功實者常於西北。故禹興於西羌，湯起於亳，周之王也以豐鎬伐殷，秦之帝用雍州興，漢之興自蜀漢。」

韓非初見秦曰：「天下陰燕陽魏，連荆固齊，收韓而成從，將西面以與秦强爲難。今秦地折長補短，方數千里，名師數十百萬，秦之號令賞罰，地形利害，天下莫若也。以此與天下，天下不足兼而有也。」

田肯曰：「秦，形勝之國也，帶河阻山，縣隔千里，持戟百萬，秦得百二焉。地埶便利，其以下兵於諸侯，譬猶居高屋之上建瓴水也。」

巴、蜀

甘茂曰：「張儀西并巴、蜀之地，北取西河之外，南取上庸。」索隱：「張儀伐蜀，蜀王開戰不勝，爲儀所滅。」張儀説楚王曰：「秦西有巴蜀，大船積粟，起於汶山，浮江已下，至楚三千餘里。舫船載卒，一舫載五十人與三月之食，下水而浮，一日行三百餘里，里數雖多，然而不費牛馬之力，不至十日而拒扞關。扞關驚，則從竟陵以東盡城守矣〔四〕。黔中、巫郡非王之有。」蜀見於牧誓，地與秦接。通典云：「所謂巴、賨、彭、濮之人。秦惠王使司馬錯伐蜀，有其地。利州益昌縣，古劍閣道，秦伐蜀所由，謂之石牛道。」陳子昂云：「昔蜀與中國不通，秦以金牛美女啖蜀侯。侯使五丁力士棧褒斜，鑿通谷，迎秦之饋。秦隨以兵而地入中州。」元和郡縣志：「武王伐殷，巴人助焉。後封爲巴子。其地東至魚復，西僰道，北接漢中〔五〕，南極牂柯，是其界也。」戰國策：「秦伐蜀，十月取之。蜀既屬，秦益强。」

秦紀：「惠文九年，滅蜀。」華陽國志云：「蜀之先，肇於人皇之際，黄帝爲子昌意娶蜀山氏，後子孫因封焉。」秦滅蜀，因滅巴。通典：巴國，今巴、壁、蓬、集、合、忠、萬是其地。蘇氏曰：「秦之憂，在六國也。蜀最僻最小，最先取，楚最强，最後取。」

漢中

楚地。按秦紀：「孝公元年，河山以東强國六，與齊威、楚宣、魏惠、燕悼、韓哀、趙成侯竝。淮泗之間小國十餘。所謂泗上十二諸侯也。楚、魏與秦接界。魏築長城，自鄭濱洛以北，有上郡。楚自漢中，南有巴、黔中。周室微，諸侯力政，争相併。秦僻在雍州，不與中國諸侯之會盟，夷翟遇之。正義云：楚自梁州漢中郡南有巴、渝，過江南有黔中、巫郡。惠文十三年，庶長章擊楚於丹陽，虜其將屈匄。又攻楚漢中，取地六百里，置漢中郡。」齊湣王遺楚王書曰：「王欺於張儀，亡地漢中。」李斯曰：「惠王用張儀之計，南取漢中。」蔡澤謂范雎相秦，棧道千里，通於蜀、漢。後漢注：「故城在梁州南鄭縣東北。」

殽、函

吕氏春秋「九塞」，殽其一也。左傳：「晉敗秦師于殽。」殽有二陵。杜預曰：「殽在澠池縣西。此道在二殽之間南谷中〔六〕，谷深委曲，兩山相嶔，故可以辟風雨。古道由此。魏武帝西討巴、漢，惡其險而更開北山高道。」公羊傳云：「殽之嶔巖。」穀梁傳云：「殽巖唫之下。」春秋正義云：「俗呼爲土殽、石殽，其阸道在兩殽之間。」水經注：「穀水又東逕土崤北，所謂三崤也。」甘茂自殽塞及至鬼谷，後語作槐谷，注：槐里之谷。今京兆始平之地。其地形險易皆明知之。郡縣志：「三殽山，隋大業元年廢二崤道〔七〕。又名嶔崟山，在河南府永寧縣北二十八里。自東崤至西崤三十五里。東崤長坂數里，峻阜絶澗，車不得方軌。西崤石坂十二里。漢馮異破赤眉於崤底，魏龐德破張白騎於兩殽間。」索隱：「鬼谷在關内雲陽。」郡國志：「弘農，故秦函谷關。黽池有二崤。」寰宇記：「後割隸陝州硤石縣，在縣東北四十六里。」硤石省爲石壕鎮，入陝縣。硤石，本崤縣，後魏置，唐改。

秦函谷關，在陝州靈寶縣西南十二里。函谷故城在縣南十里。秦函谷關城，漢弘農縣，隋桃林縣也。西征記曰：「關城路在谷中，深險如函，故以爲名。其中劣通，東西十五里，絶岸壁立，崖上柏林陰谷中〔八〕，殆不見日。關去長安四百里。日入則閉，雞鳴則開。秦法也。東自崤山，西至潼津，通名函谷，號曰天險，所謂秦得百二也。」桃林塞，自縣以西至潼關皆是也。春秋時，晉侯使詹嘉處瑕，守桃林之塞。漢書注：「顔氏曰：今桃林縣南有洪溜澗水，即古所謂函谷也。」其水北流入河，夾河之岸尚有舊關餘蹟焉。武帝元鼎三年，徙函谷關於新安縣，屬河南府。張良曰：「關中，左殽函。」西都賦：「左據函谷、二殽之阻。」西京賦：「左有崤函重險，桃林之塞。」范雎謂「左關阪」，即殽函也。淮南墬形訓「九塞」曰殽阪。賈生過秦曰：「秦孝公據殽函之固。」春秋時，殽、桃林，晉地，非秦有也。

四塞 關、河。

張儀曰：「秦地被山帶河，四塞以爲固。」劉伯莊曰：「河謂龍門西河，山謂華山。」四面有山關之固，故曰四塞。高誘注。徐廣曰：「東函谷，南武關，西散關，北蕭關。」東有函谷、蒲津、龍門、合河等關，南山及武關、嶢關，西有大隴山及隴山關、大震、烏蘭等關，北有黃河南塞，是四塞。正義。按：秦地西有隴關，東有函谷、臨晉，南有嶢、武關，北有蕭、居庸、天井關以臨胡庭，故爲關中。地理志云：「秦地於禹貢跨雍、梁二州，詩風兼秦、豳兩國。穆公稱伯，以河爲竟。惠王得上郡、西河。」杜篤論都賦曰：「西被隴、蜀，南通漢中，北據谷口，東阻嶔巖。關函守嶢，山東道窮；置列汧、隴，廱偃西戎；拒守褒斜，嶺南不通；杜口絕津，朔方無從。」

胡貉、代馬

胡，樓煩、林胡之類。國策注。

貉，在東北方，三韓之屬。漢書注。鼂錯曰：「秦時北攻胡貉。」

代郡有胡馬。索隱：「一云代郡馬邑。」張儀說韓王曰：「秦馬之良，探前趹後，蹄間三尋，騰者不可勝數。」蘇厲說趙王曰：「代馬胡駒。」張良曰：「關中北有胡苑之利。」索隱：「苑，馬牧也，馬生於胡。」代郡屬趙。始皇二十五年，虜代王嘉。後周置蔚州。馬邑，屬雁門郡，後魏置朔州。索隱又謂代郡有馬城縣，然惠王之時，代未屬秦，當攷。左傳：「冀之北土，馬之所生。」注：「謂燕、代。」

甘泉、谷口

郡縣志：「甘泉山，一名磨石嶺，在京兆府雲陽縣雲陽，今屬耀州。西北九十里，周迴六十里。雲陽宮，即秦之林光宮，漢之甘泉宮，在縣西北八十里甘泉山上。」關中記：「甘泉宮在甘泉山上，宮北有連山。」西都賦：「其陰則冠以九嵕，陪以甘泉〔九〕，乃有靈宮起乎其中。」西京賦：「其遠則有九嵕、甘泉，涸陰沍寒。」郊祀志：「寒門者，谷口也。」顔氏曰：「谷口，仲山之谷，漢爲縣，今治谷是也。仲山之北寒涼，故謂寒門。」地理志：左馮翊谷口縣，九嵕山在西。溝洫志：「白公引涇水，首起谷口。」顔氏曰：「即今雲陽縣治谷。」郡縣志：「京兆醴泉縣，本谷口縣，在九嵕山東、仲山西，當涇水出山之處，故謂之谷口。」史記正義：「九嵕仲山西謂之谷口，即古寒門。在醴泉縣東北四十里。」西北去甘泉山八十里。燕鞠武曰：「秦地徧天下，北有甘泉、谷口之固，南有涇、渭之沃，擅巴、漢之饒，右隴、蜀之山，左關、殽之險。」通典：「谷口縣故城，在醴泉縣北。後漢及晉爲池陽，隋改醴泉。」史記〔一〇〕：文帝後元三年，「置谷口邑」。

隴

通典：「秦州秦隴西，漢天水。漢屬天水郡隴縣，今屬秦州隴城縣。有大坂，曰隴坻，亦曰隴山。或謂之隴阪。三秦記曰：其坂九迴，上者七日乃越。」秦州隴城縣有大隴山，亦曰隴首山。西都賦：「右界隴首〔一一〕。」西京賦：「右有隴坻之隘，隔閡華戎。」隴州汧源縣隴山，一曰隴坻，漢隴關。今名大震關，在縣西。隴所以限東西。隴東則爲漢三輔，隴西則爲漢天水、隴西諸郡，唐隴右之地。唐六典注：隴坻，在秦州清水縣。

涇渭

地理志：「汧頭山汧，苦見反，又音牽。括地志作笄，通典亦曰汧屯山，一名崆峒。在安定涇陽縣西。原州平高縣。禹貢涇水所出，東南至陽陵京兆高陵。入渭。雍州川。括地志：涇水，出原州百泉縣西南涇谷。鳥鼠同穴山，在隴西首陽縣西南，渭州渭源縣。渭水所出，東至船司空華州華陰。入河〔二二〕。」雍州浸。東方朔曰：「漢都涇渭之南，所謂天下陸海之地，秦所以虜西戎，兼山東者也。」法言曰：「秦東溝大河，南阻高山，西采雍、梁，北鹵涇垠，便則申，否則蟠。」

燕、酸棗、虚、桃、邢

秦始皇紀：「五年，將軍驁攻魏，定酸棗、燕、虚、長平、雍丘、山陽城，皆拔之，取二十城，初置東郡。」地理志：東郡南燕縣，今滑州胙城縣，故南燕國。陳留郡酸棗縣。今開封府縣，唐屬滑州。正義云：「虚即姚墟，在濮州雷澤縣東十三里。」蘇代曰：「決宿胥之口，魏無虚、頓丘。」正義：「虚謂殷墟，今相州所治。」徐廣曰：「燕縣有桃城，括地志：故桃城在滑州胙城縣東三十里〔二三〕。漢劉襄所封。鮑氏曰：任城有桃聚。平皋有邢丘。」正義：「邢丘在懷州武德縣東南二十里。」武德縣，今省入河内縣，平皋縣故城在西。

蒲、衍

左傳注：「蒲在陳留長垣縣西南。」桓三年，胥命于蒲。徐廣曰：「長垣有蒲鄉。」輿地廣記：「古蒲邑在開封府長垣縣。子路爲之宰。」唐屬滑州。今按：魏有蒲坂，今河中府河東縣。魏世家「秦拔我蒲坂」，是也。有蒲陽。故城在隰州隰川縣北四十五里，在蒲水之北。晉重耳所居邑。魏世家「秦降我蒲陽」，是也。此當爲長垣之蒲。

索隱云：「衍，在河南，與卷近。」蘇秦曰：「北有卷、衍。」正義云在鄭州。秦紀：「始皇九年，攻衍氏。」曹參世家：「柱天侯反於衍氏，進破衍氏。」正義謂：魏邑，在鄭州。

首垣

戰國策：「韓侈謂秦王曰：進齊、宋之兵至首垣，遠薄梁郭。」趙世家：「公子刻攻魏首垣。」水經注：「竹書紀年：梁惠成王十三年，鄭釐侯致平丘、户牖、首垣諸邑。」又云：「長垣縣，故首垣，秦更名。」長垣，漢屬陳留，今屬開封府。今按：正義以首、垣爲二邑。首即牛首，故城在汴州陳留縣西南四十一里，垣即長垣，故城在匡城縣東北二十七里。廣記：開封咸平縣有牛首城。水經注：沙水又東南逕牛首亭東。左傳桓十四年：「宋伐鄭東郊，取牛首。」襄十年：「晉伐鄭，師于牛首。」鮑氏亦以首、垣爲二。河東蒲坂有首山，所謂雷首。垣縣，今絳州垣曲縣。愚謂魏有王垣，垣縣有王屋山，故曰王垣。魏武侯二年，城王垣，白起攻垣城。秦始皇九年，攻魏垣、蒲陽，是也。正義：「故垣城在絳州垣縣西北二十里。」有新垣，魏世家「秦拔我新垣、曲陽之城」，是也。正義：「曲陽在懷州濟源縣西十里。新垣近曲陽。」此首垣，戰國策謂「遠薄梁郭」，當從水經注，爲陳留之長垣。

仁、平丘

正義：仁，一本作任。今任城縣，屬濟州。地理志屬東平。

地理志：平丘縣，屬陳留。春秋昭十三年：盟平丘。注云：「在陳留長垣縣西南。」郡國志：長垣有平丘城。

黃、濟陽

戰國策云：外黃。地理志縣，屬陳留。通典：「故城在汴州陳留縣東北。」魏河北、河南皆有黃城。蘇秦説齊曰：「趙襲魏之河北，燒棘溝，墜黃城。」括地志：「故黃城，在魏州冠氏縣南十里。」此河北之黃城也。春申君傳正義：「故黃城在曹州考城縣東二十四里。」此河南之黃城也。考城，今屬拱州。蘇代曰：外黃、濟陽。地理志陳留外黃縣，注有黃溝。左傳：「惠公敗宋師于黃。」注云：「外黃縣東有黃城。」水經注：「河水舊在白馬縣南，泆通濮、濟、黃溝。」廣記：「外黃故城，在開封府雍丘縣東。」正義：「濟陽故城，在曹州冤句縣西南三十五里。」今開封府東明縣濟陽鎮，漢濟陽縣，屬陳留。

濮、磨新序云濮、摩。

徐廣云：「濮水，北於鉅野入濟。」永初山川記云：「源出東郡。」地理志東郡濮陽縣。故城在開德府濮陽縣東。左傳哀二十七年：「齊救鄭及濮。」注云：「濮水自陳留酸棗傍河，東北經濟陰，至高平入濟。」索隱：「磨，地名，近濮。」史記功臣表「磨侯」，漢表作「歷」。地理志信都有歷縣。括地志：「漢歷縣城，在觀州蓨縣西南四十六里〔一四〕。」蓨縣，今屬冀州。樂毅書「磨室」，一作「曆」。按：戰國策黃歇説秦王曰「割濮、磨之北屬之燕」，則地在河北。

沙羨

地理志縣，屬江夏。羨音夷。輿地廣記：「鄂州江夏縣，漢沙羨地，秦屬南郡。劉表使黃祖守沙羨，爲孫權所破。」楚世家：「熊渠伐庸、楊粵，至于鄂。」注：「九州記曰：鄂，今武昌。」春申君傳：「秦使白起攻楚，取巫、黔中之郡，拔鄢、郢，東至竟陵。」復州。秦紀：「昭王二十九年，白起攻楚，取郢爲南郡。」李氏曰：「漢江夏之鄂縣。」吴更名武昌，今武昌縣是也。今鄂州乃漢沙羨。水經注：「江中有沙陽洲〔一五〕，沙陽縣治也。縣本江夏之沙羨，晉改。」沙陽故城，今蒲圻縣一里。

江南

戰國策：「城渾曰：今邊邑之所恃者，非江南泗上也。」秦紀：「昭王三十年，蜀守若伐取巫郡，及江南爲黔中郡。三十一年，楚人反我江南。始皇二十五年，王翦定荆江南地。」楚世家：「襄王收東地兵，復西取秦所拔我江旁十五邑以爲郡，距秦。」楚辭章句：「襄王遷屈原於江南，在江、湘之間。」韓非初見秦曰：「取洞庭、五湖、江南。」貨殖傳：「衡山、九江、江南、豫章、長沙，是南楚也。」徐廣曰：「江南者，丹陽也。秦鄣郡。」

巴、戎

巴在西南，戎在西。楊倞注。秦紀：「武公伐邽、冀戎，初縣之。繆公用由余謀，伐戎王，益國十二，開地千里。厲共公伐大荔，取其王城。孝公西斬戎之獂王。惠王十一年，縣義渠。」匈奴傳：「秦穆公得由余，西戎八國服於秦，自隴以西有緜諸、緄戎，翟、獂之戎，岐、梁山、涇、漆之北有義渠、大荔、烏氏、朐衍之戎。」趙良曰：「五羖大夫相秦，巴人致貢，八戎來服。」

常山

地理志：「常山郡，今真定府。恒山在西。避文帝諱改。」通典：「常山，在定州恒陽縣今中山府曲陽縣。北一百四十里。」楊倞注：「本趙山，秦今有之。」張儀説楚曰：「秦地半天下，席卷常山之險，必折天下之脊。」索隱云：「常山於天下在北，若人背脊。」

隆慮

地理志隆慮縣，屬河內。今相州林慮縣。後漢避殤帝名改。

圍津

史記曹參世家：「至河內，下脩武，渡圍津。」徐廣曰：「東郡白馬有圍津。」索隱：「按水經注：白馬津有韋鄉、韋城。『圍』與『韋』同〔二六〕，古今字變。」正義：「括地志云：黎陽津，一名白馬津，在滑州白馬縣北三十里。帝王世紀云：白馬縣南有韋城，故豕韋國。郡國志云：白馬縣有韋城。」按：韋津以「韋」爲名，或變改曰黎陽及白馬之名。「圍」與「韋」，古字通。滑州又有韋城縣，漢白馬縣地，隋置。去大梁百有二十里。魏都也。按九域志：滑州至東京二百一十里。

苓

楊倞注：「苓，地名，未詳所在，或曰『苓』與『靈』同。漢書地理志常山郡有靈壽縣，今屬真定。松柏之塞，戴延之西征記：函谷是也。蓋趙樹松柏與秦爲界，今秦據有之。」按地理志：清河郡有靈縣。輿地廣記：靈縣，省入博州博平縣。

西海

地理志：「金城郡臨羌縣，西北至塞外，有西王母石室、僊海。」闞駰云：「西有卑和羌，即獻王莽地爲西海郡者。」始皇紀云：「地西至臨洮、羌中〔一七〕。」通典：「西海郡，肅州之北千二百里。」司馬錯曰：「利盡西海。」正義云：「西方羌戎。」索隱云：「謂蜀川。」

西羌

禹生自西羌。皇甫謐曰：「孟子稱禹生石紐，西夷人也。」今孟子無此語。括地志：「石紐山，在茂州汶川縣本冉駹國。西七十三里。蜀王本紀：禹，本汶山郡廣柔縣人，生於石紐。廣柔，隋改曰汶川。」秦宓曰：「禹生石紐，今之汶山郡是也。」輿地廣記：「綿州石泉縣，本漢廣柔縣地，唐屬茂州。有石紐山，禹之所生也。」

趙

蘇秦説趙肅侯曰：「當今之時，山東之建國莫强於趙。趙地方二千餘里，西有常山，南有河漳，東有清河，北有燕國。燕固弱國，不足畏也。秦之所害於天下者莫如趙，然而秦不敢舉兵伐趙者，何也？畏韓、魏之議其後也。然則韓、魏，趙之南蔽也。竊以天下之地圖案之，諸侯之地五倍於秦，料度諸侯之卒十倍於秦，六國爲一，并力西嚮而攻秦，秦必破矣。竊爲大王計，莫如一韓、魏、齊、楚、燕、趙以從親，以畔秦。令天下之將相會於洹水之上，通質，刳白馬而盟。要約曰：『秦攻楚，齊、魏各出鋭師以佐之，韓絶其糧道，趙涉河漳，燕守常山之北。秦攻韓、魏，則楚絶其後，齊出鋭師而佐之，趙涉河漳，燕守雲中。秦攻齊，則楚絶其後，韓守成皋，魏塞午道，趙涉河、博关，燕出鋭師以佐之。秦攻燕，則趙守常山，楚軍武關，齊涉勃海，韓、魏皆出鋭師以佐之。秦攻趙，則韓軍宜陽，楚軍武關，魏軍河外，齊涉清河，燕出鋭師以佐之。諸侯有不如約者，以五國之兵共伐之。』六國從親以擯秦〔一八〕，則秦甲必不敢出於函谷關以害山東矣〔一九〕。」

武靈王北略中山之地，至於房子，遂之代，北至無窮，西至河，登黄華之上。召樓緩謀曰：「我先王因世之變，以長南藩之地，屬阻漳、滏之險，立長城，又取藺、郭狼，敗林人於荏，而功未遂。今中山在我腹心，北有燕，東有胡，西有林胡、樓煩、秦、韓之邊，而無强兵之救。」

王謂公子成曰：「吾國東有河、薄洛之水，與齊、中山同之，無舟楫之用。自常山以至代、上黨，東有燕、東胡之境，而西有樓煩、秦、韓之邊。今無騎射之備，故寡人無舟楫之用，夾水居之民，將何以守河、薄洛之水，變服騎射，以備燕、三胡、秦、韓之邊。且昔者簡主不塞晉陽以及上黨，而襄主并戎取代以攘諸胡，此愚智所明也。先時，中山負齊之强兵，侵暴吾地，係累吾民，引水圍鄗，微社稷之神靈，則鄗幾於不守也〔三〇〕。先王醜之，而怨未能報也。今騎射之備，近可以便上黨之形，而遠可以報中山之怨。」

韓非子：「應侯謂秦王曰：弛上黨以臨東陽，則邯鄲口中蝨也。」

蘇厲爲齊遺趙王書曰：「燕盡齊之北地，去沙丘、鉅鹿斂三百里，韓之上黨去邯鄲百里，燕、秦謀王之河山，間三百里而通矣。秦之上郡近扞關，至於榆中者千五百里，秦以三郡攻王之上黨，羊腸之西，句注之南，非王有已。逾句注，斬常山而守之，三百里而通於燕，代馬、胡犬不東下，昆山之玉不出，此三寶者，亦非王有已。」

戰國策：「説張相國曰：趙萬乘之强國也，前漳、滏，右常山，左河間，北有代，帶甲百萬，嘗抑强秦四十餘年，而秦不得所欲。」

樂間對燕王曰：「趙，四戰之國也，其民習兵。」正義：「東鄰燕、齊，西邊秦、樓煩，南界韓、魏，北迫匈奴。」

韓非初見秦曰：「趙氏，中央之國也，雜民所居也。」趙居邯鄲，燕之南，齊之西，魏之北，韓之東，故曰中央，兼四國人，故曰雜。

常山

正義：「在鎮州西，定州恒陽縣北。」百四十里。地道記云：「在上曲陽縣即恒陽，今曲陽縣。西北百四十里，北行四百五十里得常山岋，號飛狐口，北則代郡也。」世家：「毋恤曰：從常山上臨代，代可取也。」括地志：「上曲陽故城，在定州曲陽縣西五里[二一]。」

河漳

正義：在潞州。地理志：「濁漳出上黨長子縣鹿谷山，今潞州長子縣發鳩山。東至鄴，入清漳。」清漳，出沾縣大黽谷，今平定軍樂平縣少山，東北入大河。蘇秦曰：「秦甲渡河逾漳，據番吾，則兵必戰於邯鄲之下矣。」括地志：「蒲吾故城，在鎮州房山縣東二十里[二二]。」言秦兵渡河，歷南陽，入羊腸，經澤、潞，度漳水，守蒲吾城，則與趙戰於都城下。趙世家：惠文王二十一年，「徙漳水武平西」；二十七年[二三]，「徙漳水武平南」。括地志：「武平亭，在瀛州文安縣北七十二里。」張儀曰：「秦、趙戰於河、漳之上，再戰而趙再勝。」「河」一作「清」。洺州有清漳縣。山海經：「少山，清漳水出焉。」郭璞曰：「至武安南，入濁漳。」

清河

今貝州，漢清河郡。張儀説趙曰：「秦告齊使，興師渡清河，軍於邯鄲之東。」水經：「清水東入于河，謂之清口，即淇河口也。淇水東北過廣宗縣東，爲清河。」地理志：清河水出魏郡内黄縣南。

洹水

正義：出相州林慮縣西北林慮山中。地理志注：「隆慮山在縣北。」洹水在相州北四里。項羽與章邯盟洹水南殷虛上。正義：「國都城記云：鄴縣城西南四十里有洹水。」輿地廣記：「相州臨漳縣，本鄴縣，後周分東北界置洹水縣。」省入大名府成安。山海經：「神囷之山，黄水出焉，東流注于洹。」隋圖經：「俗謂安陽河，即聲伯夢涉之所。」

雲中

正義：故城在勝州榆林縣東北四十七里。漢匈奴傳：「趙武靈王北破林胡、樓煩，自代並陰山下至高闕爲塞〔二四〕，置雲中、雁門、代郡。」雲中郡，今勝州單于府之地。趙世家：「武靈王二十六年，復攻中山，攘地北至燕、代，西至雲中、九原。二十七年，西北略胡地，欲從雲中、九原直南襲秦。」水經注：「虞氏記云：趙侯自五源河曲築長城，東至陰山。又於河西造大城，一廂不就，乃改卜陰山河曲。晝見群鵠游於雲中，光在其下，即其處築城，今雲中城是也。」唐志：「烏咄谷二百七里至古雲中城。」

午道

張儀説趙曰：「秦一軍塞午道。」索隱曰：「當在趙之東，齊之西。」鄭玄云：「一縱一横爲午，謂交道也。」鮑氏曰：「長安有子午谷，北山是子，南山是午，爲子午道，則午道，秦南道也，塞之使不得通。」

博關　正義：涉貝州南河至博陵。今博州博平縣，漢屬東郡。張儀説齊曰：「悉趙兵渡清河，指博關，臨菑、即墨非王之有也。」輿地廣記：「博州，戰國屬齊、趙、衛三國之交。」徐廣曰：「齊威王六年，晉伐齊至博陵。」

勃海　正義：「齊從滄州渡河，至瀛州。」溝洫志：「河出昆侖，經中國，注勃海。」漢置勃海郡，後魏置滄州。春秋釋例云：「海自遼西、北平、漁陽、章武、渤海、樂陵、樂安、北海、東萊、城陽、東海、廣陵、吴郡、會稽十四郡之東界以東。」

河外　索隱謂陜及曲沃等處。正義謂同、華州。張儀説齊曰：「梁效河外。」索隱云：「河之南邑，若曲沃、平周等。」説趙曰：「秦驅韓、梁軍於河外。」正義謂鄭、滑州，北臨河。

中山　春秋時爲鮮虞。定四年，傳：「中山不服。」中山之名乃始見于此。大事記：「威烈王十二年，中山武公初立。」索隱曰：「中山，古鮮虞國，姬姓。」魏文侯使樂羊伐取之。及武侯之世，趙世家書「與中山戰于房子」，是時蓋已復國。其後與諸國並稱王，其勢又强矣。廣記：「中山府安喜縣，古中山國。」新樂縣，古鮮虞國。李公緒趙記云：「鮮虞，姬姓，春秋之末曰中山。」

房子

縣，屬趙州，唐改爲臨城。郡縣志：「故城在高邑縣西南十五里〔二五〕。」穆天子傳曰：「至房子，登贊皇山。」漢屬常山郡。

代

北狄之别也。世家曰：「翟犬者〔二六〕，代之先也。」匈奴傳：「趙襄子逾句注而破并、代，以臨胡貉。」正義：「代郡城，北狄代國，秦、漢代縣城也，在蔚州羌胡縣當作飛狐。北百五十里。」輿地廣記：「蔚州，本代國〔二七〕，在常山之北。趙襄子定代地，及武靈王，置代郡。」趙有代、句注之北，與戎界邊。

無窮

戰國策：「武靈王破原陽，以爲騎邑。牛贊進諫王曰：昔者先君襄王與代交地，城境封之，名曰無窮之門，所以昭後而期遠也。」

黄華

正義：「蓋西河側之山名。」水經注：「隆慮縣有黄水，出于神囷山黄華谷北崖。」相州林慮縣，本漢隆慮。隋圖經：「黃花水出隆慮縣西北崖上，高十七里，去地七里，懸水東南，注壑巖下，其谷號黃花谷。」劉劭趙都賦：「置酒乎黃華之館。」

漳、滏

通典：「相州滏陽縣有漳河、滏水。」今屬磁州。郡國志：「鄴有滏水。」劉劭趙都賦：「滏水「清漳發源，濁滏汨越，湯泉涫沸，洪波漂厲(二八)。」戰國策：「吳起曰：殷紂之國，左孟門而右漳、滏。」文選注：「滏水熱，若出於釜，因名焉。」郡縣志：「滏水，出磁州滏陽縣西北四十五里鼓山(二九)，亦名滏山(三〇)。泉源奮湧，若滏水之湯湯，故以滏名之。八陘第四曰滏口陘，山嶺高深，實爲險阨。」淮南墜形訓：「清漳出楬戾，濁漳出發包，釜出景。」注：二漳合流，經魏郡，入清河。景山在邯鄲西南，滏水所出。山海經：「神囷之山，滏水出焉，東流注于歐水。」注：「滏水，今出臨水縣西釜口山，經鄴西北至列人縣，入于漳。其水熱。」魏都賦：「北臨漳、滏，則冬夏異沼。」水經注：「出石鼓山南巖下，冬温夏冷，東流注于漳，又謂之合河。」

長城

世家：「肅侯十七年。築長城。」括地志：「武靈王長城，在朔州善陽縣北。」按：此所謂立長城者，在武靈王之前。

藺、郭狼

地理志：西河郡有藺、皋狼二縣。戰國策：「知伯之趙，請蔡、皋狼之地，襄子弗與。」鮑氏云：「蔡當作藺。」世家：「成侯三年，魏敗我藺。二十四年，秦攻我藺。肅侯二十二年，秦取我藺、離石。」

離石屬西河，今石州。魏世家：「武侯敗趙北藺。」正義云：「在石州，趙之西北。」郭狼疑是臯狼。孟增幸於周成王，是爲宅臯狼，蓋成王居之於臯狼。

林人、林胡、樓煩

正義：「林人，即林胡也。」匈奴傳：「晉北有林胡、樓煩之戎。」如淳曰：「林胡，即澹林，爲李牧所滅。」括地志：「朔州地。」馮唐曰：「李牧破東胡，滅澹林。」李牧傳云：「滅襜襤，破東胡，降林胡。」則襜襤非林胡也。地理志：樓煩縣屬鴈門。應劭云：「故樓煩胡也。」故城在代州崞（音郭）縣東北〔三二〕。趙世家：「主父行新地，出代，西遇樓煩王於西河而致其兵。」

東胡

正義：「趙東有瀛州之東北。營州之境即東胡、烏丸之地。」服虔云：「後爲鮮卑，在匈奴東，故曰東胡。」匈奴傳：「燕北有東胡。周書已有東胡。其後，燕將秦開襲破之。」括地志云：「漢初，冒頓滅其國，餘保烏丸山，因以爲號。」山海經：「東胡在大澤東。」

西邊

正義云：「林胡、樓煩，即嵐、勝之北也。嵐、勝以南，石州、離石、藺等，七國時趙邑邊也，秦隔河也。晉、洺、潞、澤等州，皆七國時韓地，爲並趙西境也。」

河、薄洛之水

徐廣云：「安平經縣西有漳水津，名薄洛津。」水經注：「漳水又歷經縣故城西，水有故津，謂之薄落津〔三二〕。」按：漢信都國，安帝更名安平。通典：「貝州經城縣，漢經縣也。」本朝省入大名府宗城縣。袁紹在薄落津。

上黨

地理志：「本韓之别郡也，遠韓近趙，後卒降趙〔三三〕。」韓非初見秦曰：「代四十六縣，上黨十七縣。」廣記云：「秦上黨郡，今澤、潞、遼州、平定、威勝軍之地。」

三胡

索隱云：「林胡、樓煩、東胡。」

晉陽

漢太原郡所治，龍山在西北，晉水所出。北齊分晉陽置龍山縣。隋開皇十年，改龍山曰晉陽，而以古晉陽縣爲太原縣。隋、唐地理志所謂晉陽縣，乃古龍山縣；所謂太原縣，乃古晉陽縣。自北漢劉氏以前，郡治太原、晉陽二縣。太平興國四年，王師下北漢，徙州治陽曲縣。本漢狼盂縣地，而空其故城。郡縣志：「太原府城中又有三城，其一曰大明城，即古晉陽城也。左傳言董安于所築。晉陽故宫，一名大明宫，在州城内。」

鄗

郡縣志：「漢以爲縣，屬常山。武靈王三年城鄗。光武即位於鄗南千秋亭五成陌，因改曰高邑。高齊移高邑於漢房子縣東北，今高邑縣是也。隋於漢鄗城南十八里改置柏鄉縣，屬趙州。故城，柏鄉縣北二十一里。」輿地廣記：「趙州高邑縣，左傳哀四年，齊國夏伐晉，取鄗，即此。」鄗，音呼各反〔三四〕。趙世家：「武靈王二十一年，攻中山，王軍取鄗、石邑、封龍、東垣。中山獻四邑和。」孫氏曰：「騎兵始於戰國之初，武靈王胡服騎射，全用匈奴之俗，而古法于是大變。」春秋正義曰：「古者馬以駕車，六國之時始有單騎。曲禮云前有車騎者，漢世書耳。」左傳「左師展將以公乘馬而歸」，此騎馬之漸。戰國策：「王破原陽，以爲騎邑。」吕氏曰：「胡服騎射，蓋始教一邑，然後偏行之於境内。」漢地理志：雲中郡原陽縣。

東陽

左傳：「趙勝帥東陽之師以追齊。」杜氏注：「東陽，晉之山東，魏郡、廣平以北。」戰國策：「國子曰：兼魏之河南，絶趙之東陽，則趙、魏亦危矣。」地理志：「清河郡有東陽縣。」輿地廣記：「恩州歷亭縣漳南鎮，本漢東陽縣，隋改漳南，唐屬貝州。」

沙丘、鉅鹿

殷紀：「紂益廣沙丘苑臺。」括地志：「沙丘臺，在邢州平鄉東北二十里。」地理志〔三五〕：「趙、中山地薄人衆，猶有沙丘紂淫亂餘民。」正義：「沙丘，邢州也；鉅鹿，冀州也；括地志：鉅鹿，邢州平鄉縣城。齊北界，貝州也。言破齊滅韓之後，燕之南界，秦之東界〔三六〕，相去減三百里，趙在中間也。」吕氏春秋「九藪」，趙之鉅鹿。注：「今鉅鹿廣阿澤。」廣記：「邢州鉅鹿縣有禹貢大陸澤。」地理志：「鉅鹿縣，大陸澤在北，紂所作沙丘臺在東北七十里〔三七〕。」應劭曰：「鹿林之大者。」十三州志：「唐虞時大麓之地。」

上郡

正義：「鄜、延等州。」通典：「今綏、鄜、銀、麟、夏、坊、延、丹等州地。」括地志：「故城在綏州上縣通典：龍泉縣。東南五十里。」秦惠文十年，魏納上郡十五縣。廣記云：「上郡，今麟、延安、丹、坊、鄜、銀、夏、綏德、保安之地。」

扞關

呂氏云：「扞者，扞敵之扞，非關名也。趙之扞關，陸道之關也。楚之扞關，水道之關也。」楚肅王四年，爲扞關以距蜀。

楡中

武靈王二十年，西略胡地至楡中。戰國策：「王胡服，率騎入胡，出於遺遺之門，逾九限之固，絶五徑之險，至楡中，辟地千里。」括地志：「楡中，勝州所治楡林縣。」正義：「勝州北河北岸。」地理志金城郡有楡中縣。通典：「故城在蘭州五泉縣東〔三八〕。」伍被傳：「廣長楡，開朔方。」注：「長楡，在朔方，即衛青傳所云楡谿舊塞，或謂之楡中。」秦始皇紀：「西北斥逐匈奴，自楡中並河以東，屬之陰山，以爲三十四縣。」項羽傳云：「蒙恬爲秦將，北逐戎人，開楡中地數千里。」注「在上郡」，即今之楡林。廣記：「楡林縣南有楡溪塞，即蒙恬侵胡，植楡爲塞是也。」東有楡林關，隋開皇三年置。衛青傳：「按：楡溪舊塞。」索隱：「水經云上郡北有諸次山，諸次水出焉，東經榆林塞爲榆谷〔三九〕。」正義：「今榆林縣東四十里。」東北臨河。枚乘曰：「秦北備榆中之關。」

邯鄲

趙世家：「敬侯元年，始都邯鄲。」地理志：「自中牟徙此。邯鄲北通燕、涿，南有鄭、衛，漳、河之間一都會也。」張晏曰：「邯鄲山在東城下。」縣屬趙國，今屬磁州，有叢臺，趙王故臺也。

戰國策：「馮忌曰：武安君乘七勝之威，與馬服之子戰于長平之下，因以餘兵圍邯鄲。趙以亡敗之餘衆，而秦罷於邯鄲之下，趙守而不可拔，攻難而守者易也。」

羊腸

魏世家：「如耳曰：昔者魏伐趙，斷羊腸，拔閼與，約斬趙，趙分而爲二，所以不亡者，魏爲從主也。」蔡澤謂應侯曰：「君相秦，坐制諸侯，決羊腸之險，塞太行之道。」正義云：「太行山坂道名，南屬懷州，北屬澤州。」呂氏春秋「九山」之一也，盤紆如羊腸。秦上黨郡，今澤、潞、儀、沁四州之地，兼相州之半，韓總有之。至七國時，趙得儀、沁二州之地，韓猶有潞州及澤州之半，半屬趙、魏。沁州在羊腸坂之西，儀、并、代三州在句注山之南。秦以三郡攻趙之澤、潞，則句注之南趙無地。淮南子注云：「説苑：桀之居，伊闕在其南，羊腸在其北。今太原晉陽西北九十里，通河西上郡，關曰羊腸坂是。」通典：「太原府陽曲縣有乾燭谷，即羊腸坂。」後漢鄧訓傳注：「石磴縈委，若羊腸焉。今嵐州界羊腸坂是也。」

隋煬帝登太行山，問崔賾曰：「何處有羊腸坂？」對曰：「案漢書地理志，上黨潞州壺關縣有羊腸坂。」帝曰：「不是。」又答曰：「案皇甫士撰地書云，太原北九十里有羊腸坂。」帝曰：「是也。」戰國策：「説秦王曰：西攻修武，逾羊腸，降代、上黨。」郡縣志：「羊腸山，在太原府交城縣東南五十三里。」

句注

正義：「句注山，音章句之句，一音鉤。在代州鴈門縣西北四十里。」郡縣志：「在朔州鄯陽縣東八十里，代州鴈門縣西北三十里，一名西陘山。」呂氏春秋「九塞」之一也。地理志在鴈門陰館縣。劉劭趙都賦：「其近，則有天井、句注、飛狐、太行，璀錯礫硌，屬皐連岡。」劉敬傳：「漢兵已逾句注。」蘇厲曰：「齊反巠分、先俞於趙。」正義：「巠音邢，分當作山。」括地志：「句注山，一名西陘山。」俞音戍。爾雅云「西隃鴈門」，是也。郭氏注云：「西逾即鴈門山。」按：「西」、「先」聲相近，蓋陘山、西隃二山並在代州鴈門縣，皆趙地。趙世家：「襄子北登夏屋。」括地志：「夏屋山，一名賈屋山，在代州鴈門縣東北三十五里。與句注山相接，蓋北方之險，亦天下之阻。」鴈門縣，本漢廣武。地理志：賈屋山在太原廣武縣北。匈奴傳：「趙襄子逾句注而破并、代。」漢文紀：「蘇意爲將軍屯句注。」郡國志注：「爾雅八陵西隃鴈門是也。」張儀説燕曰：「昔趙襄子欲并代，與代王遇於句注之塞。」郡縣志：「晉咸寧元年句注碑曰：蓋北方之險，有盧龍、飛狐，句注爲之首，天下之阻，所以分别外内也。」

河間

瀛州。地理志注：「在兩河之間。」戰國策：「趙王曰：秦下甲攻趙，趙賂之以河間十二縣。」

校勘記

〔一〕北有胡貉代馬之用　「胡貉」，原作「胡貊」，據元本、遞修本、庫本、浙本及戰國策卷三秦策一蘇秦始將連横改。

〔二〕大王之國　元本、遞修本、浙本作「大國之地」，戰國策卷六秦策四物至而反、史記卷七八春申君列傳亦作「大國之地」。

〔三〕王又割濮磨之北　「磨」，戰國策卷六秦策四物至而反同，史記卷七八春申君列傳作「磿」。

〔四〕則從竟陵以東盡城守矣　「竟陵」，史記卷七〇張儀列傳作「則從境以東盡城守矣」。

〔五〕北接漢中　「北」原脱，據元和郡縣圖志卷三三渝州補。

〔六〕此道在二殽之間南谷中　「此」，原作「北」，據元本、遞修本、浙本及左傳僖公三十二年杜預注改。

〔七〕隋大業元年廢二崤道　「二崤道」，原作「三崤道」，元本、遞修本作「二崤道」。資治通鑑卷一八〇大業元年三月丁未「廢二崤道，開葼册道」，據改。

〔八〕東西十五里絶岸壁立崖上柏林陰谷中　原作「上東西十五里絶岸壁立岩柏陰蔭谷中」，元本、遞修本作「東西十五里絶岸壁立崖上柏林陰谷中」，元和郡縣圖志卷六靈寶縣同，據改。

〔九〕陪以甘泉　「陪」，原作「培」，據元本、遞修本、浙本及後漢書卷四〇上班固傳改。

〔一〇〕史記　元本、遞修本、浙本作「史記大事記」。按：事見史記卷二二漢興以來將相名臣年表。

〔一一〕西都賦右界隴首　原作「論都賦置列汧瀧」，元乙本、遞修本「西都賦」後字不清，浙本作「西都賦右界褒斜隴首之險」，據元本改。

〔一二〕入河　「河」，原作「汀」，據元本、遞修本、浙本及漢書卷二八下地理志下改。

〔一三〕故桃城在滑州胙城縣東三十里　「滑州」，原作「胥州」，據元本、遞修本、浙本改。

〔一四〕漢歷縣城在觀州蓨縣西南四十六里　「觀州」，原作「滄州」。元和郡縣圖志卷一七德州蓨縣：「隋開皇三年廢渤海郡，屬冀州。五年，改脩縣爲蓨縣，屬觀州。皇朝武德初亦屬觀州，貞觀十七年觀州廢，改屬德州。」據改。

〔一五〕江中有沙陽洲　「沙陽洲」，原作「沙陽州」，據元本、遞修本、浙本及水經江水注改。

〔一六〕圍與韋同　原作「韋與圍同」，據元本、遞修本及史記卷五四曹相國世家索隱乙正。

〔一七〕地西至臨洮羌中　「羌中」，原作「羌」，「中」字處空白，元本作「羌中」，浙本作「羌戎」，史記卷六秦始皇本紀「西至臨洮、羌中」，據補。

〔一八〕六國從親以擯秦　「擯」，庫本、浙本及戰國策卷一九趙策二蘇秦從燕之趙始合從同，元本、遞修本及史記卷六九蘇秦列傳作「賓」。

〔一九〕則秦甲必不敢出於函谷關以害山東矣　「函谷關」，庫本及戰國策卷一九趙策二蘇秦從燕之趙始合從同，元本、遞修本、浙本及史記卷六九蘇秦列傳作「函谷」。

〔二〇〕則鄗幾於不守也　「鄗」，原作「郭」，據元本、遞修本、浙本及史記卷四三趙世家改。

〔二一〕在定州曲陽縣西五里　「曲陽縣」，各本同。曲陽縣原名恒陽，唐開元中改名，括地志原文當爲「恒陽縣」，史記卷五四曹相國世家正義引括地志作「上曲陽，定州恒陽縣是」，即是。

〔二二〕在鎮州房山縣東二十里　「鎮州」，各本同。賀次君括地志輯校：「按唐井州，武德元年置，貞觀十七年廢，舊領井陘、房山、鹿泉、靈壽四縣。括地志序略有井州，此四縣應屬之。」所言是。括地志成書於貞觀十六年，貞觀十七年廢井州。後置恒州，又改名鎮州。因此，括地志原文當作「井州」。

〔二三〕二十七年　原作「二十六年」，史記卷四三趙世家載此事在二十七年，據改。

〔二四〕自代並陰山下至高闕爲塞　「高闕」，原作「高闞」，據元本、遞修本、浙本及漢書卷九四上匈奴傳上改。

〔二五〕故城在高邑縣西南十五里　「十五里」，原作「五十里」，元本、遞修本、浙本作「十五里」。元和郡縣圖志卷一七趙州高邑縣：「房子故城，在縣西南十五里。本漢房子縣也。」太平寰宇記卷六〇趙州高邑縣：「房子故城，在縣西南十五里，本漢房子縣也。」據改。

〔二六〕翟犬者　「翟犬」，原作「翟戎」，據元本、遞修本、浙本及史記卷四三趙世家改。

〔二七〕本代國　「代國」，輿地廣記卷一九蔚州爲「代地」。

〔二八〕洪波漂厲　「漂」，原作「飄」，元本、遞修本、浙本作「漂」。藝文類聚卷六一所録劉劭趙都賦亦作「漂」，據改。

〔二九〕出磁州滏陽縣西北四十五里鼓山　「四十五里」，原作「四十二里」，據元本、遞修本及元和郡縣圖志卷一五磁州滏陽縣改。

〔三〇〕亦名滏山　「滏山」，原作「釜山」，據元本、遞修本及元和郡縣圖志卷一五磁州滏陽縣改。

〔三一〕故城在代州崞（音郭）縣東北 「崞縣」，原作「焞縣」，據元本、遞修本、庫本、浙本及新唐書卷三九地理志三改。

〔三二〕謂之薄落津 「薄落津」，原作「薄洛津」，據元本、水經濁漳水注改。

〔三三〕遠韓近趙後卒降趙 「遠韓近趙」與「後卒降趙」之間，原空四格，元乙本爲「一一一一」，庫本上下兩句直接相連。漢書卷二八下地理志下：「上黨，本韓之別郡也，遠韓近趙，後卒降趙，皆趙分也。」是不當有空格，據改。

〔三四〕音呼各反 「各」，元乙本、遞修本、浙本作「谷」。

〔三五〕地理志 「地理志」，原作「地里志」，據元本、遞修本、庫本、浙本及漢書卷二八地理志改。

〔三六〕秦之東界 「東界」，原作「北界」，史記卷四三趙世家正義作「東界」，據改。

〔三七〕紂所作沙丘臺在東北七十里 「沙丘臺」，原作「沙臺」，據元本、遞修本、浙本及漢書卷二八上地理志上補。

〔三八〕故城在蘭州五泉縣東 「故城」，元本、遞修本作「縣故城」。

〔三九〕東經榆林塞爲榆谷 「榆谷」，史記卷一一一衛將軍驃騎列傳索隱作「榆谿」。

通鑑地理通釋卷之九

七國形勢攷中

魏

蘇秦說魏襄王曰：「大王之地，南有鴻溝、陳、汝南、許、郾、昆陽、召陵、舞陽、新都、新郪，東有淮、潁、煮棗、無胥，西有長城之界，北有河外卷、衍、酸棗，地方千里。地名雖小，然而田舍廬廡之數，曾無所芻牧。人民之衆，車馬之多，日夜行不絶，輷輷殷殷，若有三軍之衆。臣竊量大王之國不下楚。」

說趙曰：「秦之攻韓、魏也，無有名山大川之限，稍蠶食之，傳國都而止〔一〕。」

衛鞅曰：「魏居嶺阨之西，都安邑，與秦界河而獨擅山東之利。」

張儀說魏王曰：「魏地四平，諸侯四通輻輳，無名山大川之限。從鄭至梁二百餘里，車馳人走，不待力而至。梁南與楚境，西與韓境，北與趙境，東與齊境，卒戍四方，守亭鄣者不下十萬。梁之地勢，固戰場也。梁南與楚而不與齊，則齊攻其東；東與齊而不與趙，則趙攻其北；不合於韓，則韓攻其西；不親於楚，楚攻其南：此所謂四分五裂之道也。」

蘇代約燕王曰：「秦正告魏曰：我舉安邑，塞女戟，韓氏太原卷。我下軹，道南陽封、冀，包兩周，乘夏水，浮輕舟，强弩在前，錟戈在後〔二〕，決滎口，魏無大梁；決白馬之口，魏無外黄、濟陽；決宿胥之口，魏無虚、頓丘。陸攻則擊河内，水攻則滅大梁。魏氏以爲然，故事秦。」

魏安釐王以秦救之故，欲親秦而伐韓，以求故地。無忌謂魏王曰：「秦與戎翟同俗，有虎狼之心，貪戾好利無信，不識禮義德行。苟有利焉，不顧親戚兄弟，若禽獸耳，此天下之所識也。今韓氏以一女子奉一弱主，内有大亂，外交强秦、魏之兵，王以爲不亡乎？韓亡，秦有鄭地，與大梁鄰，王以爲安乎？王欲得故地，今負强秦之親，王以爲利乎？秦非無事之國也，韓亡之後，必將更事，更事必就易與利，就易與利必不伐楚與趙矣。是何也？夫越山踰河，絶韓上黨而攻强趙，是復閼與之事。秦必不爲也。若道河内，倍鄴、朝歌，絶漳、滏水，與趙兵決於邯鄲之郊，是智伯之禍也。秦又不敢。伐楚，道涉谷，行三千里，而攻冥阸之塞〔三〕，所行甚遠，所攻甚難，秦又不爲也。若道河外，倍大梁，右蔡，左召陵，與楚兵決於陳郊，秦又不敢。故曰秦必不伐楚與趙矣，又不攻衛與齊矣。夫韓亡之後，兵出之日，非魏無攻已。秦固有懷、茅、邢丘、安城、垝津以臨河内，河内共、汲必危。有鄭地，得垣雍，決滎澤水灌大梁，大梁必亡。王之使者出，過而惡安陵氏於秦，秦之欲誅之久矣。秦葉陽、昆陽與舞陽、高陵鄰〔四〕，聽使者之惡之，隨安陵氏而亡之，繞舞陽之北，以東臨許，南國必危，國無害已？夫憎韓不愛安陵氏可也，夫不患秦之不愛南國非也。異日者，秦在河西，晉國去梁千里，有河山以闌之，有周、韓以間之。從林鄉軍以至于今，秦七攻魏，五入囿中，邊城盡拔，文臺墮，垂都焚，林木伐，麋鹿盡，而國繼以圍。又長驅梁北，东至陶、衛之郊，北至平監，所亡於秦者，山南山北，河外河内，大縣數十，名都數百。秦乃在河西，晉去梁千里，而禍若是矣。又況於使秦無韓有鄭地，無河山而闌之，無周、韓而間之，去大梁百里，禍必百此矣。」吕氏曰：「信陵君之言，深切綜練，識天下之大勢，使魏王能用其計，糾率楚、趙竭力助韓，則韓不至於失上黨，趙不至於敗長平，六國亦不至爲秦所吞矣。」

鴻溝

河渠書：「滎陽下引河東南爲鴻溝，以通宋、鄭、陳、蔡、曹、衛，與濟、汝、淮、泗會於楚〔五〕。」索隱云：「楚、漢中分之界。」文穎云：「即今官渡水也，蓋爲二流：一南經陽武，縣〔六〕，今屬東京。爲官渡水；一東經大梁城，即鴻溝〔七〕，今之汴河是也。」正義：「應劭云：在滎陽東南二十里。張華云：大梁城在浚儀縣，此縣西北，渠水東經此城南，又北屈分爲二渠。其一渠東南流，始皇鑿，引河水以灌大梁，謂之鴻溝，楚、漢會此處也。程氏曰：鴻溝之名，蘇秦固嘗言之，不待始皇乃有也。其一渠東經陽武縣南，爲官渡水。」張洎云：「大禹於滎澤下分大河，爲陰溝，引注東南，以通淮、泗。至大梁浚儀縣西北，復分爲二渠：一渠東經陽武縣中牟臺下，爲官渡水；一渠始皇疏鑿，以灌魏都，謂之鴻溝，莨菪渠自滎陽五池口東注之。其鴻溝即出河之溝，亦曰莨菪渠。」地理志：「滎陽縣，汴水在西南，有狼湯渠，首受泲，東南至陳入潁。陳留縣，魯渠水首受狼湯渠〔八〕，東至陽夏入渦。浚儀縣，睢水首受狼湯水，東至取慮入泗。」郡國志：「滎陽有鴻溝水。」正義云：「歷浚儀南。」晉志：「浚儀有鴻溝。」輿地廣記：「鄭州滎陽縣有鴻溝在西，楚、漢中分天下處。東京開封縣，有汴河，蓋古莨菪渠也。祥符縣，本大梁。竹書紀年云：梁惠王三十一年，爲大溝於此郛，以行圃田之水。縣北有浚水，像而儀之，故謂之浚儀。中牟縣北十二里有中牟臺，是爲官渡城。」水經注：「禹塞滎澤，開渠以通淮、泗。」胡氏曰：「據後漢書，則平帝時已有汴渠，史曰渠堤。自滎陽而東，則上疑其爲鴻溝〔九〕，下疑其爲官渡者，恐未得其要。官渡，直黃河也，故曹、袁相距〔一〇〕。沮授曰：悠悠黃河，吾其濟乎？汴渠自西而東，鴻溝乃橫亘南北。」史記將相表：「高帝四年，與楚界洪渠。」即鴻溝也。水經注：「尉氏縣有鴻溝鄉、鴻溝亭。」

陳、汝南

陳國，楚滅爲縣。頃襄王自郢徙都，兼爲魏境。今陳州。

汝南，春秋時屬沈、蔡，戰國屬楚、魏，漢置汝南郡。今蔡州。地理志：「魏南有汝南之召陵、濦强、新汲、西華、長平。」

許、郾鄢。

許，本許國，漢爲潁川許縣，魏改曰許昌。今省入潁昌府長社縣許田鎮。

郾，戰國策作「鄢」。楚昭陽伐魏，取郾。漢屬潁川。唐郾城縣屬蔡州，今屬潁昌府。

鄢，春秋：「鄭伯克段于鄢。」鄭語八邑，有鄢。周語注：「妘姓之國，爲鄭武公所滅。」漢陳留有傿縣。應劭曰：「鄭伯克段於傿，是也。」後漢鄢屬梁國。又晉敗楚鄢陵，漢潁川有傿陵縣。注曰：「六國曰安陵」，今東京鄢陵縣也。二縣當有別，而傳、注雜而言之。括地志：「鄢陵故城，在許州鄢陵縣西北十五里。」張儀謂魏王曰：「楚破南陽九夷，內沛，許、鄢陵危。」韓世家：「秦伐敗我鄢。」郡縣志：「故鄢城，在宋州寧陵縣南五十三里。漢之鄢縣。鄭伯克段於此。」寧陵，本朝屬拱州。

昆陽

漢屬潁川。應劭曰：「昆水出南陽。」南陽魯陽有昆水，東南至定陵入汝。汝州葉縣北二十五里有昆陽城，光武破尋邑之所。

召陵

漢屬汝南，即齊桓公伐楚次于召陵。括地志：「故城在豫州即蔡州。郾城縣東四十五里。」今屬潁昌府。秦紀：「惠王十四年，伐楚，取召陵。」

舞陽 漢屬潁川。應劭曰：「舞水出南。」樊噲所封。唐屬許州。括地志：「故城在許州葉縣東十里。」今縣屬潁昌府。

新都 漢屬南陽。郡國志：「新野縣有東鄉，故新都。王莽封。」今新野省入鄧州穰縣。

新鄛 漢屬汝南。索隱：「即鄛丘。」故城在潁州汝陰縣西北。見上。

淮、潁 二水名。地理志：「淮水出南陽平氏縣今唐州桐柏縣。桐柏大復山。潁水出潁川陽城縣今河南府登封縣。陽乾山。」正義云：「淮陽、潁川二郡。」

煮棗 徐廣曰：「在宛句。」輿地廣記：「興仁府曹州冤亭縣有故煮棗城。」樊噲從攻項籍，屠煮棗。晉灼曰：「地理志無也。清河有煮棗城，功臣表有煮棗侯。」顏師古曰：「既云攻項籍，則其地當在大河之南，非清河之城。」田齊世家：「蘇代謂田軫曰：客有言曰，魏王謂韓馮、張儀曰：煮棗將拔，齊兵又進。子來救寡人則可矣。」正義：「煮棗故城在冀州信都縣東北五十里〔一一〕。」漢革朱國。故老傳云：六國時，於此煮棗油。今按：蘇秦謂東有煮棗，當從徐廣之説〔一二〕。冤句縣，漢屬濟陰，一作宛朐。大觀二年，改冤亭。郡國志冤句有煮棗城。水經注：「北濟自濟陽縣北，東北逕煮棗城南。」

無胥

地闕。戰國策：「東有淮、潁、沂、黄、煮棗、海鹽、無疏。」鮑氏云：「沂水出泰山蓋縣沂州新泰縣。艾山。黄，即陳留外黄。在東京雍丘縣〔一三〕。戰國策：韓氏圍黄。海鹽，未詳。解州解、安邑有鹽池。」地理志：「河東安邑，鹽池在西南〔一四〕。」左傳：「郇、瑕氏之地，近鹽。」注云：「猗氏縣鹽池是。」山海經「景山南望，鹽販之澤」，即解縣鹽池也。水經注：「周穆王、漢章帝並幸安邑，觀鹽池。」

長城

徐廣曰：「滎陽卷縣有長城，經陽武縣，屬東京。到密。」秦紀：「魏築長城，自鄭濱洛以北，有上郡。」正義：「鄭，華州縣。洛，漆、沮也。」魏世家：「惠王十九年，築長城，塞固陽。」以備秦及西戎。稒陽〔一五〕，漢屬五原郡。括地志：「漢舊縣，在銀州銀城縣界〔一六〕。」正義：「按：魏築長城，自鄭濱洛，北達銀州〔一七〕，至勝州固陽縣爲塞也。固陽有連山，東至黄河，西南至夏、會等州。」水經注：「濟瀆又東逕陽武縣故城北，又東絶長城。」竹書紀年：「梁惠成王十二年，龍賈帥師築長城于西邊。」

河外

正義謂河南地。按晉語「入河外，列城五」，注云河東也。晉以河東爲河外。魏以河南爲河外。張儀説魏王曰：「秦下兵攻河外，據卷、衍、酸棗。」説齊曰：「梁效河外。」索隱謂：「河外，河之南邑，若曲沃、平周等。」魏世家：「秦復予我河外。」無忌率五國兵攻秦，敗之河外。蘇秦説趙曰：「魏弱，則割河外。」

卷、衍

正義：「卷城在鄭州原武縣西北七里。」漢河南有卷縣。輿地廣記：「故城在原武縣東。」衍在鄭州，亦曰衍氏。後漢注：「卷故城在原武縣西北。」蘇秦説趙曰：「據衛，取淇、卷，則齊必入朝秦。」

酸棗

漢屬陳留。以棘名邦。魏世家：「文侯三十二年，伐鄭，城酸棗。」取鄭地而城之也。唐屬滑州，今屬東京。漢文帝時，河决金堤，即此。有酸棗臺。括地志：「故城在縣北十五里古酸棗縣南。」水經注：「竹書紀年曰：魏襄王十年，大霖雨，疾風，河水溢酸棗郛（一八）。漢世塞之。」説苑：「翟黄曰：酸棗無令，臣進北門可，而魏無齊憂。」郡縣志：「故城在縣西南十五里。」

梁、大梁

地理志：「陳留郡浚儀，故大梁。」魏惠王自安邑徙此，號曰梁。今東京祥符縣。魏世家：「惠王三十一年，秦用商君，東地至河，而齊、趙數破我，安邑近秦，於是徙治大梁。」水經注：「大梁城，本春秋之陽武高陽鄉，於戰國爲大梁。周梁伯之居。竹書紀年：梁惠成王九年四月甲寅，徙邦于大梁。」酈食其曰：「陳留，天下之衝，四通五達之郊也。」太史公曰：「吾適故大梁之墟，墟中人曰：秦之破梁，引河溝而灌大梁。三月城壞，王請降，遂滅魏。」王假元年。又曰：「吾過大梁之墟，求問其所謂夷門。夷門者，城之東門也。」張儀説魏，史記云「從鄭至梁二百餘里」，戰國策云「從鄭至梁不過百里，從陳至梁二百餘里」。按九域志：鄭州至東京一百四十里，陳州至東京二百四十五里，當以國策爲正。又曰：「卒戍四方，守亭障者參列，粟糧漕庾，不下十萬。」鮑氏謂他國或有山川闕塞，唯梁無之，皆以卒戍守。本朝都大梁，太祖欲西遷洛陽，據山河之固，曰：「不出百年，民力殫矣。」後山陳氏謂：「開封無山川之阻，爲四戰之地，故太祖以兵爲衛，畿内常用十四萬人。」

安邑

郡縣志：「故城在陝州夏縣東北十五里。禹所都。」地理志：「河東安邑，魏絳自魏徙此，至惠王徙大梁。」唐屬河中府，今屬解州。魏世家：「武侯二年，城安邑。」秦紀：「昭王二十一年，魏獻安邑。」以爲河東郡。汾水可以灌安邑。正義云：「安邑在絳州夏縣，本魏都。汾水東北歷安邑，西南入河。」戰國策：「城渾曰：蒲坂、平陽，相去百里。秦人一夜而襲之，安邑不知。」國子曰：「安邑者，魏之柱國也。晉陽者，趙之柱國也。鄢郢者，楚之柱國也。」柱國，都也。

女戟　劉伯莊曰：「蓋在太行山之西。」戰國策：「蘇代謂齊王曰：秦舉安邑而塞女戟，韓之太原絶。」韓氏，索隱云：「韓國宜陽也。」太原，劉伯莊云「當爲太行」。索隱云：「『太』，衍字，『原』當爲『京』。京屬滎陽。」

軹　索隱云：「河内軹縣。」水經注：「竹書紀年：梁惠成王十三年，鄭釐侯使許息來致地，平丘、户牖、首垣諸邑，及鄭馳地，我取枳道與鄭鹿。」戰國策：「蘇代曰：秦下軹道、南陽而伐魏，絶韓，包二周。」蘇厲曰：「齊反温、軹、高平於魏。」輿地廣記：「漢軹縣，屬河内。唐貞觀元年省入孟州濟源縣。故城在縣東南。」正義：「軹在懷州濟源縣南三十里。」後屬孟州。聶政，軹深井里人。秦紀：「昭王十六年，左更錯取軹。」唐地理志：「濟源縣西有故軹關。」蘇秦説趙曰：「秦下軹道，則南陽危。」

南陽

地理志：「河内郡脩武。」應劭云：「晉始啓南陽，今南陽城是也。秦改曰脩武。」水經注：「脩武，故甯，亦曰南陽。馬季長曰：晉地自朝歌以北至中山爲東陽，朝歌以南至軹爲南陽(一九)。應劭地理風俗記曰：河内，殷國也，周名爲南陽。」臣瓚云：「韓非書：秦昭王越趙長平，西伐脩武。時秦未兼天下，脩武之名久矣。」劉氏云：「脩武則甯，武王伐紂名之。」秦紀：「昭王三十三年，魏入南陽以和。」張儀傳：「魏絶南陽。」白起傳：「攻南陽，太行道絶之。」輿地廣記：「懷州脩武縣，本商之甯邑，武王伐紂，勒兵於甯，更名脩武。韓詩外傳。唐武德四年，改爲武陟，而別置脩武縣於隋脩武縣故城。」郡國志：「脩武，故南陽。」南陽有二：脩武即晉、魏之南陽也；南陽郡，今鄧州也。魏世家：「段干子請予秦南陽以和。」

封、冀

索隱：「封陵、冀邑，皆在魏境。」魏世家：「哀王十六年，秦拔我蒲反、陽晉、封陵。」紀年作晉陽、封谷。正義：封陵在蒲州。今河中府。徐廣云：「河東皮氏縣東北有冀亭。」晉荀息曰：「冀爲不道。」皮氏，今河中府龍門縣。秦紀：「惠王九年，渡河，取皮氏。」正義：「封陵，在古蒲坂縣西南河曲之中。」

兩周

正義：「王城及鞏。」世本：「西周桓公居河南，東周惠公居洛陽。」呂氏曰：「平王東遷之後，所謂西周者，豐、鎬也；東周者，東都也。威烈王之後，所謂西周者，河南也；東周者，洛陽也。」考王封其弟揭於河南，以續周公之職，是爲河南桓公。王城故地。威烈王嗣位，西周惠公封其少子班於鞏以奉王，實東周惠公。此東、西周分之始也〔二〇〕。東周，王所居之洛陽也。鞏，班之采邑也。顯王二年，趙與韓分周爲二，東、西周各爲列國。顯王雖在東周，特建空名於其上耳。自是而後，凡征伐謀策稱東、西周君者，皆謂二周君也。周本紀云赧王時，東、西周分治，非也。赧王特徙都西周耳。

滎口、滎澤

索隱：「滎澤之口，與今汴河口通，其水深，可以灌大梁。」敵國明言之，而魏不爲備。水經：「濟水又東合滎瀆。」注云：「瀆水受河水，有石門，謂之滎口石門，蓋故滎播所道自此始。」「渠出滎陽北河，東南過中牟之北，又東至浚儀〔二一〕。」注云：「秦始皇二十二年，王賁斷故渠，引水東南出，以灌大梁，溝洫志：王横言秦攻魏，決河灌其都，決處遂大，不可復補。謂之梁溝。」「濟水又東逕滎澤北。」京相璠曰：滎澤在滎陽縣東南，與濟隧合。穆天子傳曰：甲寅，天子浮於滎水，乃奏廣樂。晉地道志：「濟自大伾入河〔二二〕，與河水鬭，南泆爲滎澤。」通典：「鄭州滎澤縣，禹貢濟水泆爲滎澤〔二三〕，即此。今濟水不復入滎。濟水東流，經温縣入河。郡國志曰：因王莽末旱，此渠枯涸，濟水但入河而已，不復截流而南。水經乃依禹貢舊道〔二四〕，斯不詳之甚。」左傳注「熒陽」。釋文云：「本或作滎。」史記正義云：「滎瀆，渠首起滎澤縣西北二十里。」郡國志：「河南滎陽有費澤〔二五〕。」注云：「左傳宣十二年：及滎澤。杜預曰：縣東滎澤也。」郡縣志：鄭州滎陽縣西北四里有故瀆〔二六〕。

白馬之口

索隱：「白馬津在東郡，決其流以灌外黃、濟陽。」水經注：「竹書紀年：梁惠成王十二年，楚師出河水，以水長垣之外。金堤既建，金堤在白馬界。故渠水斷，尚謂之白馬瀆。」韓非初見秦曰：「決白馬之口，以沃魏氏。」張儀説趙曰：「守白馬之津。」正義云：「在滑州白馬縣北三十里。」水經注：「白馬縣神馬亭，開山圖所謂白馬山也。山上常有白馬群行，悲鳴則河決。」

外黃、濟陽

外黃，漢屬陳留。張晏曰：「魏郡有内黄，故加外。」地理志注：「左氏傳曰：惠公敗宋師于黄。杜預以爲外黄。縣東有黄城故城。」在開封府雍丘縣東六十里，唐貞觀元年省。後梁太祖幸河北，至内黄，顧李珽曰：「何謂内黄〔二七〕？」珽曰：「河南有外黄、下黄，故此名内黄。」太祖曰：「外黄、下黄何在？」珽曰：「秦有外黄都尉，今在雍丘；下黄爲北齊所廢，今在陳留。」五代通録：「河南有外黄、小黄，故河北有内黄。」小黄爲高齊所廢〔二八〕，其故城今在陳留。小黄故城在陳留縣東北。

濟陽，水經注云：「陳留風俗傳曰：縣，故宋地。竹書紀年：梁惠成王三十年，城濟陽。」漢陳留郡濟陽縣，唐省入宛句。建隆四年爲濟陽鎮，屬開封府東明縣。

宿胥之口（二九）

正義：「淇水出衛州清淇縣。清淇，省入衛縣。水經注：淇水分爲二水，一水南注清水。東至黎陽入河。」魏志云：「武帝於清淇口東，因宿胥故瀆開白溝，道清、淇二水入焉。」徐廣云：「紀年曰：魏救山塞集胥口。」索隱曰：「蓋亦津名。」水經注：「宛水東南入淇水（三〇）。淇水右合宿胥故瀆，瀆受河於頓丘縣遮害亭東、黎山西，北會淇水處，立石堰遏水，今更東北注。魏武開白溝，因宿胥故瀆而加其功，宿胥口，舊河水北入。故蘇代曰：決宿胥之口，即指是瀆也。」通典：「淇水出其山東，至衛縣界入河，謂之淇水口。曹公於水口下大枋木成堰，遏淇水入白溝，時人號枋頭。」溝洫志：「黎陽遮害亭西十八里至淇水口。」

虚、頓丘

索隱：「虚，邑名，地與酸棗相近。」春秋桓十二年：「公會宋公于虚。」注云「宋地」。正義：「虚謂殷墟，今相州所治是。」水經注：「洹水出山，連逕殷墟（三一）。竹書紀年曰：盤庚即位，自奄遷于此，遂曰殷。」史記：「項羽與章邯盟洹水南殷虚上。」正義云：「括地志：相州安陽縣，盤庚所都，即此北冢殷墟（三二），南去朝歌縣城百四十六里。國都城記云：鄴縣城西南四十里有洹水，南岸三里有安陽城，名殷中，即殷所謂北冢者。」索隱：「汲冢古文云盤庚自奄遷于北冢，曰殷虚，南去鄴三十里。」太平御覽：「相州圖經曰：安陽，紂都也，在淇、洹二水之間，本殷墟，所謂北冢是也。戰國策曰：紂昔聚兵百萬，左飲淇水使竭，右飲洹水不流。」今按地理志：「河内殷墟，更屬于晉。」注云：「殷虚，汲郡朝歌縣。」魏世家「秦拔我朝歌」，亦魏地也。

頓丘，正義云：「故城在魏州頓丘縣東北二十里。」水經注：「闞駰云：頓丘在淇水南，又屈逕頓丘西。爾雅曰：山一成謂之頓丘。釋名謂一頓而成丘，無高下小大之殺。詩所謂送子涉淇，至于頓丘。竹書紀年：晉定公三十一年，城頓丘。」輿地廣記云：「本衛邑，漢屬東郡，唐屬魏州，復置澶州。晉天福四年，以頓丘爲德清軍。熙寧四年，省入開德府清豐縣。」戰國策：「張儀謂魏王曰：齊伐楚，取乘丘，收侵地，虚、頓丘危。」

河内

地理志：「魏地，其界自高陵以東，盡河東、河内。」河内，本殷之舊都朝歌，周襄王以河内賜晉文公。脩武。孟子：「梁惠王曰：河内凶則移其民於河東。」魏世家：「文侯任西門豹守鄴，而河内稱治。」索隱曰：「大河在鄴東，故名鄴爲河内。」溝洫志：「史起引漳水溉鄴，以富魏之河内。」無忌曰：「河内共、汲必危。」

閼與

正義：「秦、韓相攻於閼與，而趙奢破秦軍。」郡縣志：「閼與山，在磁州武安縣西南五十里。」趙奢傳：「秦軍武安西。」徐廣曰：「武安在邯鄲西。」唐初屬洺州。正義云：「按：括地志言拒秦軍在此山，疑其太近。既去邯鄲三十里而軍，又云趨之二日一夜，至閼與五十里而軍，軍壘成〔三三〕。今洺州去潞州三百里間而隔相州，恐潞州閼與聚城是所拒據處。」郡國志：「上黨涅縣有閼與聚。」括地志：「閼與聚城，今名烏蘇城，在潞州銅鞮縣西北二十里。」銅鞮，今屬威勝軍。又儀州今遼州。和順縣城，亦云韓閼與邑，未詳。王翦攻閼與、轑陽；韓信破代，禽夏説閼與。孟康曰：「在上黨隰縣。」

鄴

輿地廣記：「相州臨漳縣，本漢鄴縣。東魏析置。漢袁紹爲冀州牧，鎮鄴。曹公以爲鄴都，作三臺。石虎、慕容儁、東魏、北齊都焉。後周尉遲迥舉兵，韋孝寬討平之，乃焚鄴縣，徙其民，以安陽城置鄴縣。熙寧六年，省入臨漳。」水經注：「鄴，本齊桓公所置。管子曰：築五鹿、中牟、鄴，以衛諸夏。後屬晉。魏文侯七年，始封此地，故曰魏。漢高帝十二年，置魏郡，治鄴縣。」郡縣志：「故鄴城，縣東五十步，本齊桓公所築。」

朝歌

漢屬河内，紂所都，隋改爲衛縣。通典：「古城在衛州衛縣西二十二里，紂都，有鹿臺，謂之殷墟。」水經注：「本沬邑，紂有新聲靡樂，號邑朝歌。墨子迴車，顔淵不舍。」括地志：「朝歌故城，在衛州東北七十三里。」帝王世紀：「帝乙徙朝歌。」衛縣，省爲鎮，入濬州黎陽。地理志：「衛爲狄所滅，更封於河南曹、楚丘，而河内殷虚更屬于晉。」左傳：「齊伐晉，取朝歌。」

冥阨之塞、鄳阨

括地志：「石城山，在申州今信陽軍。鍾山縣東南二十一里。魏攻冥阨，即此山。」呂氏春秋、淮南子「九塞」，此其一也。左傳定四年：「楚左司馬戌曰：還塞大隧、直轅、冥阨。」春申君傳：「秦逾黽隘之塞而攻楚。」楚世家：「楚人對頃襄王曰：涉鄳塞而待秦之倦也。」戰國策：「莊辛曰：穰侯受命乎秦王，填黽塞之内，而投己乎黽塞之外。」蘇代曰：「秦欲攻魏重楚，則以南陽委於楚，殘均陵，今均州。塞鄳阨。」徐廣注云：「或爲冥，今江夏鄳縣。」正義：「申州羅山縣，本漢鄳縣，有平靖關，蓋古鄳縣之阨塞。」劉伯莊云：「秦兵向楚，有兩道：涉谷，西道；河外，東道。從褒斜入梁州，即東南至申州攻石城山〔三四〕，險阨之塞也。」通典：「申州，春秋時申國之地。魏置義陽郡，有三關之隘，北接陳、汝，控帶許、洛。」鍾山縣，開寶九年省入信陽縣。冥阨塞，在信陽軍東南五十五里。冥、鄳、黽，並音萌，戰國策云：「危隘之塞。」涉谷。索隱云：「往楚之險路。」

蔡

戰國策云「右上蔡、召陵」，無「左」字。正義：「上蔡縣在豫州北七十里。今蔡州，故蔡國。從汴州南行，向陳州之西郊，則上蔡、召陵在南，面向東，皆身之右。」

懷、茅

周桓王與鄭蘇忿生之田有攢茅、隤、懷，襄王與晉攢茅之田。括地志：「故懷城，在懷州武陟縣西十一里。」漢河內懷縣，本禹貢覃懷之地，春秋時赤狄伐晉圍懷。徐廣云：「脩武，古軹縣，有茅亭。」括地志：「在懷州獲嘉縣東北二十五里。」獲嘉，古脩武，唐屬衛州。

邢丘、安城、垝津

括地志：「平皋故城，在懷州武德縣今河內縣。東南二十里，本邢丘邑。韓詩外傳：武王伐紂，至邢丘，更名曰懷。左傳宣六年：赤狄伐晉，圍懷及邢丘，則爲二邑。水經注：梁惠成王三年，鄭城邢丘。鄭即韓也。韓世家：昭侯六年，伐東周，取陵觀、邢丘。安城，在鄭州原武縣東南二十里。」無忌曰：「使道安城。」

索隱：「垝津在河北。」九毁反。正義云：「垝，當作延。」括地志：「延津故城，在衛州清淇縣西南二十六里，杜預云：汲郡城南有延津，是也。」

共、汲共、甯。

無忌又曰：「通韓上黨於共、甯。」地理志：共、汲二縣屬河內。正義：「共，衛州共城縣。」水經注：「共縣，共和故國，共伯歸政，逍遥于共山之上。山在國北，所謂共北山也。」通典：「共城，古共伯國，故城在縣東。」

汲，在衛州所治汲縣西南二十五里。通典：「汲縣，牧野之地。」魏世家：「秦拔我汲。」索隱曰：「汲，一作波。縣，屬河內。」孟康曰：「今絺城。」括地志：「故郗城，在懷州河內縣西三十二里。蘇忿生邑。」懷州脩武縣，本殷甯邑。韓詩外傳：「武王勒兵於甯，改曰脩武。」

鄭地

徐廣云：「成皋、滎陽屬鄭。」韓都鄭，故稱韓爲鄭。

垣雍

括地志：「故城在鄭州原武縣西北七里。」徐廣曰：「在卷縣。」戰國策：「長平之役，平都君説魏王曰：王胡不爲從？魏王曰：秦許吾以垣雍。」郡國志：「河南卷縣有垣雍城，或曰古衡雍。」白起傳：「應侯言於秦王，割韓垣雍以和。」秦紀：「昭王四十八年，韓獻垣雍。」

安陵

括地志：「鄢陵縣西北十五里。李奇曰：六國時爲安陵。」戰國策：「安陵君曰：吾先君成侯，受詔襄王，以守此地也。手受太府之憲。秦王謂安陵君曰：欲以五百里之地易安陵。」鄢陵，今東京縣。輿地廣記：「本鄭地，戰國謂之安陵，漢屬潁川，唐屬許州，梁屬開封府。」

葉陽、高陵

括地志：「葉陽，今許州葉縣。」今屬汝州。

高陵，今京兆府縣，漢屬左馮翊。地理志「魏地，其界自高陵以東」，謂京兆之高陵。

南國

周紀注「江、漢之間」，又曰南陽也。此時屬韓。正義云：「在魏之南。」

西河、河西

無忌曰：「異日秦在河西。」正義云同州。按秦紀：繆公送夷吾，夷吾謂曰：「誠得立，請割晉之河西八城與秦。」背約不與，戰於韓，虜晉君以歸。夷吾獻河西地。是時，秦地東至河。秦數易君，晉復强，奪秦河西地。正義云：前八城。孝公元年，下令曰：「三晉攻奪我河西地，獻公欲東伐，復穆公之故地。」於是出兵，東圍陝城。十二年（三五），東地渡洛。賈生過秦曰：「商君佐之，拱手而取西河之外。」惠王六年，魏納陰晉。正義：「華陰縣。」八年，魏納河西地。正義：「同、丹二州。」十年，魏納上郡十五縣。正義：「今鄜、綏等州，盡河西濱洛之地矣。」魏世家：「襄王五年，予秦河西地。」正義：「自華州北至同州。」戰國策：「摎留謂韓王曰：魏兩用犀首、張儀，而西河之外亡。」呂氏曰：「孝公取河西地，蓋商鞅之力。至是盡得河西地，則犀首、張儀之力也。」吳起守西河，而秦兵不敢東鄉。正義云：「西河，今汾州。」武侯浮西河而下。正義：「即龍門西河。」呂氏春秋：「吳起去西河而泣曰：君誠知我，而使我畢能，秦必可亡，而西河可以王。今君聽讒人之議而不知我，西河之爲秦也不久矣。吳起果去魏入荆，而西河畢入秦，魏日以削，秦日益大。」韓信傳：「涉西河。」正義云：「即同州龍門河，從夏陽度者。」記檀弓：「子夏老於西河之上。」注：「西河，龍門至華陰之地。」齊語：「西征攘白翟之地，至于西河。」

注：「白翟之西。」

林鄉

正義：「徐廣云：在宛陵。」戰國策：「芒卯曰：秦之所欲於魏者，長羊、王屋、洛林之地也。」劉伯莊云：「春秋時，鄭地之棐林在大梁之西北。」左傳注：「宛陵縣東南有林鄉。」括地志：「宛陵故城，在鄭州新鄭縣東北三十八里，本鄭舊縣〔三六〕。」蘇代曰：「兵困于林中。」林鄉。

囿中

索隱：「囿即圃田〔三七〕，鄭藪，屬魏。」輿地廣記：「開封府中牟縣有圃田澤〔三八〕，爲豫州之藪。」中牟，唐屬鄭州。正義云：「囿，劉伯莊音圃。」括地志：「圃田澤，在鄭州管城縣東三里。」按戰國策：魏有梁囿、温囿。

文臺

括地志：「在曹州冤句縣今興仁府冤亭縣。西北六十五里。」索隱云：「列士傳：隱陵君施酒文臺。」

垂都

郡國志：「濟陰郡句陽有垂亭。」左傳隱八年：「遇于垂。」京相璠曰：「句陽縣小成陽東五里有垂亭。」句陽故城，在今興仁府乘氏縣西。

陶、衛　正義：「陶，定陶。」今廣濟軍定陶縣。田齊世家：「蘇代曰：有陶、平陸，梁門不開。」即穰侯所封。「衛，楚丘。」今開德府衛南縣。秦紀：「始皇六年，拔衛，迫東郡。其君角徙居野王，阻其山以保魏之河內。」呂氏春秋云：「舉陶，削衛地方六百。」韓非子曰：「魏安釐王攻趙救燕，取地河東，攻盡陶、魏之地，加兵於齊，私平陸之都。攻韓，拔管，勝於淇下。睢陽之事，荆軍老而走。蔡召陵之事，荆軍破兵，四布於天下，威行於冠帶之國。」管，故管叔所都。

平、監　徐廣曰：「平縣，屬河南。」括地志：「故平縣城，在洛州偃師縣西北二十五里。」今河南府。正義：「兖州平陸縣。」今鄆州中都縣。東平府。史記：「齊闞止作『監』字。闞在東平須昌縣。」今鄆州須城。正義：「故闞城在平陸縣西南四十里。」郡國志：「東平東平陸縣有闞亭。」左傳：「會于闞。」杜氏曰：「須昌縣東南有闞城。」封禪書：「蚩尤在東平陸監鄉，齊之西境也。」索隱：「監，音闞。皇覽云：蚩尤冢在東平郡壽張縣闞鄉城中。」

山南、山北、河外、河内　正義：「山，華山也。華山之東南，七國時，鄧州屬韓，汝州屬魏。華山之北，同、華、銀、綏，並魏地。河外，謂華州以東至虢、陝。河内，謂蒲州以東至懷、衛。」呂氏曰：「山南、山北，指太行。」

嶺阨

索隱云：「蓋安邑之東，山領險阨之地，即今蒲州之中條已東，連汾、晉之嶮嶝是也。」通典：「汾州靈石縣東南有高壁嶺、雀鼠谷、汾水關，皆險固之處。」郡縣志：「河中府，元載上建中都議曰：有羊腸、底柱之險，濁河、孟門之限，以轘轅爲襟帶，與關中爲表裏。或云：江融設險圖之首篇也。羊腸在潞州壺關縣東南一百六里，孟門在慈州文城縣西南三十六里，即龍門上口。雷首山，一名中條，在河東縣南十五里。」漢蒲坂縣。左傳：「晉表裏山河。」外河内山。林氏曰：「國險而多馬，三家之所以分晉也。曲沃之民知有曲沃，不知有宗國；欒氏之民知有欒氏，不知有其君。三家又可知矣。故河北之地善用之，則爲王伯之資，不善用而失之，則爲寇叛之資。唐之中世，三鎮以河北叛，二百餘年不能取。」

韓

蘇秦説韓宣惠王曰：「韓北有鞏、洛、成臯之固，西有宜陽、商阪之塞，東有宛、穰、洧水，南有陘山，地方九百餘里。大王事秦，秦必求宜陽、成臯。」

司馬錯欲伐蜀，張儀曰：「不如伐韓。親魏善楚，下兵三川，塞什谷之口，戰國策云：

轘轅，緱氏之口。當屯留之道，魏絶南陽，楚臨南鄭，秦攻新城、宜陽，以臨二周之郊。」

張儀説韓王曰：「秦下甲據宜陽，斷韓之上地。東取成皋、滎陽，則鴻臺之宫，桑林之苑，非王之有也。夫塞成皋，絶上地，則王之國分矣。」

蘇代約燕王曰：「秦正告韓曰：我起乎少曲，一日而斷太行。我起乎宜陽而觸平陽，二日而莫不盡繇。我離兩周而觸鄭，五日而國舉。」韓氏以爲然，故事秦。

范雎謂秦昭王曰：「韓、魏，中國之處，而天下之樞也。秦、韓之地形，相錯如繡，秦之有韓也，譬如木之有蠹也，人之有心腹之病也。天下無變則已，天下有變，其爲秦患者，孰大於韓乎？王不如收韓。王下兵而攻滎陽，則鞏、成皋之道不通；北斷太行之道，則上黨之師不下。王一興兵而攻滎陽，則其國斷而爲三。夫韓見必亡，安得不聽乎？」

鞏、洛

戰國策：「頓子曰：韓，天下之咽喉；魏，天下之胸腹。」

周地。今河南府鞏縣、洛陽縣。左傳昭二十六年：「晉師克鞏。」周紀：「惠公封其少子於鞏。」徐廣曰：「周比亡之時，凡七縣：河南、洛陽、穀城、平陰、偃師、鞏、緱氏。」秦紀：「莊襄王元年，東周君盡入其國，韓獻成皋、鞏。秦界至大梁，初置三川郡〔三九〕。」漢更曰河南。地理志：河南有雒陽縣，是爲成周。鞏縣。東周所居。

成臯

通典：「今汜水。」唐屬孟州。戰國策：「三晉分智氏地，段規謂韓王曰：分地必取成臯。韓王曰：成臯，石溜之地也，無所用之。段規曰：不然，一里之厚而動千里之權者，地利也；萬人之衆而破三軍者，不意也。王用臣言，則韓必取鄭矣。王曰：善。取成臯。至韓之取鄭，果從成臯始。」韓哀侯二年，滅鄭。今按：晉、楚之霸也，争鄭。秦之并六國也，始於韓，以虎牢、成臯之險也。秦拔成臯、滎陽，十九年而韓亡。李斯曰：「惠王用張儀之計，東據成臯之險。」今按：張儀之脅楚曰：「秦下甲據宜陽，韓之上地不通，下河東，取成臯，韓必入臣。」是時，秦未取成臯也。秦紀：「韓獻成臯，在莊襄王元年。」

宜陽

六國表：「秦惠文三年，拔韓宜陽。韓昭侯二十四年。秦武王四年，拔宜陽城。」韓襄王五年。漢屬弘農郡。正義：「在洛州河南府。福昌縣東十四里。」通典：「故韓城在縣東。縣城即魏一金墉城。東、南、北三面峭絶天險，後周重兵於此，以備高齊。」甘茂傳：「秦武王謂曰：欲容車通三川，以窺周室。茂曰：宜陽，大縣也，上黨、南陽，積之久矣，名曰縣，其實郡也。戰國策：周君曰：宜陽城方八里，材士十萬。今王倍數險，行千里，攻之難。王使茂將兵伐宜陽，五月而不拔，大起兵拔之。」地理志：「西接弘農，得新安、宜陽，皆韓分也。」蘇秦說趙曰：「韓弱則效宜陽，宜陽效則上郡絶。」呂氏曰：「黽池、二殽皆在境內，蓋控扼之地也。」

商阪戰國策作常阪。

正義：「即商山也，在商州商洛縣南一里，亦曰楚山，武關在焉。」通典：「商州上洛縣有商山，亦名地肺山。『四皓』所隱。其地險阻，王莽命王級曰：繞霤之固，南當荆楚。言四面塞阨屈曲，水回繞如屋霤，即今七槃十二綍〔四〇〕。」郡縣志：「即晉陰地也。」史記六國表：「秦孝公十一年，城商塞。」韓世家：「甘茂與昭魚遇於商於。」商君封於商。張儀欺楚以商於之地。於林在鄧州內鄉縣，商即商洛。地理志：「弘農商縣，衛鞅邑。」戰國策：「楚、魏戰於陘山，魏許秦以上洛，以絶秦於楚。」地理志：上雒縣屬弘農。索隱：「商阪，蓋在商、洛之間，適秦、楚之險塞。」通典：「宜陽、商阪，即今福昌山及商山。」

宛、穰

南陽二縣。地理志：「宛，故申伯國。西通武關，東受江、淮，一都之會也。」秦昭王十五年，攻楚取宛。韓釐王五年，「秦拔我宛」，今鄧州南陽縣。穰。今鄧州穰縣。戰國策：「謂穰侯曰：君攻楚，得宛、穰以廣陶。」郡縣志：「本楚別邑，取豐穰之義。後屬韓。秦武王攻取之，封魏冉爲穰侯。」六國表：「韓襄王十一年，秦取我穰。」按穰侯傳「取楚之宛、葉」，則宛亦屬楚。

洧水

通典：「河南密縣有洧水，鄭州新鄭有溱、洧二水。」水經：「出密縣馬領山，山在陽城縣東北。又東南流，潧水注之。又東過鄭縣南，潧水從西北來注之。」郡縣志引蘇秦曰：「東有穰、洧。洧水東去南陽縣三里。」地理志：「弘農盧氏縣有淯水，南至順陽入沔。」

陘山

通典：「今密縣山。」楚世家：「齊桓公以兵侵楚，至陘山。」括地志：「在鄭州新鄭縣西南三十里。」在鄭州西南一百一十里。魏伐楚，敗之陘山。徐廣曰：「在密縣。」蘇秦說楚曰：「北有陘塞。」戰國策：「秦攻陘，使人馳南陽之地。」山海經：「少陘之山，器難之水出焉。」太平御覽：「舊傳器難之水即索水，少陘山一曰嵩諸山，俗名周山，在滎陽縣三十五里。」唐志：「許州長葛縣有小陘山。」

三川

韋昭曰：「河、洛、伊曰三川。」秦置三川郡。周東都也。呂氏曰：「三川郡，在今爲衛、懷、孟、開封、鄭、河南、汝、陝、虢、拱之地。」

什谷之口

郡國志：「河南鞏縣有尋谷水。」徐廣云：「什一作尋。成皋鞏縣有尋口。」尋、什聲近，故其名異。水經：「洛又東北流，入于河。」注云：「山海經曰：洛水，成皋西入河，是也。謂之洛汭，即什谷之口。」南鄩，亦曰上鄩，鄩水出北山鄩溪。其水南流，世謂之温水。故鄩城在鞏縣西南五十八里。京相璠曰：「今鞏洛渡北有水鄩谷，東入洛，謂之下鄩，亦謂北鄩。」括地志：「温泉水，即尋，源出鞏縣西南四十里。」郡縣志：「河南府鞏縣，洛水東經洛汭，北對琅邪渚入河，謂之洛口，亦名什谷。塞什谷之口，即此也。」

轘轅、緱氏

郡縣志：「河南府緱氏縣，今省入偃師縣。古滑國。緱氏山，在縣東南二十九里。轘轅山，在縣東南四十六里。正義：轘轅故關在緱氏縣南四十里。左傳：欒盈過周，王使候出諸轘轅。注曰：緱氏縣東南有轘轅關。道路險隘，凡十二曲，將去復還，故曰轘轅。後漢河南尹何進所置八關，此其一也。」陸機洛陽記：「洛陽四關，南有轘轅。」白起傳：「昭王四十六年，秦攻韓緱氏、藺，拔之。」漢高帝從轘轅至陽城，樊噲攻轘轅。正義云：「在緱氏東南三十里。」淮南王安曰：「塞轘轅、伊闕之道。」

屯留之道

正義：「屯音純。留，潞州縣也。地理志：縣屬上黨。道即太行羊腸阪道也。」潞州壺關縣有羊腸阪，王莽命王嘉曰：「羊頭之阨，北當燕、趙。」括地志：「屯留故城，在潞州長子縣東北三十里。」左傳襄十八年：「晉人執孫蒯于純留。」三晉徙靖公於屯留。

南鄭

戰國策注：「今河南新鄭。」今鄭州新鄭縣。正義云：「令楚兵臨鄭，南塞轘轅、鄢口，斷韓南陽之兵。」

新城

郡縣志：「河南府伊闕縣，古戎蠻子國。漢爲新城縣。隋改伊闕。伊闕山，在縣北四十五里。兩山相對，望之若闕，伊水流其間，故名。伊闕故關，在縣北四十五里，何進八關之一。」秦紀：「白起攻新城，敗韓、魏於伊闕。」

滎陽

鄭地，屬韓。通典：「鄭州滎陽縣，故虢國，所謂東虢。秦置敖倉。楚、漢戰京、索間，是也。」

鴻臺宮、桑林苑

韓之宮苑。徐廣曰：「桑一作栗。」今按：湯旱，禱於桑林之社。莊子「栗林虞人」，其地未詳。

少曲

索隱云：「地近宜陽。」劉氏以爲蓋在太行西南。范雎傳：「秦昭王四十二年，東伐韓少曲、高平，拔之。」正義：「括地志：高平故城，在懷州河陽縣西北四十里，俗謂之韓王城，非也。周桓王以與鄭。」竹書紀年云：魏襄王四年，「鄭侯使辰歸晉陽、向，更名陽爲河雍，向爲高平」。則少曲當與高平相近。蘇代曰：「已得宜陽、少曲，致藺石。」水經注：「康溝又東逕扶溝縣之白亭北，又東逕少曲亭。陳留風俗傳曰：尉氏縣今東京。有少曲亭，俗謂小城。」

太行

正義：「太行山羊腸坂道北過兩上黨〔四二〕。」韓世家：「秦擊我於太行，上黨降趙。」戰國策曰：「一軍臨滎陽，一軍臨太行，則韓請效上黨之地。」

平陽

韓世家：「貞子徙居平陽。」世本作景子徙。正義：「晉州城。」地理志：「河東平陽縣，堯都也，在平河之陽。」今晉州臨汾縣。括地志：「晉州城，因平陽城東面爲之。」

上黨、上地

戰國策：「周最曰：秦盡韓、魏之上黨、太原，秦地，天下之半也。制齊、楚、三晉之命。犀武敗於伊闕，周君之魏求救。魏王以上黨之急辭之。綦毋恢見魏王曰：秦悉塞外之兵，與周之衆，以攻南陽，而兩上黨絕矣。樊餘謂楚王曰：韓兼兩上黨以臨趙，即趙羊腸以上危。」

按大事記：秦昭王十四年，「韓、魏攻秦，白起敗之於伊闕，又涉河，取韓安邑以東至乾河。正義：源出絳州絳縣東南殺山，南流注河。是水冬乾夏流〔四二〕。四十五年，白起拔韓野王，絶上黨道。野王，懷州河内縣，太行山在西北。韓獻上黨於秦，上黨守馮亭以郡降趙。趙世家：馮亭入城市邑十七。四十七年，秦王齕攻上黨，拔之。四十八年，白起分軍爲二〔四三〕，使王齕拔趙武安、正義：故城在洛州武安縣西南五十里。今屬磁州。皮牢。與武安相近。司馬梗北定太原，盡有上黨地。莊襄王三年，王齕攻上黨諸城，悉拔之，初置太原郡。戰國策所謂「兩上黨」者，蓋在韓、魏之間，猶安邑，魏地，而云取韓安邑也。上地，上黨之地也。荀子曰：「韓之上地，方數百里而趨趙，趙不能凝也，故秦奪之。」後魏地形志：「上黨郡，秦置，治壺關城，漢治長子城。」蘇代曰：「龍賈之戰，魏襄王五年，秦敗我龍賈軍。岸門之戰，韓宣惠王十七年，秦大破我岸門。封陵之戰，魏哀王十六年，秦敗我封陵。高商之戰，此戰事不見。趙莊之戰，趙肅侯二十二年，趙莊與秦戰，敗，秦殺趙莊河西。秦之所殺三晉之民數百萬，今其生者，皆死秦之孤也。西河之外、上雒之地、三川，晉國之禍，三晉之半，秦禍如此其大也。」

何氏論曰：「六國之勢，莫利於爲從，莫害於爲衡。六國固嘗收合從之利矣，然而終敗於爲衡之害者，其禍在於自戰其所可親，而忘其所可讎故也。齊、楚自恃其强，有包吞燕、趙、韓、魏之志，而緩秦之禍。燕、趙、韓、魏自懲其弱，有疑惡齊、楚之心，而脅秦之威。是以衡人得而因之散敗從約。曾不知齊、楚雖强，不足以致秦之畏，而其所甚忌者，獨在乎韓、魏也。韓、魏者，秦之錯壤也。秦兵之加韓、魏也，戰於百里之内，其加於四國也，戰於千里之外。韓、魏之致秦兵，近在乎一日之間，而其待諸侯之救，乃在乎三月之外。秦攻韓、魏，既勝而歸休兵，則四國之乘徼者，尚未及知也。四國誠能歲各更其國之一軍，命一偏將提之，以合成韓、魏而佐其勢，則是六國之師，日萃於韓、魏之郊，仰關而伺秦。秦誠勇者，雖日辱而招之，固不輕出而以腹背支敵矣。蓋蘇秦不獲終見信於六國，而張儀之志獨行於秦。此六國之所以見并於秦也。」

林氏曰：「六國并於秦者，蓋秦知天下之勢，而六國不知故也。秦之所以知之者，其謀出於范雎遠交近攻之策，取韓、魏以執天下之樞也。欲平天下者，必先知難易之勢。唐憲宗欲平藩镇，张弘靖以为先淮蔡而後恒冀。周世宗欲平天下，王朴以爲先江南而後河東。」

吕氏曰：「秦并六國，始於韓者，蓋李斯之策也。」

杜牧曰：「秦萃鋭三晉，經六世乃能得韓，遂折天下脊，復得趙，因拾取諸國。」

校勘記

〔一〕傅國都而止　「傅」，原作「傳」，據元本、遞修本、庫本、浙本及史記卷六九蘇秦列傳改。

〔二〕錟戈在後　「錟戈」，原作「鐵戈」，據元本、遞修本、浙本及史記卷六九蘇秦列傳改。

〔三〕道涉谷行三千里而攻冥阨之塞　「涉谷行」，原作「涉山谷行」，元本、遞修本作「涉谷—行」，浙本作「涉谷水行」。史記卷四四魏世家作「涉谷行」，據改。

〔四〕秦葉陽昆陽與舞陽高陵鄰　「高陵」，史記卷四四魏世家無。

〔五〕與濟汝淮泗會於楚　按史記卷二九河渠書：鴻溝「與濟、汝、淮、泗會。于楚，西方則通渠漢水、雲夢之野，東方則通鴻溝、江、淮之間。於吴，則通渠三江、五湖」。王應麟引用有誤。

〔六〕縣　原爲正文大字，與上文相連爲「陽武縣」，元本、遞修本爲小字注，與下文「今屬東京」連。史記卷二九河渠書索隱引文穎云：「即今官渡水也。蓋爲二渠：一南經陽武，爲官渡水；一東經大梁城，即鴻溝，今之汴河是也。」據改。

〔七〕即鴻溝　「鴻溝」，原作「河溝」，史記卷二九河渠書索隱引文穎云作「鴻溝」，據改。

〔八〕魯渠水首受狼湯渠　「首」原無，漢書地理志載：陳留縣，「魯渠水首受狼湯渠」，據補。

〔九〕據後漢書則平帝時已有汴渠史曰渠堤自滎陽而東則上疑其爲鴻溝　原作「據後漢上疑其爲鴻溝」，據元本、遞修本、浙本補。

〔一〇〕故曹袁相距　「曹袁」，元本、遞修本、浙本作「袁曹」。

〔一一〕正義煮棗故城在冀州信都縣東北五十里　按此處王應麟所引與正義原意相異，史記卷九五樊酈滕灌列傳正義作：「案：其時項羽未渡河北，冀州信都縣東北五十里煑棗非矣。」

〔一二〕當從徐廣之説　「徐廣」，原作「煮棗」，據元本、遞修本、浙本改。

〔一三〕在東京雍丘縣　「在」，原作「注」，據元本、遞修本改。

〔一四〕鹽池在西南　「西南」，原作「西」，據元本、遞修本、浙本及漢書卷二八上地理志上補。

〔一五〕稒陽　原作「梱陽」，漢書卷二八下地理志下作「稒陽」，據改。

〔一六〕在銀州銀城縣界　按括地志載銀城縣屬勝州，史記卷一一〇匈奴列傳正義引括地志：「北假，地名也，在河北，今屬勝州銀城縣。」檢新唐書卷三七地理志一麟州：「銀城，中下。貞觀二年置，四年隸銀州，八年隸勝州。」當是張守節書寫之異。

〔一七〕北達銀州　「北達」，原作「北庭」，據史記卷四四魏世家正義改。

〔一八〕河水溢酸棗郛　「溢」原無。據水經濟水注補。

〔一九〕朝歌以南至軹爲南陽　「至軹爲南陽」，原作「至軹—爲南陽」，遞修本作「至軹上爲南陽」，浙本作「至軹縣爲南陽」，據庫本、水經清水注改。

〔二〇〕此東西周分之始也　「分」，原作「公」，據元本、遞修本改。

〔二一〕又東至浚儀　「至」，原作「注」，元本、遞修本、浙本作「至」，水經渠水注「又東至浚儀縣」，據改。

〔二二〕濟自大伾入河　「大伾」，原作「大淮」，元本、遞修本、浙本作「大伾」，水經濟水注：「晉地道志曰：濟自大伾入河，與河水鬭，南泆爲滎澤。」據改。

〔二三〕禹貢濟水泆爲滎澤　元本、遞修本、浙本無「澤」。

〔二四〕水經乃依禹貢舊道　「依」，原作「核」，元本作「栨」，據遞修本及通典卷一七七州郡七河南府改。

〔二五〕河南滎陽有費澤　按續漢書郡國志河南尹滎陽「費澤」，劉昭注：「左傳宣十二年楚潘黨逐魏錡及熒，杜預曰縣東熒澤也。」則此「費」乃「熒」字之誤。

〔二六〕鄭州滎陽縣西北四里有故瀆　按元和郡縣圖志卷八滎陽縣下無此内容，同卷滎澤縣：「滎澤，縣北四里。禹貢濟水溢爲滎，今濟水亦不復入也。」或即此。

〔二七〕何謂内黄　「謂」，原作「爲」，據元本、遞修本、浙本及新五代史卷五四雜傳改。

〔二八〕小黄爲高齊所廢　「高齊」，原作「齊高」，輿地廣記卷五陳留縣：「小黄縣，漢高帝於此兵敗，母時兵死，後招魂葬，號昭靈后，其處曰小黄園。漢亦曰小黄縣，故城在縣東北。二漢屬陳留郡。晉及元魏因之。北齊省。」據改。

〔二九〕宿胥之口　「宿胥」，原作「定胥」，據庫本、浙本及史記卷六九蘇秦列傳改。

〔三〇〕宛水東南入淇水　「宛水」，水經淇水注作「菀水」。

〔三一〕連逕殷墟　太平寰宇記卷五五相州安陽縣：洹水，「水經注云：西南自林慮縣界流入，東逕殷墟北」。此「連」字疑爲「東」字之訛。

〔三二〕即此北冢殷墟　史記卷三殷本紀正義引括地志作「即北蒙殷墟」，竹書紀年、史記卷七項羽本紀索隱引汲冢古文、水經洹水注同，此「冢」字誤。下同。

〔三三〕至闕與五十里而軍軍壘成　「軍軍」，史記卷八一廉頗列傳正義作「軍」字。

〔三四〕即東南至申州攻石城山　「攻」，原空缺，元本此字不清，遞修本、浙本作「女」。史記卷四四魏世家正義引劉伯莊云：「即東南至申州攻石城山，險阨之塞也。」據補。

〔三五〕十二年　原作「十一年」，據元本、遞修本、浙本及史記卷五秦本紀改。

〔三六〕本鄭舊縣　「鄭」，賀次君括地志輯校卷三新鄭縣：「按『鄭』字誤，當作『漢』，蓋謂宛陵故城即漢縣。」隋書卷三〇地理志中言：「滎陽郡，舊鄭州，開皇十六年置管州。大業初復曰鄭州。……新鄭，後魏廢，開皇十六年復，大業初併宛陵縣入焉。」宛陵縣在隋屬鄭州，則此「鄭」或指宛陵縣曾隸屬於「鄭州」。

〔三七〕圃即圃田　原作「曰即圃田」，據元本、遞修本、浙本及史記卷四四魏世家索隱改。

〔三八〕開封府中牟縣有圃田澤　「圃田澤」，原作「圃田澤」，據元本、遞修本、浙本及輿地廣記卷五東京開封府中牟縣改。

〔三九〕初置三川郡　「三川郡」，原作「山川郡」，遞修本作「三州郡」，據元本、庫本、浙本及史記卷五秦本紀改。

〔四〇〕即今七槃十二綪　「綪」，通典卷一七五州郡五商州上洛縣條作「繞」。

〔四一〕太行山羊腸坂道北過兩上黨　「兩」，元本、遞修本闕。史記卷六九蘇秦列傳正義：「太行山羊腸阪道北過韓上黨也。」

〔四二〕正義源出絳州絳縣東南穀山南流注河是水冬乾夏流　按此句不見於今本史記正義，爲宋呂祖謙大事記解題卷五之注文。

〔四三〕白起分軍爲二　「二」，原作「三」，宋呂祖謙大事記卷五同。史記卷七三白起列傳：昭王四十八年十月，「秦分軍爲二：王齕攻皮牢，拔之；司馬梗定太原」。據改。

通鑑地理通釋卷之十

七國形勢攷下

齊

管仲曰：「賜我先君履，東至于海，西至于河，南至于穆陵，北至于無棣。」

蘇秦説齊宣王曰：「齊南有泰山，東有琅邪，西有清河，北有渤海，此所謂四塞之國也。齊地方二千餘里，帶甲數十萬，粟如丘山。三軍之良，五家之兵，進如鋒矢，戰如雷霆，解如風雨。即有軍役，未嘗倍泰山，絶清河，涉渤海也。臨菑之中七萬户，臣竊度之，不下户三男子，三七二十一萬，不待發於遠縣，而臨菑之卒固已二十一萬矣。韓、魏之所以重畏秦者，爲與秦接境壤界也。兵出而相當，不出十日，而戰勝存亡之機决矣。韓、魏戰而勝秦，則兵半折，四境不守；戰而不勝，則國以危亡隨其後。是故韓、魏之所以重與秦戰，而輕爲之臣也。今秦之攻齊則不然，倍韓、魏之地，過衛陽晉之道，徑乎亢父之險，車不得方軌，騎不得比行〔一〕，百人守險，千人不敢過也。秦雖欲深入，則狼顧，恐韓、魏之議其後也。是故恫疑虛喝，驕矜而不敢進，則秦之不能害齊亦明矣。」

荀卿子說齊相曰：「今巨楚縣吾前，大燕鰌吾後，勁魏鉤吾右，西壤之不絕若繩，楚人則有襄賁、開陽以臨吾左，是一國作謀則三國必起而乘我。如是，則齊必斷而爲四，三國若假城然耳。」

燕王曰：「吾聞齊有清濟、濁河可以爲固，長城鉅防足以爲塞，誠有之乎？」蘇代對曰：「天時不與，雖有清濟、濁河，惡足以爲固？民力罷敝，雖有長城鉅防，惡足以爲塞？且異日濟西不師〔二〕，所以備趙也，河北不師，所以備燕也。今濟西、河北盡已役矣，封內敝矣。」

春申君說秦昭王曰：「齊南以泗水爲境，東負海，北倚河，而無後患。」

韓非初見秦曰：「往者齊南破荆，東破宋，西服秦，北破燕，中使韓、魏，土地廣而兵强，戰尅攻取，詔令天下，齊之清濟、濁河足以爲限，長城巨防足以爲塞。齊，五戰之國也，一戰不尅而無齊。」

田肯曰：「齊東有琅邪、即墨之饒，南有泰山之固，西有濁河之限，北有勃海之利，地方二千里，持戟百萬，縣隔千里之外，齊得十二焉。此東秦也。」

穆陵、無棣

唐志：「沂州沂水縣北有穆陵關。」郡縣志、通典有穆陵山，在沂水縣北一百九十里。

滄州鹽山縣，本齊無棣邑。漢高城縣。通典：「古齊境。」滄州無棣縣，南臨無棣溝，因爲名。漢陽信縣地，隋置無棣縣。水經注：「清河又東北，無棣溝出焉，東逕南皮縣故城南。京相璠曰：舊説無棣在遼西孤竹縣。」

泰山

齊世家：「齊自泰山屬之琅邪，北被于海，膏壤二千里。」貨殖傳：「泰山，其陽則魯，其陰則齊。」

琅邪

山海經云：「琅邪臺在勃海間，琅邪之東。」其北有山。注云：「琅邪在海邊，有山嶕嶢特起，狀如高臺。」括地志：「密州諸城縣東南百七十里有琅邪臺，越王句踐觀臺也。琅邪山，在縣東南百四十里，始皇立層臺於山上。」孟子：「齊景公問晏子曰：吾欲觀於轉附、朝儛，遵海而南，放于琅邪。」注：「琅邪，齊東南境上邑。」管子戒篇：「桓公將東游，問於管仲曰：我遊猶軸轉斛，南至琅邪。」地理志：「琅邪縣，越王句踐嘗治此，起館臺。」後漢注：「琅邪郡有琅邪山，故城在今海州朐山縣東北。」子虛賦：「齊東陼鉅海，南有琅邪。」輿地廣記：「漢琅邪縣在密州諸城縣東境。初，越王句踐欲霸中國〔三〕，徙都於此，起觀臺於山上，周七里，以望東海。秦始皇置琅邪郡，東遊登山，大樂之，留三月。漢武帝亦登焉。」秦紀：「始皇作琅邪臺，立石刻，頌秦德。」

清河

漢置清河郡，治清陽縣。後漢省之。安帝改厝曰甘陵〔四〕，爲清河國治。桓帝改國曰甘陵。魏復故。晉改甘陵縣曰清河。後周置貝州。宋改恩州。通典：「春秋屬齊，後屬晉。七國屬趙。」地理志：「趙東有清河。齊北有清河以南。」水經注：「地理風俗志曰：甘陵郡東南十七里有清河故城，世謂之鵲城。清河又東北逕清陽縣故城西，漢高帝置清河郡治此。」景帝封子乘爲王。

渤海

漢置渤海郡，今滄、棣、霸、濱諸州之地。宋文帝置樂陵郡，孝武分置渤海郡，後魏改渤海爲滄水，置滄州。通典：「爲齊、趙二國之境。無棣縣，齊境北至無棣，在此。」地理志：「齊北有渤海之高樂、高城、重合、陽信。趙得渤海郡之東平舒、中邑、文安、東州、成平、章武，河以北。」

臨甾

齊國都也。地理志：「屬齊郡，今青州。臨甾名營丘，故齊詩曰：子之營兮，遭我虖嶩之間兮。毛詩作「還」，齊詩作「營」。臨甾，海岱之間一都會也〔五〕，其中具五民。五方之民。甾水，出泰山萊蕪縣兖州。原山。」詩正義云：「今齊之城内有丘，即營丘也。淄水過其南及東，以丘臨水，謂之臨淄。」郡縣志：「雪宫故趾，在臨淄縣東北六里。晏子春秋：齊侯見晏子于雪宫。」括地志：「青州臨淄縣，即古臨菑。一名齊城。古營丘之地。項羽封田都爲齊王於此。營丘，在縣北百步外城中。天齊池，在縣東南十五里。齊以天齊淵名。」漢主父偃言齊臨菑十萬户，市租千金，人衆殷富，鉅於長安。通典：「青州千乘縣柏寢臺，齊景公與晏子遊處。」

衛陽晉之道

張儀説楚曰：「秦下甲攻衛陽晉，必大關天下之匈。」正義：「衛地，曹、濮等州也。陽晉，在曹州乘氏縣西北三十七里。」索隱：「陽晉，魏邑也，蓋適齊之道，在衛國之西南。」魏哀王十六年，秦拔陽晉。秦昭王曰：「吾愛宋，與愛新城、陽晉同。」蘇秦説趙曰：「據衛取淇，則齊必入朝秦。」水經注：「陽晉城在廩丘城東南十餘里，與都關爲左右。」

亢父之險

漢縣，屬東平國。正義：「故縣在兖州任城縣今屬濟州。南五十一里。」漢高帝紀：「沛公還軍亢父。」光武征龐萌，自將輕兵至亢父。呂布攻鄄城不能下，西屯濮陽。曹操曰：「布一且得一州，不能據東平，斷亢父、泰山之道，乘險要我，而乃屯濮陽，吾知其無能爲也。」魏志。

襄賁、開陽

二縣。地理志屬東海郡。賁音肥。輿地廣記：「襄賁縣，廢入沂州臨沂縣，故城在縣南。開陽，本鄅國，春秋叔孫州仇城啓陽是也。漢避景帝諱，改爲開。後廢入臨沂，故城在縣南。」水經注：「魯連子稱，陸子謂齊湣王曰：魯、費之衆，臣甲舍于襄賁。」後漢注：「開陽故城在今臨沂縣北。」

清濟、濁河

左傳哀十一年：「齊伐我及清。」注：「濟北盧縣東有清亭。」齊語：「桓公正封疆，地南至于餉陰，西至于濟，北至于河，東至于紀、酅。」水經：「濟水自魚山北逕清亭東。」注云：「京相璠曰：今濟北東阿東北四十里有清亭，春秋所謂遇于清也，水色清深。馬頰水東注于清濟，謂之馬郟口。清濟即此水也。」蔡氏曰：「李賢謂濟自鄭以東，貫滑、曹、鄆、濟、齊、青以入于海；樂史謂今東平、濟南、淄川、北海界中〔六〕，有水流入海，謂之清河。」沈氏謂：「濟水伏流地中，東阿亦濟所經，井水清而重。」孟康曰：「齊西有平原。德州。河水東北過高唐。博州，即平原也。孟津號黄河，故曰濁河。」正義云：「濟、漯二水上承黄河，並淄、青之北流入海。黄河又一源，從洺、魏二州界北流入海，亦齊西北界。」

長城鉅防

齊記云：「齊宣王乘山嶺之上築長城，東至海，西至濟州千餘里，以備楚。」括地志：「長城西北起濟州平陰縣，緣河歷泰山北岡上，經濟州、淄州，即西南兗州博城縣北，東至密州琅邪臺入海。」郡國志：「濟北盧縣有平陰城，有防門。左傳襄十八年：齊禦晉平陰，塹防門。杜氏云在縣北，巨防即防門。有長城，至東海。」正義：「長城西在濟州平陰縣界〔七〕。」平陰後屬鄆州。竹書紀年：「梁惠成王二十年，齊閔王築防以爲長城。」泰山記云〔八〕：「泰山西有長城〔九〕，緣河經泰山餘千里，至琅邪臺入海。」郡縣志：「故長城，首起鄆州平陰縣北二十九里〔一〇〕，齊愍王所築。」輿地廣記：「鄆州平陰縣，漢盧縣地，唐屬濟州。」又「淄州淄川縣，古齊長城」。楚世家：「還蓋長城以爲防。」外紀：「威烈王十六年，王命韓、趙伐齊，入長城。」左傳：「防門。」注：「平陰城，在濟北盧縣東北〔一一〕，其城南有防，防有門。」世家「趙人歸我長城」，在威王時。郡縣志：「平陰故城，在平陰縣東北三十五里。」

泗水

出兗州今襲慶府。泗水縣，至淮陽宿遷縣入淮。淮南墬形訓：「時、泗、沂出臺、台、術〔一二〕。」

山名。

即墨　郡縣志：「故城在萊州膠水縣東南六十里。本漢舊縣。田單守即墨，破燕軍，盡復齊地。項羽徙齊王田市爲膠東王，都此。漢屬膠東。北齊併入膠水。隋復置，屬萊州。城臨墨水，故曰即墨。田肯謂琅邪、即墨之饒。」顔氏云：「二縣近海，財用所出。」蘇秦説趙曰：「齊必致魚鹽之海。」戰國策：「齊王建入朝於秦，即墨大夫入見齊王曰：齊地方數千里，帶甲數百萬，三晉大夫皆不便秦，而在阿、鄄之間者百數，王收而與之百萬之衆，使收三晉之故地，即臨晉之關可以入矣。同州朝邑縣有蒲津關，秦臨晉縣。鄢、郢大夫不欲爲秦，而在城南下者百數，王收而與之百萬之師，使收楚故地，即武關可以入矣。如此，則齊威可立，秦國可亡。齊王不聽。」

河北　正義謂滄、博等州，在漯河之北。

楚

蘇秦説楚威王曰：「楚，天下之强國也。西有黔中、巫郡，東有夏州、海陽，南有洞庭、蒼梧，北有陘塞、郇陽，地方五千餘里。大王不從。秦必起兩軍，一軍出武關，一軍下黔中，則鄢、郢動矣。」

張儀説楚王曰：「秦西有巴、蜀，大船積粟，起於汶山，浮江已下，不至十日而距扞關。扞關驚，則從竟陵以東盡城守矣，黔中、巫郡非王之有。秦舉甲出武關，南面而伐，則北地絶。秦兵之攻楚也，危難在三月之内，而楚待諸侯之救，在半歲之外，此其勢不相及也。」

蘇代約燕王曰：「秦之行暴正告天下，告楚曰〔一三〕：蜀地之甲，乘船浮於汶，乘夏水而下江，五日而至郢。漢中之甲，乘船出於巴，乘夏水而下漢，四日而至五渚。寡人積甲宛，東下隨，智者不及謀，勇士不及怒，寡人如射隼矣。王乃欲待天下之攻函谷，不亦遠乎！」楚王爲是故，十七年事秦。

荀子議兵曰：「汝、潁以爲險，江、漢以爲池，限之以鄧林，緣之以方城，然而秦師至，而鄢、郢舉，若振槁然。是豈無固塞隘阻也哉？其所以統之者，非其道故也。」

淮南兵略訓曰：「楚地南卷沅、湘，北繞潁、泗，西包巴、蜀，東裹郯、淮，潁、汝以爲洫，江、漢以爲池，垣之以鄧林，綿之以方城，山高尋雲，谿肆無景。」

戰國策曰：「楚苞九夷，又方千里，南有符離之塞，北有甘魚之口。」

黔中

正義："今朗州，楚黔中郡。"漢更名武陵。今常德府。括地志云："故城在辰州沅陵縣西二十里。"今黔府亦其地。楚世家："秦留懷王，要以割巫、黔中之郡。頃襄王二十二年，秦拔我巫、黔中郡。"通典："黔州，古蠻夷之地。秦惠王欲楚黔中地，以武關外易之，即此是也。"楚辭注："汪陼、辰陽、漵浦，皆在辰州。"

巫郡

括地志："在夔州東。"通典："夔州巫山縣，楚置巫郡。秦、漢爲南郡巫縣。"故城在今縣北。"巫山在西南。

夏州

左傳宣十一年："楚復封陳，鄉取一人焉以歸，謂之夏州。"杜氏云："州，鄉屬，示討夏氏所獲。"徐廣曰："楚考烈王元年，秦取夏州。"裴駰案："左傳注不説夏州所在。車胤撰桓温集云：'夏口城上數里有洲，名夏州。'"正義云："大江中州也。夏水口在荆州江陵縣東南二十五里。"楚辭："過夏首而西浮。"夏水口也。"背夏浦而西思。"左傳："沈尹戌奔命于夏汭〔一四〕。薳射以繁揚之師會於夏汭。"杜氏曰："漢水曲入江，今夏口也。"通典："荆州江陵縣有夏水口，左傳夏汭也。"郡縣志："鄂州，春秋時謂之夏汭。漢爲沙羡東境。後漢末謂之夏口，亦名魯口。"林氏曰："莊以勤興，平以怠亡，懷以愚爲秦誘，頃襄以弱爲秦脅。」

海陽

劉氏云：「楚之東境。」正義未詳。 楚威王六年，敗越，盡取吴故地，至浙江。左傳：「楚奄征南海。」

洞庭

索隱：「今青草湖。」正義：「洞庭湖在岳州巴陵縣西南一里。」又有洞庭山，名君山，在湖中心。吴起曰：「三苗氏左洞庭，右彭蠡。」韓非初見秦曰：「秦與荊人大戰，大破荊，襲郢，取洞庭、五湖、江南。」後漢南蠻傳云：「吴起相悼王，南并蠻越，遂有洞庭、蒼梧。」

蒼梧

正義：「蒼梧山在道州南。」索隱：「地理志有蒼梧郡。」 山海經注：「即九疑山也。」漢書注：「文穎曰：九疑山半在蒼梧，半在零陵。」檀弓：「舜葬於蒼梧之野。」注：「舜征有苗而死，因留葬焉。蒼梧於周南越之地，今爲郡。」史記：「舜南巡狩，崩於蒼梧之野，葬於江南九疑，是爲零陵。」山海經：「南方蒼梧之丘、蒼梧之淵，其中有九嶷山。」注云「山今在零陵營道縣南」，道州寧遠縣有九疑山，其山九谿相似。

陘塞、汾陘之塞

戰國策云：「北有汾陘之塞。」徐廣云：「春秋齊伐楚，次于陘。」杜氏云：「潁川召陵縣南有陘亭。」楚威王十一年，魏敗楚陘山，在密縣。正義：「陘山在鄭州新鄭縣西南三十里。」楚世家：「魏取我陘山。」今按：陘塞，其説有三：山海經有少陘之山，太平御覽謂在滎陽，則正義新鄭近之。滎陽，春秋爲鄭，戰國爲韓，蓋南北之隘道，楚爲塞以禦北方，故蘇秦於韓曰「南有陘山」，於楚曰「北有陘塞」，其地一也。楚漢之際，亦於此決勝負焉。左傳：「楚子庚治兵於汾。」注云「襄城縣東北有汾丘城」。今襄城屬汝州。汾陘之塞，蓋在汝、鄭二州。密縣，今屬鄭州。召陵，今在潁昌府郾城縣。林氏曰：「楚有圖北方之志，其君多居于申，大合諸侯又在焉。」申即宛也。今鄧州南陽縣。杜氏曰：「申在方城内，故言入。」

郇陽

漢地理志：「漢中旬陽縣。北山，旬水所出，南入沔。」酈商攻旬關。正義云：「漢中洵水上之關。」在金州。水經：「漢水東合旬水。」輿地廣記：「金州洵陽縣。後漢省，晉復置，屬魏興郡。」按：金州，後漢末爲西城郡。魏得之，改魏興，申儀爲太守，屯洵口。水經注：「旬水東南注漢之旬口。」蜀蔣琬欲由漢沔襲魏興。今屬利州路，南蔽夔、峽，西接梁、洋，爲控扼之地。蘇秦所謂「郇陽」，即洵陽也。郇、旬、洵三字通。徐廣以爲順陽，故城在鄧州穰縣西。索隱以爲新陽，故城在蔡州真陽縣西南。皆非也。又按楚世家：「懷王二十五年，與秦盟黄棘，秦復與楚上庸。」正義：「括地志云：今房州竹山縣及金州是。」「頃襄王十九年，割上庸、漢北地予秦。」

正義謂割金、房、均三州及漢水之北。蘇代云：「殘均陵，塞鄳隘。」正義：「均州故城在隨州西南五十里。」楚割上庸之明年，秦拔西陵。又一年，拔郢。

趙氏曰：「楚莫盛於莊，盛之極，衰之倚也。楚與秦强不相下也，滅庸而秦從師，自莊始。與吴、越邈不相及也。滅舒、蓼而吴、越受盟，自莊始。孰知異時之秦拔武關，取上庸，即今日之故道；異時之吴舍舟于淮汭，潛師于巢，爲亡郢之張本。」

鄢、郢

楚人對頃襄王曰：「秦左臂據趙之西南，右臂傅楚鄢、郢，膺擊韓、魏，垂頭中國，處既形便，勢有地利。」正義：「鄢故城在襄州率道縣今襄陽府宜城縣。南九里，郢城在荆州今江陵府。江陵縣東北六里（一五）。秦兵出武關，則臨鄢矣；下黔中，則臨郢矣。」地理志：「南郡宜城，故鄢。左傳：王沿夏，將欲入鄢。注云：順漢水南至鄢。江陵，故楚郢都，楚文王自丹陽歸州秭歸縣東有丹陽城，熊繹始封。徙此，後九世平王城之。後十世秦拔郢，徙陳。郢都，西通巫、巴，東有雲夢之饒，亦一都會也。」

南豐曾氏曰：「荆及康狼，楚之西山也。水出二山之間，東南而流，春秋之世曰隅水。左丘明傳：魯桓公十有三年，楚屈瑕伐羅，及隅，亂次以濟，是也。其後曰夷水，水經所謂『漢水又南過宜城縣東，夷水注之』，是也。又其後曰蠻水，酈道元所謂

『夷水，避桓温父名改曰蠻水』，是也。秦昭王二十八年，使白起將，攻楚，去鄢百里，立堨壅是水爲渠，以灌鄢。鄢，楚都也，遂拔之。秦既得鄢，以爲縣。漢惠帝三年，改曰宜城。宋孝武帝永初元年，築宜城之大堤爲城，今縣治是也，而更謂鄢曰故城。鄢入秦，而白起所爲渠迄不廢，引鄢水以灌田，今長渠是也。」

胡文定公曰：「荆渚，江左上流也，故楚子自秭歸徙都，日以富强，近并穀、鄧，次及漢東，下收江、黄，横行淮、泗，遂兼吴、越，傳六七百年而後止。此雖人謀，亦地勢使然也。後逮漢衰，劉表牧之，坐談西伯。先主假之，三分天下。關羽用之，威振中華。孫氏有之，抗衡曹魏。晉、宋、齊、梁倚爲重鎮，財賦兵甲當南朝之半。其爲江東屏蔽，猶虞、虢之有下陽也。」

林氏曰：「江陵，郢也；襄陽，鄢也。自江陵而圖北方，必經襄陽。襄陽，楚之北津也。」屈原哀郢曰：「顧龍門而不見，孰兩東門之可蕪。」注云：「楚都南門三門，一名龍門，一名脩門。兩東門，郢都東關有二門也。」吕氏曰：「鄢，楚之别都也。」水經注：「江陵西北有紀南城，楚文王自丹陽徙此，平王城之。班固言楚之郢都也。」

汶山

地理志：「蜀郡湔氐道，岷山在西徼外，江水所出，東南至江都入海。」山海經：「岷山，江水出焉。」輿地廣記：「在茂州汶古岷字。山縣西北，俗謂之鐵豹嶺，禹之導江，發迹於此。河圖括地象曰：岷山之精，上爲井絡。故泉流深遠，爲四瀆之首。」水經注：「岷山，即瀆山也，又謂之汶阜山。益州記：大江始發羊膊嶺下，東南至白馬嶺，歷天彭闕。」

扞關

楚世家：「肅王四年，蜀伐楚，取茲方。正義：古今地名云荆州松滋縣〔一六〕。於是楚爲扞關以距之。」郡國志：「巴郡魚復縣有扞關。」地理志：「魚復，江關。」李熊說公孫述曰：「東守巴郡，拒扞關之口。」注：「故基在今峽州巴山縣。」正義：「華陽國志云：巴、楚相攻伐，故置江關、陽關。」括地志：「陽關，今涪州永安縣治陽關城也。永安，省入樂温縣。扞關，今峽州巴山縣界故扞關是。巴山，省入夷陵縣。江關，今夔州魚復縣南二十里江南岸白帝城是〔一七〕。」魚復，今奉節縣。後漢岑彭傳：「公孫述遣將乘枋箄下江關。」注云：「舊在赤甲城，後移在江南岸，對白帝城故基。」在今魚復縣南。輿地廣記：「魚復縣故城在奉節縣北，今名赤甲城。有古扞關。」水經：「江水自關東逕弱關、扞關。」注：「扞關，廩君浮夷水所置也；弱關，在建平秭歸界。昔巴、楚數相攻伐，藉險置關，以相防捍。」

竟陵

漢屬江夏。鄖鄉，楚鄖公邑，封鬭辛於此。越世家：「竟陵澤，楚之材也。」輿地廣記：

「復州景陵縣，秦白起攻楚，拔郢，東至竟陵。」石晉改景陵。晉竟陵郡治沔陽縣。水經注：「巾水西逕竟陵縣北，西逕楊水（二八），謂之巾口。水西有古竟陵大城，古鄖國也。」郡縣志：「舊縣在今郢州長壽縣界竟陵大城是也。晉分江夏西部置竟陵郡，後周以其地置郢、復二州。」

汶、巴

地理志：「蜀郡有汶江縣。」今茂州汶山縣。水經：「江水自天彭闕東逕汶關，而歷氐道縣北。」注：「汶出徼外岷山西玉輪坂下。」郡縣志：「渝州，古巴國。今重慶府。閬、白二水曲折如巴字，故謂之巴。」正義：「巴嶺山，在梁州南一百九十里。」西南夷傳：「楚威王使莊蹻將兵循江，上略巴、黔中以西。」劉伯莊云：「巴國，在漢水上。」蘇代云「輕舟浮於汶，乘舟出於巴」，謂汶江、巴江也。索隱：「汶，即江所出岷山。巴水，與漢水相近。」輿地廣記：「達州永睦縣有巴江（二九）。」今按張儀説楚謂「方船積粟，起於汶山，循江而下，至郢三千餘里，不至十日而拒扞關」。蓋是時有韓、魏以塞陸道，故儀設水道以懼之。羊祜請伐吴，謂「引梁、益之兵，水陸俱下」。崔仲方論取陳，謂「蜀、漢二江是其上流，水路衝要，必争之所，彼聚兵漢口、峽口，則下流諸將擇便横渡，如擁衆自衛，上江水軍鼓行以前」。秦以此脅楚，晉以此取吴，隋以此取陳。然秦不敢泛江伐楚者，水道危而扞關亦難攻也。

五渚

裴駰云：「戰國策：秦破荆襲郢，取洞庭、五渚，然則五渚在洞庭。」索隱：「劉氏以爲五渚，宛、鄧之間，臨漢水，不得在洞庭。或説五渚即五湖。」戰國策五渚，韓非子作五湖。水經注：「湘水、沅水、微水、澧水，凡此四水，同注洞庭，北會大江，名之五渚。」

隨

今隨州。左傳：「漢東之國，隨爲大。」楚武王克州、蓼，服隨、唐。昭王奔隨。春申君説秦曰：「韓、魏必攻隨水右壤。」戰國策云隨陽。正義：「楚都陳，而隨故國在西南，是楚之右壤。」吕氏曰：「楚武王經略漢東之初，便欲滅隨。後來反以厚意結隨，以爲助，使之勿救援小國，故漢東之小國盡爲楚所滅，而隨獨終春秋之世。」林氏曰：「楚得隨、唐，而蔡、鄭始懼。」

汝、潁

左傳：「楚文王縣申、息，朝陳、蔡，封畛於汝。」郡縣志：汝水出汝州魯山縣一百五十里天息山。釋例云：汝出汝陽縣大盂山〔二〇〕，至汝陰褒信縣入睢。晉師與楚師夾潁而軍。」注云：「潁水，出城陽，至下蔡入淮。」郡縣志：「潁水，出河南府潁陽縣陽乾山。」淮南墬形訓：「汝出猛山。」注：「一名高陵山，在南定陵縣，汝水所出，東南至新蔡入淮。」

江、漢

詩：「滔滔江、漢，南國之紀。」左傳：「楚漢水以爲池。江、漢、睢、漳，楚之望也。」楚世家：「先王受封，望不過江、漢。」正義：「荆州大江、漢江，楚境内也。」土地名云：「江經南郡、江夏、弋陽、安豐。漢經襄陽，至江夏安陸縣入江。」漢水出武都，至江夏南入江。黄氏云：「江水自茂州汶山縣，至通州海門縣入海。漢水二源：一源出秦州天水縣，謂之西漢水，至恭州，今重慶巴縣入江；一源出大安軍三泉縣，謂之東漢水，至漢陽軍入江。江、漢至荆州合流。」左傳：「昭王之不復。」杜注：「昭王時，漢非楚境。」楚武王伐隨，軍於漢、淮之間。吴伐楚，自豫章與楚夾漢。林氏曰：「楚一失亡淮州來、鍾離，再失於亡漢，非□□上□之罪也〔二二〕。」

鄧林

荀子曰：「楚界，鄧地之山林。」淮南子注：「沔水上險。」春申君曰：「夫隨陽右壤，皆廣谷大水〔二三〕，山林谿谷，不食之地也。」索隱云〔二三〕：「隨之西，今鄧州之西，其地多山林者是。」劉伯莊曰〔二四〕：「襄州南鳳林山，是古鄧祁侯之國〔二五〕，在楚之北，一云鄧林〔二六〕。」唐朱朴議遷都曰：「襄、鄧之西，夷漫數百里〔二七〕。其東，漢輿〔二八〕、鳳林爲之關；南，菊潭環屈而流屬於漢〔二九〕；西有上洛重山之險，北有白崖聯絡，乃形勝之地，沃衍之墟〔三〇〕。去秦咫尺，而有上洛爲之限，永無夷狄侵軼之虞〔三一〕。」林氏曰：「申、鄧者，圖鄭之道所從出。□□□□陽、穀城〔三二〕。」

方城

左傳：「方城以爲城。」注云：「方城山，在南陽葉縣南。」郡縣志：「在汝州葉縣西南十八里。」左傳：「葉在楚國，方城外之蔽也。晉陽處父伐楚以救江，門于方城。荀偃伐楚，侵方城之外。」

淮南子「九塞」，荆阮、方城皆在楚。地理志：「葉縣有長城，號曰方城。」白起取楚之宛、葉。林氏曰：「宛在方城内，葉在方城之外。外有方城，内有冥阨，而宛、葉爲之表裏。」朱文公曰：「荆州地勢四平，其守當在外。楚人謂方城爲城，漢水爲池，是也。」水經注：「萬城，或作方。唐勒奏土論曰〔三三〕：楚世霸南土，自越以至葉，垂弘境萬里，故號曰萬城。」

沅、湘

地理志：「沅水出牂柯郡故且蘭縣〔三四〕，今播州。東南至益陽入江。岳州沅江縣，漢益陽地。湘水出零陵郡零陵縣全州清湘縣。陽海山，北至酃入江。」衡州衡陽縣。楚辭注：「湘水出帝舜葬，東入洞庭下。」山海經：「沅水出象郡鐔城西，入東注江，入下雋西，辰州沅陵。合洞庭中。」郭璞云：「湘水出零陵營道縣陽朔山，入江。」

郯、淮、泗〔三五〕

地理志：「東海郯縣〔三六〕，故國。」水經注：「故城在下邳縣今淮陽軍。東北一百五十里。」吴自伐郯之役，始見於春秋。楚人對頃襄王曰：「膺擊郯國〔三七〕，大梁可得而有也。」蘇代遺燕王書曰：「驅韓、魏以伐齊。」曰：「必反宋地，歸楚淮北。」又見齊王曰：「有淮北，楚之東國危。」越世家：「句踐已去，渡淮南，以淮上地與楚。」楚世家：「越已滅吴，而不能正江淮北，楚東侵，廣地至泗上。」林氏曰：「吴之始圖楚也，争巢、鍾離、州來之三邑，蓋七十年而後取之，失淮由失州來。州來，下蔡縣，淮北。」

九夷

李斯曰：「惠王用張儀之計，南取漢中，包九夷，制鄢、郢。」索隱云：「屬楚之夷也。」戰國策：「張儀曰：楚破南陽九夷，内沛，許、鄢陵危。」吕氏云：「以此考之，九夷之地略可見。方孔子在陳、蔡，相去蓋不遠也，所以有欲居九夷之言。」鄭語：「楚蚡冒始啓濮。」左傳：「楚武王克州、蓼，服隨、唐，大啓群蠻。」爾雅疏：「夷有九種，曰畎夷、于夷、方夷、黄夷、白夷、赤夷、玄夷、風夷、陽夷，謂東夷也。」楚、秦所包，蓋西南夷。

苻離之塞

宿州苻離縣，漢屬沛郡，爾雅：「莞，苻離也。」地多此草，故名縣。南臨汴河。

甘魚之口

左傳昭十三年：「楚公子比次于魚陂。」注云：「竟陵縣城西北有甘魚陂。」水經注：「竟陵城傍有甘魚陂。」史記正義：「竟陵故城在郢州長壽縣南百五十里，長壽縣，本漢竟陵縣地。今復州亦是其地。」按：戰國多以水攻，故楚守甘魚之口。

祝氏鎰曰〔三八〕：「從人之論必曰衡成則秦帝，從合則楚王，蓋自方城以南，武關之東，秦、楚之地表裏控帶。」

燕

蘇秦説燕文侯曰：「燕東有朝鮮、遼東，北有林胡、樓煩，西有雲中、九原，南有嘑沱、易水，地方二千餘里。南有碣石、雁門之饒，北有棗栗之利，此所謂天府者也。秦之攻燕也，逾雲中、九原，過代、上谷，彌地數千里，雖得燕城，秦計固不能守也。秦之不能害燕亦明矣。今趙之攻燕也，發號出令，不至十日，而數十萬之軍，軍於東垣矣。渡嘑沱，涉易水，不至四五日，而距國都矣。故曰：秦之攻燕也，戰於千里之外；趙之攻燕也，戰於百里之内。夫不憂百里之患，而重千里之外，計無過於此者。是故願大王與趙從親，天下爲一，則燕國必無患矣。」

蘇代見燕王曰：「天下戰國七，燕處弱焉。獨戰則不能，有所附則無不重。南附楚，楚重；西附秦，秦重；中附韓、魏，韓、魏重。」

張儀説燕昭王曰：「今趙王已入朝澠池，效河間以事秦。今大王不事秦，秦下甲雲中、九原，驅趙而攻燕，則易水、長城非大王之有也。」

韓非子曰：「燕襄王以河爲境，以薊爲國，襲涿方城，殘齊平中山，有燕者重，無燕者輕。」注：「方城，涿之邑也。」

朝鮮

地理志：「玄菟、樂浪皆朝鮮，濊貉、句驪皆夷。殷道衰，箕子去之朝鮮。」史記：「武王封箕子於朝鮮。」朝鮮王傳：「滿，燕人。自始燕時，嘗略屬真番、朝鮮，爲置吏築障。秦滅燕，屬遼東外徼。漢興，爲遠難守，復脩遼東故塞，至浿水爲界，樂浪縣。屬燕。滿東走出塞，度浿水，居秦故空地上下障，王之，都王險。地名。」括地志：「高驪平壤城，本漢樂浪郡王險城，即古朝鮮。」

遼東

地理志：「燕地東有遼東。」匈奴傳：「燕置遼東郡，以距胡。」通典：「舜營州，遼水之東是也。燕遼東郡，秦、漢因之，東通樂浪。晉置平州。後魏時，高麗國都其地。唐置安東都護府。」至德後廢。

林胡、樓煩

正義：「二胡，朔、嵐已北。」貨殖傳：「燕東北邊胡。」周書王會有樓煩。戰國策：「蘇秦説齊曰：齊、燕戰於桓之曲，燕不勝，十萬之衆盡。胡人襲燕樓煩數縣，取其牛馬。」匈奴傳：「冠帶戰國七，而三國邊於匈奴。」燕、趙、秦也。

雲中、九原

正義：「二郡並在勝州。雲中故城在榆林縣趙雲中城，秦雲中郡也。東北四十里。九原在榆林縣西界，漢武帝改爲五原郡。」郡縣志：「五原，謂龍遊原、乞地千原、青嶺原、岢嵐正原〔三九〕、横槽原。」括地志：「勝州連谷縣，本秦九原郡。」按匈奴傳：「趙武靈王置雲中。」趙世家云：地西至雲中、九原。郡縣志：「敬本古城，在中受降城北四十里。」賈耽古今述曰：「以地理求之，前代九原郡城也。」

嘑沱

地理志：「虖池河自代郡鹵城縣代州繁畤縣。東至參合〔四〇〕，雲州。東至文安霸州。入海。并州川。」隋圖經云：「魏改曰清寧河。」光武紀注：「山海經云：大戲之山，滹沱之水出焉。在今代州繁畤縣東，流經定州深澤縣今屬祁州。東南，即光武所度處，今俗猶謂之危度口。」九域志：在深州域。 舊在深州饒陽縣南，至曹操因故瀆决，今北注新溝，今在饒陽北。禮記惡池，周禮滹池。正義：「出繁畤縣，東南流經五臺山北，東南流過定州入海。」淮南墬形訓「呼池出魯平」，山名。穆天子傳：「絶鈃山之隊，北循虖沱之陽。」注：「今在鴈門鹵城縣。」

易水

地理志：「易水出涿郡故安縣今易州易縣。閻鄉，東至范陽入濡，亦入淶。并州寖。」郡縣志：「易水，在涿州歸義縣今雄州歸信。南二十五里。」括地志：「一名故安河，又名北易水，源出易州易縣西谷中之東，東南流過歸義縣，東與滹沱河合。」趙惠文王五年，與燕鄚、易。鄚，今之莫州。易，漢涿郡之故安也。水經注：「易水逕安次縣南、鄚縣故城北，東至文安縣，與虖池合。蘇秦曰：易水以南，謂此水。班固以爲南易。」

碣石

地理志：「大揭石山，在右北平驪成縣西南。」通典：「平州盧龍縣有碣石山，正義：燕東南。碣然而立，在海旁。晉太康地志：秦築長城，所起自碣石，在今高麗界，非此碣石也。」括地志：「在盧龍縣南二十三里。」史記：「騶衍如燕，昭王築碣石宮，身親往師之。」正義云：「碣石宮，在幽州薊縣西三十里寧臺之東。」通典：「碣石山，在漢樂浪郡遂城縣〔四一〕，長城起於此。長城東截遼水而入高麗，遺趾猶存。禹貢『右碣石』在平州南二十餘里，則高麗中爲左碣石。」水經：「在遼西臨渝縣南水中。」注云：「大禹鑿其石，右夾而納河，秦皇、漢武皆登之，海水西侵，而苞其山，故言水中。」山海經：「碣石之山，繩水出焉，東流注于河。」文穎曰：「在遼西絫縣〔四二〕，今屬臨渝。始皇三十二年，刻碣石門。武帝元封元年，至碣石。」輿地廣記：「在平州石城縣故驪城。」今按：碣石在海旁，鴈門有鹽澤，故云碣石、鴈門之饒。酈道元言驪城「枕海有石如甬道數十里，當山頂有大石如柱形」。其山昔在河口海濱，歷世既久，爲水所漸，淪入于海，已去岸五百餘里矣。

雁門

匈奴傳：「趙武靈王置鴈門郡。」地理志：「秦置。」今雲、應、朔州。李牧常居代、鴈門，備匈奴。山海經：「鴈門之山無草木。」雁門之水出于雁門之山，鴈出其間。注云：「即北陵西隃，鴈之所出，因以名云，在高柳北。」高柳在代北，故城在雲州定襄縣，後改雲中縣。正義：「山在代，燕西門。」水經注：「高柳在代中，其山重巒疊巘，東出遼塞，鴈門水東南流逕高柳縣故城北，舊代郡治。」爾雅：「西隃鴈門。」注云：「即鴈門山。」

代、上谷

匈奴傳：「趙置代郡，燕置上谷郡。」正義：「上谷，即嬀州。」上谷至遼東地踔遠，人民希，數被寇，大與趙、代俗相類。通典：「上谷，易、幽、莫、瀛、嬀州之地。」

東垣

趙攻中山，取東垣。輿地廣記：「真定府鎮州。真定縣，本中山之東垣邑。漢十一年，陳豨將趙利守東垣，高帝攻拔之〔四三〕，改曰真定。有滹沱水。」正義：「趙之東邑，在真定縣南八里，故常山城是也。」

澠池

在今河南府澠池縣。地理志：「弘農黽池，景帝中二年初城，徙萬家爲縣。」水經注：「穀水出于崤東馬頭山穀陽谷〔四四〕，東北流，歷澠池川。漢景帝因崤黽之池以目縣，或謂之彭池。穀水又東逕秦、趙二城南，即趙王鼓瑟、秦王擊缶處，世謂之俱利城，蓋云秦、趙俱利也。」淮南子「九塞」，曰澠阨。戰國策云：「澠隘之塞。」秦攻商君，殺之於鄭黽池，時屬鄭。雒陽西有殽黽。翼奉曰：「成周，右阻黽池。」趙涉説周亞夫曰：「吳王必置間人於殽黽陒陿之間。」王莽命王奇曰：「殽黽之險，東當鄭、衛。」水經注：「穀水又東逕新安縣故城，南北夾流，而西接崤黽城。又東逕于雍谷溪，回岫縈紆，石路阻硤，故亦有硤石之稱。」禹貢注：「澠水出澠池山。」郡縣志：「澠池縣，本韓地。廣陽山，一名澠池山，在縣東北五十五里。穀水，南去縣二百步，東經秦、趙二城，東城在縣西十三里，西城十四里，秦昭王〔四五〕、趙惠文王會處。馮異破赤眉於崤底。」璽書曰：「奮翼黽池。」

長城

匈奴傳：「燕築長城，自造陽至襄平，置上谷、漁陽、薊州、檀州。右北平、平州。遼西、營州。遼東郡以距胡。」通典：「麟州銀城縣五原塞，即縣北所謂光禄塞。晉太康地志：自北地郡行九百里得五原塞，又北出九百里得造陽，即此。韋昭云：造陽，地在上谷。未詳孰是。」襄平縣，遼東郡所治。唐地理志：「安東都護府，故漢襄平城也。」括地志：「寧、原、慶三州，秦北地郡，義渠戎國之地。」正義：「馬邑長城，亦名燕長城，在媯州北。」

邵子曰：「周之同姓諸侯而克永世者，獨有燕在焉。燕處北陸之地，去中原特遠，苟不隨韓、趙、魏、齊、楚較利刃，争虚名，則足以養德待時，觀諸侯之變。秦雖虎狼，亦未易加害。延十五六年後，天下事未可知也。」

薊

趙氏曰：「燕入春秋百九十年，始以伯款見經。」

樂毅書「薊丘」。水經注：「今城内西北隅有薊丘，因丘以名邑，猶魯之曲阜、齊之營丘。」唐志幽州薊縣。

周武王封帝堯之後於薊，燕國都薊，秦屬上谷，韓廣自立爲燕王，項氏封臧荼，漢封盧綰爲王，皆都其地。東漢立幽州。前燕慕容儁自和龍徙都於此。宋宣和爲燕山府。郡縣志：「燕山，在薊州漁陽縣東南六十里。召公所封燕在幽州城，取此山爲名。」

涿、方城

應劭云：「涿水出上谷涿鹿縣。」漢涿郡涿縣，廣陽郡方城縣。後漢屬涿郡。唐涿州范陽縣，本涿，武德七年更名。燕方城縣，唐貞觀元年，自章信城移固安縣治此，屬幽州，後屬涿州。水經注：「聖水自涿縣東與桃水合。東逕涿縣故城下與涿水合，世以爲涿水，亦謂之桃水，出涿縣故城西南奇溝東八里。涿水又東北逕涿縣故城西，流注于桃。應劭曰：涿郡，故燕，漢高帝六年置，其南有涿水。聖水又東逕方城縣故城。李牧伐燕取方城，是也。王肅曰：今涿郡方城縣有韓侯城。」詩韓奕曰：「溥彼韓城，燕師所完。王錫韓侯，其追其貊。奄受北國。」郡縣志：「方城故城，在涿州固安縣南十七里，本燕舊邑。」

中山

通典：「定州安喜縣，古中山鮮虞地。漢盧奴縣。新樂縣，鮮虞國。漢新市縣。」左氏定四年傳：「荀寅曰：中山不服。」中山之名始見於此。威烈王十二年，中山武公初立。魏文侯使樂羊伐中山。郡縣志：「定州，春秋時鮮虞、白狄之國。戰國時爲中山國，與六國並稱王，後爲趙武靈王所滅。中山之地，方五百里，秦趙郡、鉅鹿二郡之地。漢高帝分置常山、中山二郡。城中有山，故曰中山。景帝改爲中山國。封子勝爲中山王。後燕慕容垂建都於此。置中山尹。後魏爲中山郡，置安州，又改爲定州，以安定天下爲名。隋爲博陵郡。」今中山府。

校勘記

〔一〕騎不得比行　「騎」，原作「駒」，據元本、遞修本、浙本及史記卷六九蘇秦列傳改。

〔二〕且異日濟西不師　「師」，史記卷六九蘇秦列傳同，戰國策卷二九燕策一蘇秦死作「役」。

〔三〕初越王句踐欲霸中國　「初」原闕，據元本、遞修本、浙本及輿地廣記卷六密州諸城縣補。

〔四〕安帝改厝曰甘陵　「厝」，原作「曆」。續漢書郡國志二：清河國甘陵，「故厝，安帝更名」。此「曆」爲「厝」字之誤，據改。

〔五〕海岱之間一都會也　「海岱」，原作「在岱」，據遞修本、浙本及漢書卷二八下地理志下改。

〔六〕樂史謂今東平濟南淄川北海界中　「淄川」，原作「淄州」，據元本、遞修本、浙本及太平寰宇記卷五二孟州濟源縣改。

〔七〕長城西在濟州平陰縣界　史記卷四三趙世家正義作：「齊長城西頭在濟州平陰縣。」

〔八〕泰山記云　「記」，原作「紀」，據元本、遞修本、浙本改。

〔九〕泰山西有長城　「泰山」，原作「秦山」，據元本、遞修本、浙本改。史記卷四三趙世家正義引太山記：「太山西北有長城，緣河經太山千餘里，瑯邪入海。」與此引文有異，疑此「西」下闕「北」字。

〔一〇〕首起鄆州平陰縣北二十九里　「二十九」，原作「一十九」，據元本、遞修本、元和郡縣圖志卷一〇改。

〔一一〕在濟北盧縣東北　「在」，原作「左」，據元本、遞修本、浙本改。

〔一二〕時泗沂出臺台術　「術」，原作「浙」，據元本、遞修本、浙本及淮南鴻烈墬形訓改。

〔一三〕秦之行暴正告天下告楚曰　史記卷六九蘇秦列傳同。戰國策卷三〇燕策二秦召燕王作「秦之行暴於天下，正告楚曰」。

〔一四〕沈尹戌奔命于夏汭　「沈尹戌」，各本同，左傳昭公四年：「楚沈尹射奔命於夏汭。」此「沈尹戌」應作「沈尹射」爲是。

〔一五〕鄢故城在襄州率道縣南九里郢城在荆州江陵縣東北六里　「鄢故城」、「郢城」，史記卷六九蘇秦列

〔一六〕古今地名云荆州松滋縣　「古今地名」，原作「云古今名」，據元本、遞修本、浙本及史記卷四〇楚世家正義改。傳正義分别作「鄢鄉故城」、「安郢城」。

〔一七〕今夔州魚復縣南二十里江南岸白帝城是　「魚復」，賀次君括地志輯校卷四謂「按漢魚復縣，西魏改名人復縣，唐初因之，貞觀二十三年改奉節縣。括地志成書于貞觀十四年，當名人復縣，此後人習見魚復，少見人復所改」。

〔一八〕西逕楊水　「逕」，水經沔水注作「注」。

〔一九〕達州永睦縣有巴江　「巴江」，原作「巴水」，據元本、遞修本、浙本及輿地廣記卷三三達州永睦縣條改。

〔二〇〕汝出汝陽縣大盂山　「大盂山」，庫本作「大孟山」，沈炳巽水經注集釋訂訛卷二一：「『孟』當作『盂』，下同。明一統志：大盂山在魯山縣西南七十里，山頂低窪，四圍若城，俗呼爲大圍城、小圍城山。」

〔二一〕非□□上□之罪也　按各本均空闕，庫本或標有「闕」字。

〔二二〕皆廣谷大水　「谷」，史記卷七八春申君列傳作「川」。

〔二三〕不食之地也索隱云　「也索隱云」四字原闕，據浙本及史記卷七八春申君列傳和索隱補。

〔二四〕劉伯莊曰　「伯莊曰」原闕，據浙本補。

〔二五〕是古鄧祁侯之國　「祁侯」，原作「析侯」，據元本、遞修本、浙本及史記卷二三禮書索隱改。

〔二六〕在楚之北一云鄧林　「北一」原闕，據浙本補。

〔二七〕夷漫數百里　「數百里」，原空二格，據浙本及新唐書卷一八三朱朴傳補。

〔二八〕漢輿　「漢」原闕，「輿」，原作「與」，據新唐書卷一八三朱朴傳補改。

〔二九〕菊潭環屈而流屬於漢　「屬於漢」原闕，據浙本及新唐書卷一八三朱朴傳補。

〔三〇〕乃形勝之地沃衍之墟　「之地沃衍之」原闕，據浙本及新唐書卷一八三朱朴傳補。

〔三一〕永無夷狄侵軼之虞　「夷狄侵軼之」原闕，據浙本及新唐書卷一八三朱朴傳補。

〔三二〕□□□□□陽穀城　按原作「之道所從出陽穀城」，上空五格。元本、遞修本作「陽穀城」，頂格，此三字前後原似有字。浙本在「陽」字前空五格，今從之。

〔三三〕唐勒奏土論曰　「奏土論」，原作「奏上論」，遞修本作「奏士論」，據元本及水經汝水注改。

〔三四〕沅水出牂柯郡故且蘭縣　「沅水」，原作「沅湘」，據元本、遞修本、浙本及漢書卷二八上地理志上牂柯郡故且蘭改。

〔三五〕郯淮泗　按原在「郯」與「淮泗」之間空一格，元本在「淮」與「泗」之間亦空一格。

〔三六〕東海郯縣　「郯縣」，原作「剡縣」，據元本、遞修本、浙本及漢書卷二八上地理志上改。

〔三七〕膺擊郯國　「膺」，原作「鷹」，據元本、遞修本、浙本及史記卷四〇楚世家改。

〔三八〕祝氏鎰曰　「鎰」，原作「鑑」，據元本、遞修本、浙本改。

〔三九〕青嶺原岢嵐正原　元和郡縣圖志卷四鹽州五原縣下作「青領原可嵐貞原」。

〔四〇〕虖池河自代郡鹵城縣東至參合　「參合」，漢書卷二八下地理志下代郡鹵城：「虖池河東至參合入虖池別。」水經濁漳水注：東北逕參户亭，「又東北分爲二水，一右出爲淀，一水北注滹沱」。按漢參合縣屬代郡，虖沱河不逕此地，渤海郡所轄參户縣，正是虖池河、虖池別河下流所逕，故此「參合」當爲「參户」之誤。

〔四一〕在漢樂浪郡遂城縣　「遂城縣」，漢書卷二八下地理志下作「遂成縣」。

〔四二〕在遼西絫縣　「絫縣」，原作「參縣」，據元本、遞修本、浙本及漢書卷二八下地理志下改。

〔四三〕高帝攻拔之　「高帝」，原作「帝」，據元本、遞修本、浙本及輿地廣記卷一一補。

〔四四〕穀水出于崤東馬頭山穀陽谷　「穀水」，原作「穀水」；「穀陽谷」，原作「穀陽谷」，據庫本、浙本及續漢書郡國志改。「于崤」，按水經河水注：千崤之水，「南導于千崤之山」。故楊守敬水經注疏改「于崤」爲「千崤」，云：朱謀㙔「千」訛作「于」，全祖望、趙一清同，戴震改「千」，「守敬按：戴改是也」。此「于崤」爲「千崤」之誤。

〔四五〕秦昭王　原作「秦始皇」，元本、遞修本、浙本作「秦昭王」，與趙惠文王同時代者爲秦昭王，據改。

通鑑地理通釋卷之十一

三國形勢攷上

春秋下陽不言號，虎牢不係鄭，地有所必據，城有所必守。「王公設險以守其國」，大易之訓也。作三國形勢攷。

蜀漢重鎮

通典：「蜀以漢中、興勢、白帝並爲重鎮。」

漢中

郡縣志：「後漢末，張魯據漢中，改爲漢寧郡。曹公討平之。蜀先主破夏侯淵，遂有其地，爲重鎮。魏延、蔣琬、姜維相繼屯守。唐爲興元府。治南鄭縣。」黄權曰：「若失漢川，則三巴不振。」楊洪曰：「漢中，益州咽喉，若無漢中，則無蜀矣。」水經：「漢水又東，黑水注之。諸葛亮牋云：朝發南鄭，暮宿黑水。」通典：「漢中故城在南鄭縣東北。」華陽國志序：「秦資其富，用兼天下。漢祖階之，奄有四海。」陳孔璋曰：「漢中，地形險固，四嶽三塗皆不及也。」趙開曰：「漢中之地，後可據而安，前可恃而進。」胡文定公曰：「魏人都許，不恃方城而守襄陽。蜀人都益，不恃劍門而守漢中。吴人都秣陵，不恃大江而守荆渚。」真氏曰：「古之爲國者，必有重臣以當閫外之寄，蜀以孔明駐漢中，吴以陸遜守荆渚。」

馬鳴閣道

魏徐晃傳：「與夏侯淵拒劉備於陽平，備遣陳式等十餘營絶馬鳴閣道。晃别征破之。太祖曰：此閣道，漢中之險要，喉咽也。劉備欲斷絶外内，以取漢中。」寰宇記：「馬鳴閣在利州昭化縣。」水經注：「褒水西北出衙嶺山，東南逕大石門，歷故棧道下谷，俗謂千梁無柱也。諸葛武侯與兄瑾書云：前趙子龍雲。退軍，燒壞赤崖以北閣道，緣谷一百餘里，其閣梁一頭入山腹，其一頭立柱於水中。今水大而急，不可安柱，此其窮極，不可强也。又云：頃大水暴出，赤崖以南橋閣悉壞。時趙子龍與鄧伯苗芝。一戍赤崖屯田，一戍赤崖口，但得緣崖與伯苗相聞而已。後魏延先退而焚之，謂是道也。自後案舊修路者，無復水中柱。褒水又東南歷小石門，門穿山通道，六丈有餘。刻石言：永平中，司隸楊厥所開。蓋因石牛道而廣之。蜀都賦曰：岨以石門。門在漢中之西，褒中之北。」

郡縣志：「褒水，源出興元府褒城縣西衙嶺川。褒城，本漢褒中縣。褒斜道，一名石牛道，張良令漢王燒絶棧道，即此。」蔡澤謂應侯曰：「君相秦，棧道千里通於蜀漢。」類要：「利州馬鳴閣。」魏武曰：「此閣過漢中之陰平，乃咽喉之要路。」

陽平關

通典：「在興元府褒城縣西北。曹公征張魯，至陽平，魯使弟衛據陽平關，横山築城十餘里。乘險夜襲，破之。先主進兵漢中，屯陽平關。」姜維表後主，分護陽安關口。陽安，疑即陽平。周地圖記：「褒谷西北有古陽平關。」水經：「沔水又東逕白馬戍南。」注云：「濜水南逕張魯治東。水西山上，庾仲雍謂山爲白馬塞，東對白馬城，一名陽平關。」吴賀邵曰：「劉氏據三關之險，守重山之固。」張瑩漢南記曰：「蜀有陽平、江關、白水爲三關。」

定軍山

在興元府西縣東六十里。先主自陽平南渡沔水，緣山稍前，於定軍、興勢作營。黄忠於漢中定軍山擊夏侯淵。水經注：「沔陽故城，蕭何所築，南對定軍山。諸葛武侯遺令葬其山。」郡縣志：「西縣，本漢沔陽縣地。」十道記：「武鄉谷在南鄭縣，孔明受封之地。」

沔水、漢水

職方氏：「荊州，其川江、漢。」黄氏曰：「江水自夷陵而下爲州界，東流會于彭蠡。漢水自房陵以下爲州界，東南至漢陽入江。」郡縣志：「漢水，經南鄭縣〔一〕，去縣一百步。」水經及注：「大江出岷山茂州。東南，在蜀郡氏道縣。江水出峽，歷荊門、江陵、華容，至江夏沙羨縣鄂州。西北，沔水從北來注之。沔水出武都沮縣興州，今沔州。東狼谷中，漢水出鮒嵎山。沔水東南流注漢，曰沮口，所謂沔漢者也。孔安國曰：漾水東流爲沔，蓋與沔合也。至漢中爲漢水，是互相通稱矣。東逕沔陽、興元府。南鄭、西城、金州。錫縣、襄陽，南過宜城縣、襄陽府。鄀縣、郢州。石城、竟陵，復州。又東南與陽口合。至江夏沙羨縣北，南入于江。庾仲雍云：沔水南至關城合西漢水，漢水又東北合沮口，同爲漢水之源。」通典：「興元府金牛縣有嶓冢山，禹導漾水，至此爲漢水，亦曰沔水。顏師古云：漢上曰沔。」李氏曰：「四瀆惟江最大。江發於岷，逕夔、荊達揚，而入於海，此江之原也。易氏曰：攷元和志，岷山近在茂州，而江源遠在西徼，在松州之境。外自蜀而言，江之外，其水有七。出於綿之神泉曰綿水，出於什邡之章洛山曰洛水，分流於永康之湔堰者湔水。綿水自綿竹紫巖山逕德陽入雒，洛水自什邡入雒，湔水逕導江、崇寧、九隴、濛陽亦入雒，三水皆合於雒。自雒逕懷安、簡、資、富順至瀘，與江水會，總曰內水。發源於江油之清川，逕綿、潼、遂，東至於合，曰涪水。發源於沔之青泥嶺，逕大安、利、閬、果，至合於涪水會，曰嘉陵水。發源於小巴嶺，逕巴、蓬之伏虞，西南以至於渠，曰巴水。出萬頃池，逕明通，又至渠與巴水合，曰渠水。巴、渠二水既合，逕廣安、新明至合，於嘉陵涪水會，以達於渝，而江始大。此七水與江别合之大略也。若分流出夷中，入中國，以附于江者，有三：曰青衣，曰羊山，曰馬湖。青衣出來山，逕嚴道、洪雅，夾江而下。羊山出鐵豹嶺，逕漢源，出嘉定之南，與青衣水合，入于江。馬湖自夷都流，至叙亦入于江。又有出於郡邑之山澤者，則自岷、峨而下，沿流以至於夔，不勝其衆。其大者，如盛山之萬頃池，則釃流有四，一入于渠，三入於夔。惟漢水出嶓冢，與江分流，由漢、金趨襄，至江夏大别山，始與江合。此蜀衆水接連荆、楚，源流之大略也。」

胡文定公曰：「欲固上流，必保漢沔。」

漢、樂二城

蜀志：「建興七年，諸葛武侯徙府營於南山下原上，築漢、樂二城。」通鑑：「築漢城於沔陽，樂城於成固。」二縣屬漢中郡。沔陽，今興元府西縣；成固，今城固縣。通典：「故西樂城，在西縣西南，武侯所立，甚險固。」輿地廣記：「城固縣，蜀改爲樂城。」水經：「沔水又東逕西樂城北。」注云：「在山上，周三十里。城側有谷，謂之容裘谷，道通益州，諸葛武侯築。晉梁州刺史楊亮守之，爲苻堅所敗。後刺史姜守、潘猛亦居此。城東，容裘溪注之。水左有故城，憑山即嶮，四面岨絶。先主遣黄忠據之，以拒曹公。」姜維傳：「初，先主留魏延鎮漢中，皆實兵諸圍，以禦外敵。敵若來攻，使不得入。及興勢之役，王平捍拒曹爽，皆承此制。維建議以爲錯守諸圍，雖合周易重門之義，然適可禦敵，不獲大利。不若使聞敵至，諸圍皆斂兵聚穀，退就漢、樂二城，使敵不得入。平且重關鎮守以捍之〔二〕。有事之日，令游軍並進以伺其虚。於是令督漢中。胡濟却住漢壽，監軍王含守樂城，護軍蔣斌守漢城。又於西安、建威、武衛、石門、武城、建昌、臨遠，皆立圍守。」水經注：「華陽國志曰：蜀以城固爲樂城縣。」

興勢

郡縣志：「洋州興道縣，本漢城固縣地。後魏分置興勢縣，治興勢山上。唐武德元年置洋州，貞觀二十三年改興道縣。興勢山，在縣北二十里。蜀先主遣諸葛武侯出駱谷，戍興勢山，置烽火樓，處處通照，即此山。後主延熙七年，將軍王平守之，魏將曹爽等攻不克，即今興道縣。」通典：「今縣城即後魏儻城郡。因自然隴勢，形似盆，緣外險，内有大谷，爲盤道，上數里及門。」水經：「漢水又東逕小城固南。」注云：「州治大城固，移縣北，故曰小城固。城北百二十里有興勢坂。漢水又東，右會洋水。」自城固南城南入三百八十里，距南鄭四百八十里，洋州東北至京兆府六百四十里。

駱谷、子午谷、黄金谷

唐地理志：「洋州興道縣有駱谷路，南口曰儻谷，北口曰駱谷。」黄金縣有子午谷路。京城前直子午谷。」郡縣志：「儻谷，一名駱谷，在興道縣北三十里。按：駱谷在長安西南，駱谷關在京兆府盩厔縣今屬鳳翔府。西南一百二十里。武德七年〔三〕，開駱谷道以通梁州，在今關外九里〔四〕。貞觀四年，移於今所。駱谷道，漢、魏舊道也〔五〕，南通蜀、漢。魏曹爽伐蜀，諸軍入駱谷三百餘里，不得前進。駱谷路，在今洋州西北二十里，州至谷四百二十里。晉司馬勳出駱谷，破趙戍〔六〕，壁于懸鈎〔七〕，去長安二百里。黄金水，出黄金縣西北百畝山黄金谷，去縣九里。其谷水陸艱險，語曰：山水艱阻，黄金、子午。魏曹爽由駱谷伐蜀，蜀將王平拒之於興勢，張旗幟至黄金谷，謂此山也。故鐵城，在縣西北八十里，城在山上險峻，故以鐵爲名。氐帥楊難當寇漢川，令薛健據黄金戍，姜寶據鐵城，宋遣梁州刺史蕭思話攻拔之。驛，即子午道也，舊道在今金州安康縣界。梁王神念以舊道緣山避水，橋梁多毀，別開乾路，更名子午道，即此路是也。」輿地廣記：「駱谷路通長安。」唐德宗、僖宗幸興元，皆出此。通典：「黄金戍在黄金縣西北八十里〔八〕，張魯所築。南接漢川，北枕古道，險固之極。」黄金縣，乾德四年省入真符縣。洋有子午、駱谷、饒風關，爲蜀門户。國家於駱谷口置石佛堡，子午谷口置陽嶺寨，西城路置渭門寨、分水寨，皆備禦之要。魏張郃由子午欲攻漢中，曹真從子午道南入漢。順帝詔益州刺史罷子午道，通褒斜路。注：子午道，平帝時，王莽通之，從杜陵直絶南山，徑漢中。三秦記曰：「長安正南，山名秦嶺，谷名子午。」郡縣志：「子午關〔九〕，在京兆府長安縣南百里。王莽通子午道，因置此關。魏遣鍾會統十萬餘衆，分從斜谷、駱谷、子午谷趨漢中。晉桓温伐秦，命司馬勳出子午道。今洋州東二十里曰龍亭，此入子午谷之路。」至谷六百六十里。唐廣德二年，盜竄伏南山子午等五谷。顔氏曰：「今京城直南山有谷，通梁、漢道者，名子午谷。北山是子，南山是午，共爲子午道。」水經注：「直水北出子午谷巖嶺下。」蜀志王平傳：「若賊分向黄金，平率千人下自臨之。」水經：「漢水又東逕小、大黄金南。」注云：「山有黄金峭，水北對黄金谷，有黄金戍，傍山依峭，嶮折七里。氐掠漢中，岨此爲戍，與鐵城相對。一城在山上，一城在山下。嶮峻，故以金鐵名。漢中記曰：自西城涉黄金峭、寒泉嶺、陽都坂。」類要：「黄金縣在州東北百三十里〔一〇〕，黄金戍在縣西北八十里。」薛氏曰：「金、房南蔽夔、峽，西接梁、洋，荆、梁之間一控扼也。國初征蜀，嘗由此以襲夔州。」

白帝永安。

通典：「夔州爲蜀重鎮。先主敗於夷陵，退屯白帝，改爲永安。其後，吴將全琮來襲，不克。奉節縣有白帝城，本漢魚復縣。」郡縣志：「永安宫，在奉節縣東七里。先主改魚復爲永安。白帝山，即州城所據也，與赤甲山接。初，公孫述殿前井有白龍出，因號白帝城。城周迴七里，西南二里，因江爲池，東臨瀼溪，唯北一面小差，逶迤羊腸，數轉然後得上。」水經：「江水東逕魚復縣故城南。」注：「故魚國。左傳：楚伐庸，魚人逐之，是也。巴東郡治白帝山城，周迴二百八十步，北緣馬嶺，接赤甲山。其平處，南北相去八十五丈，東西七十丈〔二〕。又東傍瀼溪，即以爲隍。西南臨大江。」吴朱績傳：「密書結蜀，使爲并兼之慮。蜀遣閻宇將兵五千增白帝守。」

張氏曰：「武侯之治蜀也，東屯白帝以備吴，南屯夜郎以備蠻，北屯漢中以備魏。」後漢注：「魚復縣故城，在今夔州人復縣北赤甲城是。」西魏改人復，唐更名奉節。

八陣圖

郡縣志：「在夔州奉節縣西七里。」寰宇記：「在縣西南七里。荆州圖副云：永安宫南一里，渚下平磧上，周迴四百十八丈，中有諸葛武侯八陣圖。聚細石爲之，各高五尺，廣十圍，歷然棋布，縱横相當，中間相去九尺。正中開南北巷，悉廣五尺，凡六十四聚。或爲人散亂，及爲夏水所没，冬水退，復依然如故。盛弘之荆州記云：八陣壘西聚石爲八行，魚復縣西，聚細石爲壘，方可數百步。行八聚，聚間相去二丈。因曰：八陣既成，自今行師，庶不覆敗。八陣及壘，皆圖兵勢行藏之權，自後深識者所不能了。桓温伐蜀經之，以爲常山蛇勢，此蓋意言之。」蘇氏曰：「八行爲六十四蕝。」水經：「江又東，逕諸葛亮圖壘南。」

薛氏曰：「圖之可見者三：一在沔陽之高平舊壘，郡縣志：在興元府西縣東南十里，武侯壘門石爲圖。一在新都之八陣鄉，郡縣志：在成都府新都縣北十九里。寰宇記：在縣北三十里彌牟鎮。李膺益州記云：稚子闕北五里武侯八陣圖，土城四門〔三〕，中起六十四魁，八八爲行，魁方一丈，高三尺。一在魚復永安宮南江灘水上。」洞當、中黃、龍騰、鳥飛、折衝、虎翼、握機、衡陣之法，本諸吴方圓、牝牡、衝方、罘罝、車輪、雁行之制。

蔡氏曰：「八陣有二，一在魚復，石磧迄今如故。一在廣都。土壘，今已殘破不可考。世傳風后握機文，則魚復圖之注；馬隆八陣贊，又握機文之注。成都圖經云：八陣凡三，在夔者六十有四，方陣法也；在彌牟者一百二十有八，當頭陣法也；在棊盤市者二百五十有六，下營法也。南市，一名棊盤市，武侯陣營基也。興元志：西縣亦有之。則八陣凡四。」

薛氏曰：「漢都肄已有孫吴六十四陣，竇憲嘗勒八陣擊匈奴。晉馬隆又用八陣以復涼州。陳勰持白虎幡，以武侯遺法教五營士，是則武侯之前既有八陣，後亦未嘗亡也。今有馬隆握奇圖贊，其傳起於風后。」

嚴從曰：「武侯所習，風后五圖也。桓温云是常山蛇勢，徒妄言耳。常山蛇者，法出孫子，謂之率然，蓋高直陣也。」水經注：「沔陽定軍山東名高平，是亮宿營處。營東即八陣圖也，遺基略在，難識。」殷芸小說：「於漢中積石作八陣圖。」

杜牧注孫子云：「數起於五而終於八，今夔州諸葛武侯以石縱橫八行，布爲方陣，奇正之出，皆生於此。奇亦爲正之正，正亦爲奇之奇，彼此相用，循環無窮也。諸葛出斜谷，以兵少，但能正用六數，今盩厔司竹園乃有舊壘。司馬以四十萬步騎不敢決戰，蓋知其能也。」

通典：「後魏柔然犯塞，刁雍上表，採諸葛八陣之法，爲平地禦寇之方。」後周信州舊治白帝，陸騰徙之於八陣灘北。

洪氏曰：「八陣魁六十有四，重易之卦也。却月魁二十有四，作易之畫也。畫起於圓而神，故却月之形圓。卦定於方以知，故八陣之體方。方居前，而圓居後，卦自畫始，方自圓生也。壁門直衺，曲折翼其傍，則陰陽二物，握奇則有虚一之象。」

李靖問對：「太宗曰：『六花陣法出何術？』靖曰：『臣所本諸葛亮八陣法也，大陣包小陣，大營包小營，隅落鉤連〔一三〕，曲折相對，古制如此。臣爲圖因之，故外畫之方，内環之圓，是成六花，俗所號耳。』太宗曰：『内圓外方，何謂也？』靖曰：『方生於正，圓生於奇，方所以矩其步，圓所以綴其旋，是以步數定於地，行綴應於天。步定綴齊，則變化不亂。八陣爲六，武侯之舊法。』」

魏重鎮

通典：「魏東自廣陵、壽春、合肥、沔口、西陽、襄陽，重兵以備吴；西自隴西、南安、祁山、漢陽、陳倉，重兵以備蜀。」

廣陵

通典：「今之揚州，春秋時屬吴。左傳：吴城邗溝以通江、淮，是也。秦屬九江郡。漢屬荆國，更屬吴。景帝更名江都國。武帝更名廣陵國。後漢爲廣陵郡。魏爲重鎮。文帝黄初六年，征吴，幸廣陵故城，臨江觀兵，見江濤，歎曰：天所以限南北也。使張遼乘舟，與曹休至海陵，留遼屯江都。嘉平後屬吴。孫亮建興二年，使衛尉馮朝城廣陵。東晉末，以廣陵控扼三齊，故青、兖二州刺史皆鎮於此。宋兼置南兖州治此。北齊曰東廣州，復曰南兖州。後周爲吴州。隋初爲揚州，又爲江都郡。唐初爲兖州，後改爲邗州，又改爲揚州。」

秦氏曰：「凡稱揚州者，東漢指歷陽，或壽春，或曲阿。中原自魏至周指壽春，或合肥。江左自吴至陳指建業，或會稽。隋、唐、五代乃指廣陵。廣陵在二漢時爲吴國、江都、廣陵國、廣陵郡，宋爲南兖州，北齊爲東廣州，後周爲吴州，唐初亦爲邗州。

其爲揚州，自隋始也。」

郡縣志：「廣陵，在江都縣北四里，州城正直其上。大江，西北自六合縣界流入，晉祖逖擊楫中流自誓之所，南對丹徒之京口，舊闊四十餘里，今闊十八里。」城本吴王濞所築。當吴、魏時，廣陵、下邳、九江、江夏四郡邊魏，皆與魏爲交争之地。合瀆渠，在江都縣東二里，本吴掘邗溝，以通江、淮之水路也。夫差自廣陵城東南築邗城，下掘深溝，謂之邗江，亦曰邗溝〔一四〕，自江東北通射陽湖。今謂之官河，亦謂之山陽瀆。

壽春

水經：「淮水東流與潁口會，東北流逕壽春縣故城西。」通典：「壽春郡，後漢揚州刺史領郡六，治於此。魏曰淮南郡，仍揚州，爲重鎮。毌丘儉、諸葛誕爲刺史，鎮於此。誕城在壽春縣東一里。鄧艾行陳、項已東至壽春〔一五〕，且田且守。三國時，江、淮爲戰争之地，其間數百里，無復人居。晉平吴，其人各還本，復立爲淮南，兼置揚州。領郡十八，治於此。東晉亦爲重鎮。晉伏滔正淮論云：壽陽〔一六〕，南引汝、潁之利，東連三吴之富，吴郡與吴興、丹陽爲三吴。北接梁、宋，平途不過七百，西接陳、許〔一七〕，水陸不出千里。外有江、湖之阻，内保淮、淝之固。龍泉之陂，良疇萬頃。舒、六之貢，利盡蠻越。元帝永昌中，豫州刺史祖約自譙還鎮於此，後或治江北，或治江南，無定所。晉義熙十二年〔一八〕，劉義慶又鎮此。齊兼置豫州，爲重鎮。高帝遣垣崇祖鎮壽陽，謂曰：壽春，賊之所衝，深爲之備。魏大將王肅送劉昶，兵二十萬掩至敗還。高閭曰：壽陽、盱眙、淮陰，淮南之本原也。永元初，守將裴叔業以城降魏。後魏曰揚州。梁武普通七年，克之，置南豫州，後降魏。陳太建五年，復得壽陽，爲豫州。隋改壽州。壽春縣，東晉改壽陽。今縣東四十餘里，宋殷琰築四壘於此。」今安豐軍，古壽春也。其城築自楚考烈王，徙都而經始焉。南北剖分，爲疆埸戰爭之地。謝玄肥水之陽却苻秦百萬之師。劉仁贍堅壁自守〔一九〕，周世宗攻之，三年不能下。世宗不能久處淮南，蓋仁贍當其衝會，壽州不守，不可越之而有淮南。唐氏曰：「自古天下裂爲南北，其得失皆在淮南。吴不得淮南，而鄧艾理之，故吴并於晉。陳不得淮南，而賀若弼理之，故陳并於隋。南得淮，則足以拒北；北得淮，則南不得自保矣。」

南齊志：「壽春，淮南一都之會，地方千餘里，有陂田之饒，漢、魏揚州所治，北拒淮水。」周氏曰：「自晉至宋，皆以壽陽爲重，魏寇少至，則淮、泗諸郡堅守，以待救援；大至，則發民而歸壽陽。蓋壽陽不陷，則魏兵雖深入垂瓠，終憂援兵之突至。又前有彭城，故爲守易。齊既擇人以守壽陽，又有朐山在其東，故守亦非難。」郡縣志：「其地城臨淝水，北有八公山，在南即淮水，自東晉至今，常爲要害之地。」

合肥

郡國志：「九江郡合肥縣。」後漢注：「故城在今廬州北。」郡縣志：「廬州，本廬子國，春秋舒國之地。漢分淮南置廬江郡。後漢廬江在皖。建安中，曹公謂劉馥可任以東南之事，以爲揚州刺史，單馬造合肥空城，建立州治，合肥縣西二里故城是也。建安二年，張遼守之，孫權帥十萬師攻圍，遼以八百人破之。明帝青龍元年，滿寵都督揚州諸軍，鎮於此，請於合肥縣西北三十里立新城。表曰：合肥城南臨江、湖，北達壽春，賊攻圍之，得據水爲勢，官軍救之，當先破賊大軍〔二〇〕，然後圍乃得解。賊往甚易，兵救甚難。宜移城西三十里，有奇險可依，立城固守，此爲引賊平地而掎其歸路。從之。權自出，欲圍新城，以其遠水，積二十日不敢下船，乃上岸曜兵。明年，又至新城，無功而還。諸葛恪圍城，亦不克。魏明帝云：先帝東置合肥，南守襄陽，西固祁山，賊來輒破於三城之下，地有所必争也。合肥，晉亦爲重鎮。梁改合州，隋改廬州。合肥縣，本漢舊縣，淮水與肥水合，故曰合肥。」應劭曰：「夏水出父城東南，至此與淮合。」乾道新城記云：「魏築二壘於白渡港，亦號合肥城，非今州城也。」合肥志云：「新城在合肥縣西北之新城鄉。」何承天曰：「曹、孫之霸，才均智侔，江、淮之間，不居者數百里。魏捨合肥，退保新城。吳城江陵，移入南岸。濡須之戍，家停羨溪。」王基傳：「孫權再至合肥，一至江夏。其後，全琮出廬江，朱然寇襄陽，皆無功而還。」

沔口

文聘傳：「與夏侯尚圍江陵，使聘別屯沔口，止石梵，自當一隊。孫權以五萬衆自圍聘於石陽。聘堅守不動，追擊破之。」通典：「沔口，建安十五年，文聘爲江夏太守鎮焉，吳軍屢攻不拔。魏初有之，青龍後屬吳。即今漢陽郡。」輿地廣記：「漢陽軍漢陽縣，本安陸縣地，漢屬江夏，東晉置沌陽縣。隋置漢津縣，屬復州，改曰漢陽。唐屬沔州，廢屬鄂州。周置漢陽軍。漢入江處謂之沔口。漢末、魏及吳，人皆以爲重鎮。」吳嘉禾三年，陸遜、諸葛瑾屯江夏沔口。晉陶侃傳：「王貢擊侃督護鄭攀於沌陽，又敗朱伺於沔口。」齊張沖傳：「梁王出沔口，圍魯山城。」郡縣志：「魯山，一名大別山，在漢陽縣東北一百步。山前枕蜀江，北帶漢水。漢水，一名沔水，西自汶川縣界流入。」禹貢：「漢至大別，南入于江。」蔡氏曰：「大別入江，在今漢陽縣。」水經注：「魯山左即沔水口。沔左有却月城，荆州記：沌陽縣至沔口，水北有却月城。沙羨縣治也。黄祖所守。」祖横兩蒙衝挾守沔口。郡縣志：「却月故城，在漢陽縣北三里。周迴一里八十步，高六尺。黄祖所守處。」漢陽圖經云：「梁武帝築漢口城以守魯山，三國以前多稱漢而不言沔，三國以後多稱沔而不言漢，漢、沔一水。」南都賦注曰：「漢水源出隴西，經武都至武關山，歷南陽界，出沔口入江。」

西陽、石陽

郡縣志：「黄州，魏爲重鎮。黄初中，吳先揚言欲畋江北，豫州刺史滿寵度其必襲西陽，先爲之備。孫權聞之，退還。西陽故城，在黄岡縣東南一百三十里。」輿地廣記：黄岡，本漢西陵縣地。漢縣，屬江夏。晉爲西陽國，齊置齊安郡，隋置黄州。光州光山縣，本漢西陽縣。寰宇記：故西陽城，在光州光山縣西二十里〔二一〕。石陽故城，在黄陂縣西二十三里。吴征江夏，圍石陽，不克而還，即此。黄陂縣，劉表爲荆州刺史，以此地當江、漢之口，懼吴侵軼，使黄祖於此築城鎮遏，因名黄城鎮。後周置黄陂縣。白沙關，西至大關六十里，在黄州西二百四十里，北至光州界二十五里。大活關，東北至光州二百八里，西至安州澧山關一百里，在縣北二百里。穆陵唐志作木陵。關，在麻城縣西北八十八里。在穆陵山上。陰山關，北至光州殷城縣省入固始。二百里，在州東北二百十里。」水經：「江水左逕赤鼻山南，又東逕西陽郡南。」江水東逕積布山南，即西陽、尋陽二郡界也。蘄州廣濟縣有積布山。晉志：「魏文分汝南立弋陽郡，治西陽。」今光州光山縣。晉爲弋陽郡治。黄州黄岡縣，晉屬弋陽郡。寰宇記：「晉永嘉後，始移西陽，置故邾城上流五里。」

襄陽

郡縣志：「襄州，荆、豫二州之域。於周諸國則穀、鄧、鄾、盧、羅、鄀之地〔二二〕。秦兼天下，自漢以北爲南陽郡，今鄧州。漢以南爲南郡。今荆州。後漢建安十三年，魏武平荆州，置襄陽郡。自赤壁之敗，魏失江陵，而荆州都督治無常處，吴將諸葛瑾、陸遜皆數入其境。自羊公鎮襄陽，吴不復入。東晉僑立南雍州。西魏改襄州，因州南襄水爲名。襄陽去江陵陸道五百里，勢同輔車，無襄陽則江陵受敵。自東晉庾翼爲荆州刺史，將事北伐，遂鎮襄陽。北接宛、洛，跨對樊、沔，爲荆郢之北門，代爲重鎮。襄陽縣，本漢舊縣，屬南郡，在襄水之陽。」荆豫都督王昶言〔三〕：「今屯宛，去襄陽三百餘里，有急不足相赴。」遂徙屯新野。今鄧州穰縣。司馬懿曰：「襄陽，水陸之衝，禦寇要地，不可失也。」通典：「魏徐晃守之。蜀將關羽攻不下。」關羽攻樊城，遣別將圍襄陽。晉庾亮曰：「襄陽北接宛、許，南阻漢水。」庾翼曰：「襄陽，荆、楚之舊，西接益、梁，與關、隴指斥；北去洛、河，不盈千里。土沃田良，方城險峻，水路流通，轉運無滯，進可以掃蕩秦、趙，退可以保據上流。」水經注：「城北枕沔水，即襄陽縣之故城。」胡氏曰：「襄陽，上流門户，北通汝、洛，西帶秦、蜀，南遮湖、廣，東瞰吴、越。欲退守江左，則襄陽不如建鄴；欲進圖中原，則建鄴不如襄陽。欲禦强寇，則建鄴、襄陽乃左右臂也。」後漢郡國志注：「荆州記曰：襄陽，舊楚之北津，從襄陽渡江，經南陽出方關，是周、鄭、晉、衛之道。其東津，經江夏出平睾關，是通陳、蔡、齊、宋之道。」

樊

郡縣志：「襄州臨漢縣，本漢鄧縣，古樊城，仲山甫之國也。縣城南臨漢水，魏曹仁處樊，蜀將關羽圍樊，會漢水暴長，羽以舟師攻之。故鄧城，在縣東北二十二里。鄧塞故城，在縣東南二十二里。南臨宛水，阻一小山，號曰鄧塞。魏常於此治舟艦以伐吴。陸士衡表稱：下江、漢之卒，浮鄧塞之舟，謂此也。」輿地廣記：「襄陽府鄧城縣，後置樊城縣，後周省。唐改安養曰臨漢，復改鄧城。有樊城鎮。」曹操救樊，駐軍摩陂。摩陂在潁川郟縣，今潁昌府郟縣。魏明帝改陂曰龍陂，城曰龍城。

柤中、沮中

吴志：「赤烏四年，朱然圍樊，諸葛瑾取柤中。」朱然傳：「赤烏五年，征柤中。」注：「襄陽記曰：柤中在上黄界，上黄縣，宋初屬襄陽。去襄陽一百五十里。魏時，夷王梅敷兄弟部曲萬餘家屯此，分布在中廬、宜城西山鄢、沔二谷中，土地平敞，宜桑麻，有水陸良田，沔南之膏腴沃壤，謂之柤中。九年，復征柤中。音租。」郡縣志：「柤山，在襄州南漳縣漢臨沮縣。東北一百八里。朱然、諸葛瑾從沮中乘山險道北出。柤中去襄陽城百五十里，蓋以地山相近，因名。或云司馬宣王鑿八疊山開路，於此停阻〔二四〕。」通典：「南漳縣有地名柤中，吴朱然屯處。」

宋何承天曰：「襄陽之屯，民居星散。晉宣王謂宜徙沔南以實水北。曹爽不用，果亡沮中。」沮中，即今襄陽南沮水左右地。地理志：「房陵東山，沮水所出，至郢入江。」水經注：「枝江縣舊治沮中，後移出百里洲。」鄭獬襄州宜城縣木渠記曰：「木渠，襄沔舊記所謂木里溝者也，出於中廬之西山，擁鄢水走東南四十五里，徑宜城之東北而入于沔。後漢王寵守南郡，復鑿蠻水，與之合，於是溉田六千餘頃。至曹魏時，夷王梅敷弟兄於其地聚民萬餘家，據而食之，謂之柤中，故當時號柤中爲天下膏腴。吴將朱然嘗兩提精兵，争其地不得。」

隴西、南安

晉志：「隴西郡治襄武，唐渭州縣。南安郡治獂道。唐渭州隴西縣。」水經注：「獂道，獂戎邑也。漢靈帝别爲南安郡〔二五〕。」通典：「渭州，秦置隴西郡，以居隴坻之西爲名。漢分立南安郡。魏置鎮守在此。鄧艾曰：狄道、隴西、南安、祁山，各當有守，彼專爲一，我分爲四。隴西縣，漢獂道地，立南安郡於此。隋改爲縣。」輿地廣記：「鞏州隴西縣，本襄武縣地。」舊有隴西縣，在襄武之東，置南安郡，後廢。

狄道

通典：「蘭州，魏爲重鎮，蜀將姜維攻狄道，不克。」狄道縣，秦、漢舊縣，宋熙寧五年置熙州。

漢陽

晉志：「天水郡，漢明改漢陽，治上邽。」通典：「凉州領郡十，治於此。魏爲重鎮。晉分爲天水及略陽兩郡〔二六〕，兼置秦州，領郡六，治於此。唐爲秦州。秦國始封之邑，今郡有秦亭、秦谷是也〔二七〕。」諸葛武侯云：率益州之衆出秦川，謂此。

段谷

通典：「秦州上邽縣有段谷水，姜維爲鄧艾破於此。」水經注：「藉水又東合段溪水，出西南馬門溪，東北流。」蘇氏曰：「鄧艾縋兵於蜀中，非劉禪之庸，則百萬之師可以坐縛。」

斜谷

魏曹真以漢人數入，請由斜谷伐之，詔司馬懿泝漢水，由西城與真會漢中，諸將或欲由子午谷，或欲由武威。陳群諫曰：「斜谷阻險，轉運有鈔截之虞。」漢志：「右扶風武功縣，斜水出衙領山，北至郿入渭。」續漢志：「武功縣今郿縣也。有斜谷。」注：「西征賦注曰：褒斜谷在長安西南，南口褒，北口斜，百七十里。其水南流。」西都賦：「右界褒斜。」注：「梁州記曰，萬石城泝漢上七里，有褒谷，南口曰褒，北口曰斜，長四百七十里。」水經：「渭水東逕武功縣北。」注：「渭水於縣，斜水自南注之。水出縣西南衙領山，北歷斜谷，逕五丈原東。」郡縣志：「鳳翔府郿縣城，亦曰斜城〔二八〕，城南當斜谷，因以爲名。五丈原，在郿縣西南二十五里。」

陳倉

水經注：「陳倉縣有陳倉山，在縣南十里。山上有寶雞祠。今鳳翔府寶雞縣也〔二九〕。滎氏開山圖注：伏羲徙治陳倉。陳倉水出陳倉山下，東南流注于渭水。又東與綏陽溪水合〔三〇〕，上承斜水，自斜谷分注綏陽溪，北屆陳倉入渭。諸葛武侯與兄瑾書曰：有綏陽小谷，雖山崖絶重〔三一〕，溪水縱横，難用行軍，昔邏候往來〔三二〕，要道通人，今使前軍斫治此道〔三三〕，以向陳倉，足以扳連賊勢，使不得分兵東行。」郡縣志：「陳倉城，魏太和中，將軍郝昭所築。武侯進兵，攻距二十餘日，引去。今城有上下二城相連，上城是秦文公築，下城是郝昭築。」水經注：「今汧水對亮城〔三四〕，是與昭相禦處。」通典：「今縣東二十里故城是。」三交城在寶雞縣西十六里〔三五〕，司馬懿與武侯相距所築。西京賦：「陳寶鳴雞在焉。」三秦記：「太白山南有陳倉山。」

祁山

郡縣志：「祁山，在成州長道縣東十里〔三六〕。長道，熙寧六年屬岷州，今西和州。漢水逕其南，有諸葛武侯壘。壘之左右，猶有豐草，蓋武侯所植也。」本漢上禄縣地。水經注：「祁山，在嶓冢之西七十許里。山上有城，極爲巖固，漢水逕其南。城南三里有武侯故壘，壘之左右，猶豐茂宿草，蓋武侯所植也。在上邽西南二百四十里。」開山圖曰：漢陽西南有祁山，九州之名岨。武侯表言：祁山去沮五百里〔三七〕，有民萬户。」魏牽招傳：「孔明在祁山，遣使連結軻比能。比能至故北地石城，與相首尾。」郡縣志：「木馬山，在利州景谷縣西南二十五里。諸葛武侯出祁山，木牛流馬於此造作，因以名之。」六合掌運圖：「祁山堡在西和州長道鎮。」圖經云：「祁山去秦之天水縣三十里，山圍六七里，高數十丈。」

黎陽

漢屬魏郡。水經注：「黎，侯國也。」晉灼曰：「黎山在其南，河水逕其東。」今黎山東北有縣故城，山在城西，城憑山岨河。本屬衛州，端拱元年建通利軍，後爲濬州。有黎陽山，大伾也。寰宇記以爲黎侯寓衛居之，故縣得名。述征記：「黎陽城西袁譚城，城南又有一城，曹公攻譚所築。」杜牧曰：「黎陽距白馬津三十里。」輿地廣記：「開德府臨河縣，漢黎陽縣地，隋析黎陽置，五代屬澶州。」

官渡

郡國志：「滎陽有鴻溝水。」文穎曰：「於滎陽下引河，東南爲鴻溝，即官度水也。」後漢注：「官度，即古之鴻溝，在今鄭州中牟縣今屬開封府。北官度口是也。」水經注：「莨蕩渠左逕陽武縣故城南，東爲官渡水。又逕曹公壘，北有高臺，謂之官渡臺，在中牟城北，世又謂中牟臺。袁紹臨官渡，起土山、地道以逼壘，公亦起高臺以捍之，即中牟臺也。今臺北土山猶在。山之東，紹舊營遺基並存。」郡縣志：「官渡臺，亦名曹公臺，在中牟縣北十二里。」裴松之北征記曰：「中牟臺下臨汴水，是爲官度，袁、曹壘尚存焉。」

白馬

後漢注：「縣屬東郡，今滑州白馬縣也。故城在今縣東。」括地志：「白馬故城，在滑州衛南縣西南二十四里。」白馬山，在縣東北三十四里，津與縣取此山爲名。水經注：「黎陽東岸有故城。竹書紀年：梁取枳道與鄭鹿。鄭鹿即是城也。今城內有故臺，謂之鹿鳴臺，又謂鹿鳴城。郡縣志：在白馬縣北三十里。王玄謨自滑臺走鹿鳴。亦曰鹿鳴津，又曰白馬濟。津之東南有白馬城，衛文公東徙，渡河都之，故濟取名焉。袁紹攻劉延於白馬，即此處。」寰宇志：「黎陽縣濬州。東黎陽津，一名白馬津。澶州臨河縣有白馬城。」郡縣志：「白馬故關，在衛州黎陽縣東一里五步。白馬津即此地，後更名黎陽津〔三八〕。此白馬津之北岸，慕容德徙滑臺，至黎陽津，冰合，夜濟，改爲天橋津。高齊移石濟關於此，造橋，改名白馬關。」周世宗北征，命學士爲文祭白馬祠。秉筆者疑其所出，訪於尹拙。拙歷數郡國祠白馬者，凡十餘處。

延津

左傳注：「陳留酸棗縣北有延津。」郡國志注：「酸棗，即鄭廩延之地。」水經：「河水東至酸棗縣西，濮水東出焉。河水又東北，通謂之延津。注：石勒號爲靈昌津。又右逕滑臺城。注：城即鄭廩延邑，下有延津。春秋傳：孔悝載伯姬于平陽，行于延津，是也。廩延南故城，即衛之平陽亭，今人謂此津爲延壽津。」郡縣志：「延津，在衛州衛縣西二十六里。曹公遣于禁度河，守延津，即此地。延津，即靈昌津也，在滑州靈昌縣東北二十二里。左傳廩延，曹公北救劉延至延津，皆此津也。」輿地廣記：「開封府酸棗縣有延津。」唐志：「衛州新鄉縣東南有故延津關。」衛縣，熙寧六年省爲鎮，入黎陽。新鄉省爲鎮，入汲縣。晉載記：「石勒赴金墉，濟自大堨。先是，流澌風猛。軍至，冰泮清和。勒以爲神靈之助，命曰靈昌津。」

潼關

郡縣志：「在華州華陰縣東北三十九里，古桃林塞也。左傳：晉使詹嘉處瑕以守桃林之塞。注云：華陰縣東潼關。關西一里有潼水，因以名關。又云：河在關內，南流衝激關山，因謂衝關。水經注：潼激關山，因謂潼關。按：秦函谷關在漢弘農縣，即靈寶縣陝州。西南十一里故關是也(三九)。今大路在北，本非衿東之要。漢武元鼎三年，楊僕爲樓船將軍，本宜陽人，今福昌縣。恥居關外，請以家僮七百人徙關於新安，帝從之。即新安縣河南府。東一里函谷故關是也。初平二年，董卓脅獻帝西幸長安，出函谷關。自此已前，其關並在新安。至建安十六年，曹公破馬超於潼關，是中間徙於今所。通典云：國之巨防，史官闕載。今歷二處而至河、潼，上躋高隅，俯視洪流，盤紆峻極，實謂天險。河之北岸則風陵津，北至蒲關六十餘里。河山之險，邐迤相接。自此西望，川途曠然，蓋神明之奧區，帝宅之户牖。通典：本名衝關，河自龍門南流，衝激華山東，故以爲名。黄巷坂，在虢州閿鄉縣西北二十五里，即潼關路也。水經注：河水自潼關東北流，水側有長坂，謂之黄巷坂。東出，通謂之函谷關。岸高道陿，車不得方軌。魏武征韓遂、馬超，連兵此地。今河之西有曹公壘。潘岳西征賦：遡黄巷以濟潼。」灌水注之，北流逕通谷，亦謂通谷水，東北注于河。述征記所謂潼谷水，或説因水以名。吕氏曰：「安禄山、黄巢之入長安，因潼關失守。」書：「放牛桃林之野。」注云：「在華山東。」山海經：「夸父之山，其北林名曰桃林，廣圍三百里。」三秦記：「桃林塞在長安東四百里。」西京賦注：「桃林在閿鄉南谷中。」晉地道記：「漢弘農函谷關有桃林。」寰宇記：「自陝州靈寶縣已西至潼關，皆是也。」隋置桃林縣，唐更名靈寶縣，西南境即古桃林之野。今攷：古函谷關在陝州靈寶縣西南，潼關在華州華陰縣，自潼關至函谷，歷陝、華二州之地，俱謂之桃林塞。

蘇氏曰：「曹公既滅二袁、吕布、劉表，欲遂取江東而不克。既破馬超、韓遂，欲并舉巴、蜀而不果。」

滎陽、汴水

地理志：「卞水在滎陽縣西南。」水經：「汳水出陰溝于浚儀縣北。」注：「陰溝，即蒗蕩渠也。汳受旃然水，丹、沁亂流，于武德絶河，南入滎陽合汳。」

南豐曾氏曰：「昔禹于滎澤下分大河爲陰溝，出之淮、泗，至浚儀西北復分二渠，其後或曰鴻溝。始皇疏之，以灌魏郡者是也。或曰浪宕渠，自滎陽五池口來注鴻溝者是也[四〇]。或曰浚儀渠，漢明帝時，循河流故瀆作渠，渠成，流注浚儀者是也。或曰石門渠，靈帝時，於敖城西北累石爲門，以遏渠口者是也。石門渠東合濟水，與河渠東注，至敖山之北而兼汴水。又東至滎陽之北，而旃然之水東流入汴。滎陽之西，有廣武二城，汴水自二城間小澗中東流而出，濟水至此乃絶。桓温將通之而不果者，晉太和之中也。劉裕浚之，始有湍流奔注，而岸善潰塞，裕更疏鑿以漕運者，義熙之間也。皇甫誼發河南丁夫百萬開之，起滎澤，入淮，千有餘里，更名之曰通濟渠者，隋大業之初也。裴耀卿言江南租船，自淮而北泝鴻溝[四一]，轉相輸納於河陰、含嘉、太原等倉，凡三年運米七百萬石者，唐開元之際也。後世因其利焉。太宗嘗命張泊論著其興鑿漕運之本末如此，宋至道之間也。」

蘇氏曰：「自淮、泗入河，必道於汴。世謂隋煬帝始通汴入泗，禹時無此水道，以疑禹貢之言，此特學者攷之不詳。禹貢九州之末，皆記入河水道，而淮、泗獨不能入河，帝都所在，理不應爾，意其必開此道以通之。其後，或爲鴻溝，或爲官渡，或爲汴，上下百餘里間，不可必知，然皆引河水而注之淮、泗也。晉王濬伐吴，杜預與之書曰：自江入淮，逾於泗、汴，泝河而上，振旅還都。王濬舟師之盛，古今絕倫，而自汴泝河，可以班師，則汴水之大小當不減於今，又足以見秦、漢、魏、晉，皆有此水道，非煬帝創開也。」薛氏曰：「禹貢揚州貢路自江順流入海，又自淮、泗入菏，泝泲入河。傳謂吳王夫差始通邗溝，以禹貢攷之，淮南，虞、夏之間無水道也。」易氏曰：「揚之貢，在北者可徑達淮、泗，在南者邗溝未開，無道入淮，必沿江海以達淮、泗。至淮、泗，則與徐州同貢，以達于河。」

後山陳氏曰：「漢末河入於汳，即汴字。灌注兗、豫。永平中，導汳，自滎陽別而東北至千乘入於海，而河復（四二），於是故瀆在新渠之南。水經注所謂絕河而受索，自此始。隋開皇中，因漢之舊，導河于汳。大業初，合河、索爲通濟渠，別而東南入于淮，而故道竭。今于畿爲白溝，於宋爲長沙（四三），於單爲石梁，於徐爲汳，而入於南清。南清，故泗也。」

郡縣志：「汴渠，在河南府河陰縣南二百五十步，本漢滎陽縣地。」即古莨蕩渠。河陰，後屬孟州。九域志：「汴水，古通濟渠也。」郡縣志：「汴州浚儀縣琵琶溝水，西自中牟縣界流入通濟渠。隋煬帝欲幸江都，自大梁城西南鑿渠引汴水，即莨宕渠也。」

故市、烏巢

袁氏輜重萬餘乘，在故市、烏巢。郡縣志：「故市城，在鄭州管城縣西北三十里。」晉地理志：「烏巢在酸棗縣東南。」水經：「濟瀆東逕酸棗縣之烏巢澤北。」注：「澤在酸棗之東南。」酸棗，本秦舊縣，屬陳留郡，隋開皇十六年屬滑州，今屬開封府。

鄧塞

郡縣志：「鄧塞故城，在襄州臨漢縣本漢鄧縣地，今鄧城縣。東南二十二里。南臨宛水，阻一小山，號曰鄧塞，昔孫文臺破黄祖於此山下。魏常於此裝治舟艦以伐吴。陸士衡表稱：下江、漢之卒，浮鄧塞之舟，謂此也。故鄧城在縣東北二十二里。」今按陸士衡辯亡論：「魏氏浮鄧塞之舟，下漢陰之衆。」注：「水經注曰：鄧塞者，即鄧城東北小山〔四〕，因之以爲鄧塞。」漢陰，漢水之南也。莊子曰：「子貢南遊于楚，過漢陰。」九域志：「穀城縣有鄧塞鎮。」

蘇氏曰：「項籍有取天下之才而無取天下之慮，曹操有取天下之慮而無取天下之量，劉備有取天下之量而無取天下之才。三人者，終其身無成焉。」

校勘記

〔一〕經南鄭縣　元和郡縣圖志卷二二興元府南鄭縣：「漢水，經縣南，去縣一百步。」

〔二〕平且重關鎮守以捍之　「平且」，原作「平旦」，據浙本及三國志卷四四蜀書姜維傳改。

〔三〕武德七年　「七年」原脱，據元本、遞修本、浙本及元和郡縣圖志卷二京兆府盩厔縣補。

〔四〕在今關外九里　「關外」，元和郡縣圖志卷二京兆府盩厔縣作「關北」，太平寰宇記卷三〇同，疑「關外」爲「關北」之誤。

〔五〕漢魏舊道也　「道」，原作「路」，據元本、遞修本、浙本及元和郡縣圖志卷二二改。

〔六〕破趙戍　「趙戍」，原作「趙咸」，據元本、遞修本、浙本及元和郡縣圖志卷二二改。

〔七〕壁于懸鈎　「懸鈎」，原作「懸駒」，据元本、遞修本、浙本及元和郡縣圖志卷二二改。

〔八〕黄金戍在黄金縣西北八十里　「黄金戍」，通典卷一七五州郡五作「黄金城」。

〔九〕子午關　原作「子午谷」，元本、遞修本、浙本作「子午關」。元和郡縣圖志卷一京兆府長安縣：「子午關，在縣南百里。王莽通子午道，因置此關。」據改。

〔一〇〕黄金縣在州東北百三十里　「州」，原作「川」，元本、遞修本、浙本作「州」。元和郡縣圖志卷二二洋州黄金縣：「西南至州一百三十里。」太平寰宇記卷一三八洋州：「廢黄金縣，在州東北一百三十里。」據改。

〔一一〕東西七十丈　「七十」，原作「十七」。水經江水注、太平寰宇記卷一四八奉節縣下均言：「其間平處，南北相去八十五丈，東西七十丈。」據改。

〔一二〕土城四門　「四門」，宋王應麟玉海卷一四二、明曹學佺蜀中廣記卷五引寰宇記：「有武侯八陣圖，土城四門，中起六十四魁。」今本太平寰宇記作「西門」，疑誤。

〔一三〕隅落鉤連　「鉤」，原作「駒」，其他各本作「鉤」。李衛公問對卷中、類説卷三九、玉海卷一四三所引亦作「鉤」，據改。

〔一四〕亦曰邗溝　「邗溝」，原作「刊溝」，據元本、遞修本、浙本改。

〔一五〕鄧艾行陳項已東至壽春　「項」，原作「潁」。通典卷二、卷一〇，晉書卷二六食貨均作「項」。資治通鑑卷七四：正始二年，「鄧艾行陳、項以東至壽春」，注：「陳縣，漢屬陳國。項縣，漢屬汝南郡。晉志二縣並屬梁國。」據改。

〔一六〕壽陽　原作「壽揚」，元本作「壽陽」，晉書卷九二文苑傳作「壽陽」，太平寰宇記卷一二九壽春縣，「東晉以鄭皇后諱改爲壽陽」。據改。

〔一七〕西接陳許　「接」，原作「援」，通典卷一八一、太平寰宇記卷一二九壽州下作「西接陳、許」，據改。

〔一八〕晉義熙十二年　「晉」，原作「宋」。因義熙爲晉安帝年號，故改。「十二」，原作「十一」。劉義慶鎮壽陽之時間，史籍記載不一。宋書卷三六州郡二南豫州下謂義熙「十三年，刺史劉義慶鎮壽陽」，南齊書卷一四州郡上謂義熙「十二年，劉義慶鎮壽春，後常爲州治」，通典卷一八一作「至宋義熙十二年，劉義慶又鎮此，以撫邊荒，捍禦疆埸」，資治通鑑卷一一八作義熙十四年元月，「以南郡公劉義慶爲豫州刺史」，因此處爲引用通典之說，故改爲「十二」。

〔一九〕劉仁贍堅壁自守　「劉仁贍」，原作「劉仁瞻」，元本、遞修本、浙本作「劉仁贍」。舊五代史卷一二九、新五代史卷三二有劉仁贍傳，據改。下同。

〔二〇〕當先破賊大軍　「當」，原作「尚」，浙本作「當」。三國志卷二六魏書滿寵傳亦作「當」，據改。

〔二一〕在光州光山縣西二十里　「光山縣」，原作「出山縣」，元本、遞修本、浙本作「光山縣」。太平寰宇記卷一二七光州光山縣下謂「故西陽城，在縣西二十里」。據改。

〔二二〕於周諸國則穀鄧鄾盧羅鄀之地　「鄀」，原作「若」。元和郡縣圖志卷二一襄州總序作「鄀」，太平寰宇記卷一四五襄州總序同。左傳僖公二十五年：「秋，秦晉伐鄀」。據改。

〔二三〕荆豫都督王昶言　「荆豫」，原作「揚豫」，據三國志卷二七魏書王昶傳改。

〔二四〕於此停阻　「阻」，原作「租」。元和郡縣圖志卷二一襄州南漳縣：「或云司馬宣王鑿八疊山，開路於此停阻也。」太平寰宇記卷一四五襄州南漳縣：「舊傳云司馬宣王鑿八疊山，開路於此停阻，以屈曲八疊爲名。」據改。

〔二五〕漢靈帝別爲南安郡　「南安郡」，原作「南陽郡」，元本、遞修本、浙本作「南安郡」。水經渭水注：「漢靈帝中平五年，別爲南安郡。」據改。

〔二六〕晉分爲天水及略陽兩郡　「略陽」，原作「武陽」。晉書卷一四地理志上：「略陽郡，本名廣魏，泰始中更名焉。」通典卷一七四：「晉分爲天水及略陽二郡，兼置秦州。」據改。

〔二七〕秦谷是也　「秦谷」，原作「秦國」，據元本、遞修本、浙本及通典卷一七四州郡四改。

〔二八〕亦曰斜城　「斜城」，元和郡縣圖志卷二鳳翔府郿縣作「斜谷城」。

〔二九〕今鳳翔府寶雞縣也　「也」，元本作「南」，似後描，元乙本作「也」。

〔三〇〕又東與綏陽溪水合　「綏陽溪水」，原作「陽溪」，明朱謀㙔水經注箋亦作「陽溪」。趙一清水經注釋作「綏陽溪水」，本書下文亦作「綏陽溪」，據補「綏」、「水」二字。

〔三二〕雖山崖絶重　「重」，庫本水經注作「險」，「案：近刻訛作『重』」。

〔三三〕昔邏候往來　「昔」，原作「者」。庫本水經注作「昔」，「案：近刻『昔』訛作『者』」。據改。

〔三四〕今使前軍斫治此道　「斫」，原作「砍」，據元本、遞修本、浙本、水經渭水注改。

〔三五〕今汧水對亮城　「汧水」，原作「灄水」，庫本水經注作「汧水」，「案：『汧』近刻訛作『灄』」。據改。「亮」字原闕，據水經渭水注補。

〔三六〕三交城在寶雞縣西十六里　「西十六里」，原作「四十六里」。元和郡縣圖志卷二鳳翔府寶雞縣：「三交城，在縣西十六里。」據改。

〔三七〕在成州長道縣東十里　「成州」，原作「成周」，元本、遞修本、浙本作「成州」。元和郡縣圖志卷二二：「成州長道縣，『祁山，在縣東十里』。」據改。

〔三八〕祁山去沮五百里　「五百里」，原作「五百」，浙本作「五百里」。太平寰宇記卷一五〇秦州長道縣：「諸葛武侯表言：『祁山縣去沮五百里，有人萬户。』」資治通鑑卷六六注：「諸葛亮表言『祁山去沮五百里，有人萬户』者，此也。」據補「里」字。

〔三九〕後更名黎陽津　「更名」，原作「改名」，據元本、遞修本、浙本及元和郡縣圖志卷一六改。

〔四〇〕西南十一里故關是也　「十一里」，原作「十二里」，據元本、遞修本、浙本及元和郡縣圖志卷二改。

〔四一〕自滎陽五池口來注鴻溝者是也　「注」，原作「往」，元本、遞修本、浙本作「注」。曾鞏元豐類稿卷四九：「自滎陽五池口來注鴻溝者是也。」據改。

〔四一〕自淮而北泝鴻溝　「而」，原作「南」，元本、遞修本、浙本爲「西」。曾鞏元豐類稿卷四九：「自淮而北泝鴻溝，轉相輸納於河。」據改。

〔四二〕而河復　「復」字原闕。陳師道後山集卷一二汳水新渠記作「而河復」，據補。

〔四三〕於宋爲長沙　「長」字原脱。陳師道後山集卷一二汳水新渠記作「於宋爲長沙」，據補。

〔四四〕即鄧城東北小山　「東北」，水經渻水注作「東南」。

通鑑地理通釋卷之十二

三國形勢攷下

吴之亡，雖後於蜀，而其亡國之兆，已在於蜀亡之時。蓋吴居東，蜀居西，東西之勢相爲唇齒。孫權之與昭烈，氣雖不相下而實相資，故權以荆州借蜀，而蜀亦結好於權，終老瞞之生不敢窺吴蜀。惜乎昭烈纔得荆州，而孫權即擒關羽。其後，魏師之入，蜀不能求救於吴，而吴亦坐視蜀之亡，徘徊於壽春、沔中，而莫能勇於救蜀，是以蜀亡，而吴亦從之。

吴重鎮十鎮。

通典：「吴以建平、西陵、樂鄉、南郡、巴丘、夏口、武昌、皖城、牛渚圻、濡須塢，並爲重鎮，郡縣志：十鎮並爲重鎮。其後得沔口、邾城、廣陵。」

胡文定公設險論曰：「地有常險，則守亦有常勢。當孫氏時，上流争襄陽而不得，故以良將守南郡與夷陵；下流爭淮南而不得，故以大衆築東興與皖口；中流爭安陸而不得，故以三萬勁卒戍郗城。」

建平

通典：「歸州，漢屬南郡。吴置建平郡，在秭歸縣。以爲重鎮。其地險固，晉王濬自蜀沿流伐吴。吴守將吾彦請建平增兵，若建平不下，晉師終不敢過。即秭歸縣界太清鎮，在縣東南八十五里。吴置以備蜀，號吴城，居三峽要衝，塞山巒之路。」隋於此置鎮。楚熊繹初都丹陽，今縣東南七里故城是也。古夔子國城，在郡東二十里。陸抗曰：「西陵、建平，國之蕃表，既處下流，受敵二境。」晉志：「蜀分南郡立宜都郡，後屬吴。孫休分宜都立建平郡。」水經注：「宜都郡治在夷道縣東四百步。故城，陸遜所築。爲二江之會。」

西陵、峽口

通典：「峽州，楚夷陵。漢屬南郡。魏武置臨江郡。蜀改爲宜都。吴黄武元年破蜀，改夷陵爲西陵，常爲重鎮。」陸遜曰：「夷陵要害，國之關限，若失之，則荊州可憂。」陸抗曰：「西陵，國之西門。」唐爲峽州，扼三峽之口，西通蜀江。夷陵縣有夷山故城，在縣西北。吴之西陵，晉復改爲夷陵。巴山縣，古扞關，楚肅王拒蜀處（一）。宜都縣有荊門、虎牙二山，狼尾灘。輿地廣記：「郡城，陸抗所築。」郡縣志：「陸遜爲宜都守，鎮此。蜀來伐，大破之。後陸抗鎮焉。西陵峽山，在夷陵西北二十五里。陸遜破蜀，還屯夷陵，守峽口以備蜀，即此。」荆州記曰：「自縣泝江二十里入峽口，名爲西陵峽，長二十里，層巖萬仞，所謂三峽，即其一也。或曰巴東自有三峽，此即峽口也。州城，陸抗之壘也〔二〕。」水經注：「夷水逕宜都北，東入大江。江水東逕黄牛山，又東逕西陵峽，又東逕陸抗故城北。」注云：「宜都記曰：自黄牛灘東入西陵界，至峽口百許里，山水紆曲。」三峽：廣溪峽、巫峽、西陵峽也。廣溪爲三峽之首，昔禹鑿以通江，所謂巴東之峽，東至西陵七百里。巫峽因山爲名。瞿塘峽在夔州奉節縣東三里，不在三峽之數。自三峽七百里中，兩岸連山，略無闕處，重巖疊障，隱天蔽日。

吴紀陟曰〔三〕：「自西陵以至江都五千七百里，疆界雖遠，其險要必争之地不過數四。」

胡文定公曰：「湖北要會在荆、峽，故劉表時，軍資寓江陵；先主時，重兵屯油江口〔四〕。關羽、孫權則併力争南郡，陸抗父子則協規守宜都。晉大司馬温及其弟冲，則保據渚宫與上明。此皆荆、峽封境也。」辨亡論：「陸公以偏師三萬，北據東坑〔五〕。」注：「東坑，在西陵步闡城東北，長十餘里。陸抗所築之城在東坑上，當闡城之北，其迹並存。」荆州圖記：「夷陵縣南對岸有陸抗故城，周迴十里三百四十步，即山爲墉，四面天險。」

樂鄉

通典：樂鄉城，在江陵府松滋縣東七十里。「吳建衡三年，陸抗所築。後朱然修之，戍焉。」然子績爲樂鄉督。陸抗傳：「永安二年，都督西陵。建衡二年，都督信陵、西陵、夷道、樂鄉、公安諸軍事，治樂鄉。」晉庾翼請據樂鄉，廣農稸穀，以伺二寇之釁。王述曰：「彼去武昌千有餘里，江渚有虞，不相接救。」水經：「江水又逕孱陵縣之樂鄉城北。」注云：「陸抗所築。」通典：「馬頭故戍城，在公安縣西北六十里，陸抗所屯，以北對江津，與羊祜相拒。」水經注：「江津戍南對馬頭岸〔六〕。」

南郡

通典：「今江陵府〔七〕，吳將張咸、伍延守之。」郡縣志：「吳克荊州，呂蒙及朱然、陸遜相繼守之。晉平吳，改爲南平郡，治江安。今公安縣。尋復爲南郡。羊祜、杜預繼治荊州，或鎮襄陽，或鎮江陵。東晉王忱始於江陵營城府，此後常以江陵爲州治。唐上元元年，改荊州爲江陵府。自東晉以後，居建業，以揚州爲京師根本，荊州爲上流重鎮，比周之分陝焉。渚宮，楚別宮，今州所治即其地。」何承天曰：「吳城江陵，移入南岸。」周瑜領南郡太守，屯據江陵。南齊州郡志：「漢中平末，荊州刺史王睿始治江陵。吳時，西陵督鎮之。晉平吳，以爲刺史治。陶侃爲刺史，治沌口。王敦治武昌。其後或還江陵，或在夏口。桓温平蜀，治江陵。桓冲避居上明，頓陸遜樂鄉城上四十餘里，以接近三峽，無西疆之虞，故重戍江南，輕戍江北。後復得襄陽。太元十四年，王忱還江陵。」江陵去襄陽步道五百，勢同脣齒。江左大鎮莫過荆、揚。稱荆州爲陝西。胡氏曰：「孫皓之季，慮不及遠，徹南郡之備，專意下流，於是杜預、王濬一舉取之。」何充謂：「荆楚，國之西門，得人則中原可定，失人則社稷可憂〔八〕。」宋武帝以荆州居上流之重，資實兵甲，居朝廷之半，故以諸子居之，不以屬人。水經注：「秦以漢南地置南郡。周書曰：南，國名也。南氏有二臣爭權，君弗能制，南氏用分爲二南國。按：韓嬰叙詩云：其地在南郡、南陽之間。吕氏春秋所謂禹自塗山，南省南土，是郡取名焉。」

巴丘

通典：「今岳州，吴爲重鎮，魯肅、萬彧屯於此。東晉使陶侃鎮守。」郡縣志：「岳州巴陵縣，本漢下雋縣之巴丘地。下雋屬長沙，故城在今蒲圻縣界。吴初，巴丘置大屯戍，使魯肅守之。蜀志曰：西增白帝之兵，東益巴丘之戍。巴陵城，對三江口。岷江爲西江，澧江爲中江，湘江爲南江。巴丘湖，又名青草湖，在縣南七十九里。周迴二百六十五里，俗云即古雲夢澤。」水經注：「巴丘山在湘水右岸，山有巴陵故城，本吴之巴丘邸閣城也。晉立巴陵縣於此。宋立巴陵郡。」陶侃以江陵偏遠，移鎮巴陵。

夏口

南齊志：「夏口，吴置督將，爲魯口屯，對魯山岸，因爲名。晉永嘉中，荆州刺史山簡自襄陽奔夏口，庾翼爲荆州，治夏口，並依地嶮也。太元中，桓沖移鎮上明，上表言：江州刺史桓嗣宜進屯夏口，據上下之中，於事爲便。義熙元年，劉毅以爲夏口二州之中，地居形要，控接湘川，邊帶淯、沔，請并州刺史劉道規鎮夏口〔九〕。六年，自臨鄣徙治夏口，城據黄鵠磯，邊江峻險，樓櫓高危，瞰臨沔漢。」郡縣志：「鄂州，春秋時謂之夏汭。漢爲沙羡之東境。吴録：黄祖爲江夏太守，始於沙羡置屯。自後漢末謂之夏口，亦名魯口。爲吴之要害，常以重兵鎮之。周瑜請精兵進住夏口。魏司馬懿曰：夏口、東關，敵之心喉。東晉孝武時，桓石仁屯守。宋孝武分荆、湘、江三州之八郡爲郢州，以分上流之勢。鎮夏口〔一〇〕。隋平陳，改爲鄂州。州城本夏口城。吴黄武二年，城江夏，以安屯戍地也。城西臨大江，西角因磯爲樓，名黄鶴樓。」吴魯淑爲夏口督。晉地理志：「沙羡有夏口，對沔口，有津。」吴志：「赤烏二年，城沙羡。」江夏縣，本漢沙羡縣地。括地志：「漢水始欲出大江，爲夏口，又爲沔口。」輿地廣記：「按水經注：夏水本江之別出，自江陵縣東南流，又東過華容縣南，今石首縣。又東至雲杜縣今復州沔陽縣。入沔，謂之賭口〔一一〕，冬竭夏流，故曰夏水。自賭口下，沔水通兼夏口，而南至魯山下，會于江，在今江夏縣西。」通典：「建安十三年，孫權克黄祖，後置兵鎮，即今鄂州。」水經：

「沔水南至江夏沙羨縣北，南入于江。」注：「庾仲雍曰：夏口，一曰沔口。」「江水東至華容縣西，夏水出焉。」注：「船官浦東即黄鵠山，東北對夏口城，孫權所築也，依山傍江。對岸則入沔津，故城以夏口爲名，亦沙羨縣治。」按：水北曰汭，則夏汭者，江北之夏口。左傳注：「漢水曲入江處。」何尚之云：「夏口，在荆江之中，正對沔口。」後漢劉表傳注：「夏口，即今鄂州。」宋元徽元年，夏口闕鎮，以其地居尋陽上流，欲使腹心居之。齊劉懷珍曰：「夏口，兵衝要地，宜得其人。」薛氏曰：「夏口，南臨大山，三方阻水，漢陽以北，限隔陂湖。虜出上蔡，則武昌、夏口當其衝。」

陸口

魯肅、呂蒙屯陸口，陸遜代蒙至陸口，呂岱還陸口。在鄂州蒲圻縣南。寰宇記云：「即陸溪口也。」魯肅爲漢昌太守。漢昌，岳州平江縣，吴曰吴昌。水經注：「練浦東合練口，江浦也。南直練洲。江之右岸得蒲磯口，即陸口也。水出下雋縣西三山溪，其水東逕陸城北，又逕下雋縣北，北對金城，吴將陸渙所屯也。陸水又入蒲圻縣，北逕呂蒙城西，昔孫權征長沙、零、桂所鎮也。陸水又逕蒲磯山〔一三〕，北入大江，北對蒲圻洲，即蒲圻縣治也。白沙口，一名沙屯，南直蒲圻洲，水北入百餘里，吴所屯也。」建安十九年，孫權遣呂蒙取長沙、零陵、桂陽三郡，使魯肅屯巴丘以禦關羽，權住陸口，爲諸軍節度。郡縣志：「呂蒙城，在鄂州蒲圻縣西南八十里。定荊州，於此鎮守。本沙羨地，吴分立蒲圻縣。本屬長沙郡，隋屬鄂州。」

武昌

通典：「建安二十五年，吴城武昌，陸遜、諸葛恪、滕牧鎮守。今鄂州武昌縣。東晉謝尚、庾翼屯守於此。」郡縣志：「武昌縣，舊名鄂，本楚熊渠封中子紅於此稱王。楚辭：乘鄂渚而反顧。漢以爲縣，屬江夏郡。吴以下雉、尋陽、陽新、柴桑、沙羨、武昌六縣爲武昌郡。黄武初，自建業徙都。還都建業。故都城在縣東一里餘，本漢將灌嬰所築，晉陶侃、温嶠、桓温爲刺史，並治其地。」嘉定十五年，以武昌縣置壽昌軍。晉志：「武昌郡領縣七，有沙羨、鄂、武昌三縣。」沙羨，今鄂州也。武昌，故東鄂，今州東北八十里。武昌山，在縣南百九十里。鄂縣有新興鐵官，蓋東近興國軍界，非今之鄂州也。宋志：「江夏郡治夏口，而鄂縣隸武昌郡，吴改鄂爲武昌，晉太康元年，復立鄂縣，而武昌如故。」隋廢鄂縣入武昌。水經注：「孫權改鄂曰武昌，鄂縣徙治於袁山東，又立爲江夏郡，分建業之民千家以益之。黄龍元年，權遷都建業，以陸遜輔太子鎮武昌。孫皓亦都之。皓還東，令滕牧守之。晉永平中，始置江州，傳綜爲刺史，治此城。後庾亮之所鎮也，今武昌郡治。城南有袁山，即樊山也。」

晉王述曰：「武昌，實是江東鎮戍之中，非但扞禦上流而已，急緩赴告，駿奔不難。」晉伐吴，使王戎襲武昌。

薛氏曰：「武昌，乃吴建都，而王、陶、温、庾之所爲督府者，其地襟帶江、沔，依阻湖山，左控廬、淝，右連襄、漢，南北二塗，有如繩直。胡人南牧，嘗出此以襲豫章。」張魏公曰：「鄂州城東通武昌、樊口，昔孫權移都武昌，以拒魏師。渡江而西，接連川、陝，中原聲援，絡繹可通。」

下雉、陽新

下雉，漢屬江夏。伍被謂淮南王安曰：「守下雉之城，絶豫章之口。」郡縣志：「下雉故縣，在永興縣東南一百四十里。永興，本鄂縣。」陽新，吴分鄂縣立。隋開皇九年改富川，十八年改永興。今興國軍。水經注：「江之右岸，富水注之，水出陽新縣之青湓山。」淮南李神福曰：「永興大縣，饋運所仰。」

尋陽、柴桑

尋陽，漢屬廬江。通典：「漢舊縣，在江北蘄州界。晉温嶠移於江州。」柴桑，漢屬豫章。晉志：「有湓口關。」隋廢，改名湓城。唐復改尋陽〔一三〕。通典：「尋陽縣南楚城驛，即舊柴桑縣也。」郡縣志：「柴桑故城，在江州潯陽縣今德化縣。西南二十里。」

皖城、皖口

郡縣志：「舒州，今安慶府。春秋時皖國。咎繇之後。漢爲皖縣，屬廬江。三國初屬魏，孫權征皖，克之。按吴志：孫策與周瑜襲皖城，克之。後爲重鎮，令諸葛恪屯戍之。曹公恐江濱郡縣爲權所略，令內移。民轉相驚，自廬江、九江、蘄春、廣陵户十餘萬皆東渡江，江西遂虚。合肥以南惟有皖城。建安十九年，權征皖城，克之。正始二年，權遣恪屯皖城，以伺邊隙。四年，司馬懿攻皖，恪退屯柴桑。懷寧縣，本漢皖縣。皖山，在縣西十里。皖水，西北自壽州霍山縣流入〔一四〕，經縣北二里，又東南流二百四十里入大江，謂之皖口。九域志：懷寧縣有皖口鎮。吴塘陂，在縣西二十里，皖水所注。曹公遣朱光爲廬江太守，屯皖，大開稻田。吕蒙言：皖地肥美，若一收熟，彼衆必增。於是征皖，破之。此塘即朱光所開也。」薛氏曰：「吴陂堰皖水，朱光、吕蒙所争皖屯也。晉咸寧四年，吴人大佃皖城，王渾遣應綽破之。」同安志：「城居皖水之北，遂號皖城。」諸葛恪傳：「乞率衆佃廬江、皖口，因輕兵襲舒。」

牛渚圻

郡國志：「秣陵南有牛渚。」孫策攻劉繇牛渚營，周瑜出備牛渚。通典：「當塗縣今太平州。有牛渚圻，亦謂之采石〔一五〕。輿地志：牛渚山北謂之采石。吴爲重鎮。孫皓時，以何植爲牛渚督。晉師來伐，遣王渾向牛渚。」郡縣志：「當塗縣，本漢丹陽縣地。當塗，本屬九江，故城在濠州鍾離縣西一百一十七里〔一六〕。塗山，在壽春縣東北，以塗山爲邑名。晉分丹陽置于湖縣。成帝時，以江北當塗縣流人過江在于湖者，僑立當塗縣。牛渚山，在縣北三十五里。山突出江中，謂之牛渚圻，津渡處也。秦始皇東巡會稽，道由丹陽至錢塘，即從此渡也。晉謝尚鎮於此。采石戍，在縣西北三十五里，西接烏江，北連建業，城在牛渚山上，與和州横江渡相對。隋師伐陳，賀若弼從此渡。隋平陳置。貞觀初，改鎮爲戍。博望山，在縣西三十五里，與和州對岸。江西岸曰梁山，在歷陽縣南七十里。兩山相望如門，俗謂天門山。山上皆有却月城，宋王玄謨所築，六代於此屯兵扞禦。王濬伐吴，宿于牛渚，部分明日前至三山。」水經注：「牛渚，在姑孰、烏江兩縣界中。」西采石(一七)，在和州歷陽縣東二十里。

胡氏曰：「昔人謂大江，天所以限南北。而陸抗乃曰：此守國末務，非智者所先。何也？杜預嘗襲樂鄉矣，胡奮嘗入夏口矣，賀若弼嘗濟廣陵矣，曹彬嘗渡采石矣，則其險信未足恃也。雖未足恃，然魏武困於居巢，曹丕困于濡須，拓跋困于瓜洲，苻堅困於淝水，皆不得渡，則其險亦未可弃也。設險以得人爲本，保險以智計爲先，人勝險爲上，險勝人爲下，人與險均，纔得中策。」

張氏曰：「前世南北戰争之際，魏軍嘗至瓜步矣。石季龍掠騎嘗至歷陽矣，石勒寇豫州至江而還，此皆限於江而不得騁者也。周瑜謂捨鞍馬，事舟楫，非彼所長。赤壁之役，果有成功。至於羊祜之言，則以南人所長惟在水戰，一入其境，長江非復所用。有如瑜者爲用，則祜之言謂之不然可也。無如瑜者爲用，則祜之言不可不察也。州縣一也，有最爲要害者。津渡一也，有最宜備豫者。苻堅自項城來壽陽，孫恩自廣陵趨石頭，王敦渡竹格，蘇峻濟橫江，侯景渡采石。考前世盜賊與夫南北用兵，由壽陽、歷陽來者十之七，由橫江、采石渡者三之二。至於據上流之勢以窺江左者，尚未論也。」

吴氏曰：「大江之南，上自荆、岳，下至常、潤，不過十郡。十郡之間，其要不過七渡。上流最緊者三：荆南之公安、石首，岳之北津；中流最緊者二：鄂之武昌，太平之采石；下流最緊者二：建康之宣化，鎮江之瓜州〔二八〕。」葉氏曰：「沿江控扼要地有三：太平州之采石渡，建康府之馬家渡、宣化渡。采石，江闊而險；馬家渡，江狹而平，兩處相去六十里，皆與和州對岸。」

濡須塢、濡須口

通典：「和州歷陽縣西南一百八十里有濡須水。建安十七年，孫權築塢於此，以拒曹公。周泰、朱桓皆爲守將。二十一年，曹公自來攻圍。吴黄武二年，魏軍又攻，不拔。」郡縣志：「濡須塢，在和州含山縣西南二百十里〔二九〕。濡須水，源出巢縣西今無爲軍縣。巢湖，亦謂之馬尾溝，東流經亞父山，又東南流注于江。建安十八年，曹公至濡須，與孫權相拒月餘。權乘輕舟從濡須口入。偃月塢，在巢縣東南二百八里濡須水口。初，呂蒙守濡須，聞曹公將來，夾水築塢，形如偃月，故以爲名。」按：濡水與和州含山縣分中流爲界。建安中，曹公軍居巢，孫權在濡須口築城拒守。魏又遣曹仁、張遼等屯居巢。後屬吳，朱桓代周泰爲濡須督，朱然備大塢及三關屯。濡須山在含山縣西南七十五里，與無爲軍七寶山對峙，中爲石梁，鑿石通水，山川險阻，吳魏必争之地。吳據其北築塢，濡須水，即濡須山東關之水也。水經注：「江水自濡須口又東，左會栅口。栅水又東南流注于大江，謂之栅口〔三〇〕。」輿地志：「栅江口，古濡須口也。吳魏相持於此。吳築兩城於北岸，魏置栅於南岸。」今栅江、裕溪、當利三處，皆爲南北衝要。栅江在歷陽縣西南一百五十里，與無爲軍分界。

真氏曰：「按宋書，塢，小障也。孫氏之保江左，郛城雖小，猶屯三萬人。自古立國東南，以兩淮爲根本。」

周氏曰：「魏之重鎮在合肥。孫氏既夾濡須而立塢矣，又隄東興以遏東湖，又堰涂塘以塞北道。然總之不過於合肥、巢縣之左右，力遏魏人之東而已。魏不能過濡須一步，則建鄴可以奠枕，故孫氏之爲守易。」

葉氏曰：「自古保江必先固淮，曹操不能越濡須，苻堅不能出渦口，魏太武不能窺瓜步，周世宗不能有壽春，皆以我先得淮也。」

王氏曰：「三國鼎立，南北瓜分之際，兩淮間常爲天下戰場，孫仲謀立塢濡須，曹操先計後戰不能爭也。謝幼度師于淝上，苻堅擁衆山立不能抗也。沈璞守盱眙，佛狸傾國南向，往復再攻，其城不能下也。」

吴氏曰：「吴據荆、揚，盡長江所極而有之，而壽陽、合肥、蘄春皆爲魏境，吴不敢涉淮以取魏，而魏不敢絶江以取吴，蓋其輕重强弱足以相攻拒也。故魏人攻濡須，吴必傾國以爭之。吴人攻合肥，魏必力戰以拒之。終吴之世，曾不得淮南寸地，故卒無以抗魏。及魏已下蜀，經略上流，屯壽春，出廣陵，則吴以亡矣。」宋何承天曰：「曹、孫之霸，才均智侔，江、淮之間，不居者數百里。濡須之戍，家停羨溪。」濡須在歷陽郡南百八十里，羨溪在其東三十里。

東興、東關、巢湖

郡縣志：「巢湖，在巢縣今無爲軍。西五十里，周迴五百里，南出於東關口。東關口，縣東南四十里，接巢湖，在西北至合肥界。東南有石渠，鑿山通水，是名關口。相傳云夏禹所鑿，一號東興。唐志：巢縣東南四十里有故東關。今其地高峻險狹，實守扼之所，故天下有事，是必爭之地。吴、魏相持於此，吴築城，魏亦對岸置柵。嘉平四年，諸葛恪於東關作大隄，遏巢湖左右，依山俠築兩城，使全端、留略守之。魏遣諸葛誕、胡遵圍東關，將壞其堤，恪大破之。東關又在和州含山縣西九十里。巢湖，亦名焦湖，在廬州合肥縣東南六十四里。本居巢縣地，後陷爲湖。今與巢縣、廬江分湖爲界。」後漢紀作「漅」。

元魏任城王澄表稱：蕭衍頻斷東關，欲令漅湖泛溢，以灌淮南諸戍。

諸葛武侯曰：「曹操四越巢湖不成。」

張魏公曰：「巢河之水，上通焦湖，濡須正扼其衝，東西兩關又從而輔翼之，餽舟難通，故雖有十萬之師，未能寇大江。」

薛氏曰：「西自皖，東至揚，多斷流爲阻，故自前世征役，舟師皆出東道，如吴邗溝、魏廣陵、周鸛河等，率資隔水之利，南北所通行也。惟廬、壽一路，陸有東關、濡須、硤石之阨，重以陂水之限，最爲險要。」東關恃東興塘，濡須恃濡須水，硤石蔽皖。紹興十一年，劉錡至東關，見其地負山面水，乃引兵據之，以遏虜衝。

邾城

通典：「今黄州東南界臨江〔二〕，與武昌相對。」郡縣志：「故邾城，在黄州黄岡縣東南一百二十里，古邾國也。後爲楚所滅。漢以爲縣，屬江夏郡。吴克邾城，使陸遜以三萬人城而守之。」赤烏四年八月，陸遜城邾。晉陶侃傳：「議者以武昌北岸有邾城，宜分兵鎮之。侃曰：我所以設險禦寇，正以長江耳。邾城隔在江北，内無所倚，外接群夷，必引寇虜。且吴時〔三〕，此城乃三萬兵守，今縱有兵守之，亦何益於江南。後庾亮以毛寶戍之，果敗。」

真氏曰：「今蘄、舒、黄三州之北，有大山綿亘八百里，俗呼爲西山。邾城在山之南，東晉時密迫群夷，所以不可置戍，與今不同。」

葉氏曰：「孫氏以江北守江，而不以江南守江。」

楊氏曰：「固國者，以江而不以淮。固江者，以淮而不以江。」

薛氏曰：「淮東之地，沮澤多而丘陵少；淮西山澤相半，無水隔者，獨邾城、白沙戍，入武昌及六安、舒城，走南硤二路耳。」

胡氏曰：「自古未有欲守長江而不保淮甸者。淮甸者，國之脣；江南者，國之齒。」唐氏曰：「曹公以數十萬再至居巢，逡巡而不能進。諸葛誕以步騎七萬失利而退，以濡須、東興之扼其吭也〔二三〕。」

安陸

水經注：「安陸城，故鄖城也，因岡爲墉。」漢屬江夏，今德安府。郡縣志：「安陸縣城三重，西枕涢水，故清發水也，西北自隨州流入，注于沔，謂之涢口。」春秋：吴敗楚柏舉及清發，是也。雲夢澤，在縣南五十里。」晉庾翼欲北伐，上疏移鎮安陸。

胡文定公曰：「欲固中流，必以重兵鎮安陸。」

薛氏曰：「北接隨、唐，東黄南鄂〔二四〕，西接荆、郢，亦江、漢間一都會也。」陪尾山在安陸縣，今曰橫尾山。

沔口

漢入江處謂之沔口，魏、吴皆以爲重鎮。見前。

薛氏曰：「上游糧餉由沔而達襄、郢，由溳而入安、隨。」

廣陵

見前。

涂中、涂塘

郡縣志：「滁州，漢全椒縣地，通典：齊置南譙郡〔二五〕，隋改滁州。晉琅邪王伷出涂中，即此地。吴赤烏十三年，作堂邑涂塘，以淹北道。涂，水名，音除。漢堂邑縣屬臨淮，後漢屬廣陵。」九域志：「真州六合縣〔二六〕，楚之棠邑也。堂邑涂塘即此，今名瓦梁河。晉咸和元年，議欲作涂塘以遏胡寇。祖約曰：是棄我也。太元四年，謝石帥舟師屯涂中。」滁水，在全椒縣南六十里，源出廬州梁縣，東流經滁及六合縣，至瓜步入于大江。滁河，在和州歷陽縣北六十里。

薛氏曰：「滁、和州六合間有涂塘。吴赤烏中，遣兵十萬，斷涂作塘。南唐於滁水上立清流關。瓦梁堰有東、西瓦梁城。晉置秦郡，治六合。周顯德三年，南唐何延錫建言：六合西二十五里有堰曰瓦梁，水曰滁河。由河而上數百里，鉅細駢比，合五十四流，輻湊吴堰，中闕横斷，群山回環，不止魚三州岷海四百里，其實據天經而絶地緯之要者。功未就而罷。景德元年毁之。」瓦梁堰即涂塘也，是塞滁水以爲塘堰。隋志：「六合縣，後齊置瓦梁郡。」

何氏曰：「晉之取吴，二十萬耳，而所出之道六。隋之取陳，五十萬耳，而所出之道八。所出之道多，則彼之受敵者衆。」吴西不得蜀，北不得淮。北齊於秦郡置秦州，州前江浦通涂水，齊人以大木爲栅於水中。秦州，即六合縣。

朱氏黼。曰：「吴大帝築堂邑涂塘以淹北道，王淩表請攻討，而司馬懿不許。諸葛恪一城東興，以遏巢湖，而魏之三將數十萬之衆，皆覆没於隄下。則堰水以固圉，未爲非策也。」

唐氏曰：「自古天下裂爲南北，其得失皆在淮南：晉元帝渡江，迄于陳，抗對北虜者五代，得淮南也；楊行密割據，迄于李氏，不賓中國者三姓，得淮南也。吴不得淮南，而鄧艾理之，故吴并於晉。陳不得淮南，而賀若弼理之，故陳并於隋。南得淮，則足以拒北；北得淮，則南不能自保矣。」

劉氏季裴。曰：「自古守淮，莫難於謝玄，又莫難於楊行密。淝水之役，謝玄以八千人當苻堅九十萬之衆；清口之役，楊行密以三萬人當朱全忠八州之師，衆寡殊絶，而卒以勝者，扼淮以拒敵，而不延敵以入淮也。孫仲謀以江守江，行密以淮守淮，晉人以淮守江。」

薛氏曰：「孫氏割據，作涂中東興塘以淹北道。南朝瓦梁城塞後湖爲淵，障蔽長江，號稱北海。大抵淮東之地，沮澤多而丘陵少；淮西山澤相半，無水隔者獨邾城、白沙戍，入武昌及六安、舒城，走南硤二路耳。古人多於川澤之地立塘隖以遏水溉田，在孫氏時盡罷縣邑，治以屯田都尉。自劉馥、鄧艾之後，大田淮南。迨南北朝，增飭彌廣。今舒州有吴陂堰，朱光、吕蒙所争皖屯也，陂堰皖水。廬江有七門堰，劉馥斷龍舒水作。巢縣有東興塘，諸葛恪作，遏巢湖水。滁、和州、六合間有有涂塘，吴赤烏中，遣兵十萬，斷滁作塘，於其上源，今梁縣界，置滁陽城。晉以爲南梁郡。南唐於滁水上立清流關。瓦梁堰，有東、西瓦梁城，晉置秦郡而治六合。周顯德三年，南唐何延錫建言：堰五十四流，不止魚三州氓海四百里，其實據天經，絕地緯。功未就而罷。景德元年毁之。天長有石梁堰，源出滁州，入高郵爲樊梁溪。梁置涇州。高郵有白馬塘，塘阻三阿溪〔二七〕，謝玄破都顔、俱難，李孝逸破李敬業處。揚州有召伯埭、謝安堰艾陵湖，作新城在其上。裘塘屯，齊高帝建武五年，遏艾陵湖立。楚州有石鼈塘、鄧艾作，荀羨復屯。射陂、漢舊陂。洪澤陂，唐大曆二年，與射陽湖並置官屯。射陽湖，即射陂也。淮陰有白水屯，盱眙有破釜塘，鄧艾立白水塘，與破釜相連，開八水門。大業末，破釜塘壞，水入淮，白水亦涸。安豐有芍陂，即孫叔敖所作期思陂，漢王景，魏劉馥、鄧丈，齊垣崇祖皆修復之〔二八〕。首受淠水，西自六安北界騶虞石，東自濠州之南横石，水皆入焉，灌田萬餘頃。固始有茹陂，劉馥作。是皆古人屯田遏水之迹。其餘不可詳記。大要六安以東有芍陂之險，鍾離以東無非湖濁之地。西自皖，東至揚，則多斷流爲阻。故自前世征役，舟師皆出東道，如吴邗溝、魏廣陵、周鸛河等，率資隝水之利，南北所通行也。惟廬、壽一路，陸有東關、濡須、硤石之阸，重以陂水之艱，東關恃東興塘，濡須恃濡須水，硤石蔽皖。淮南有兩硤石，此桐城南硤也。壽春硤石在淮水上。最爲險要。然聞芍陂可以灌壽，淝水可以灌廬，南唐何敬洙嘗復諸塘不克。」

校勘記

〔一〕楚肅王拒蜀處　原作「楚王南拒蜀處」，元本、遞修本作「楚肅王拒蜀處」，續漢書郡國志五巴郡魚復縣：「扞水有扞關。」李賢注：「史記曰：楚肅王爲扞關以拒蜀。」據改。

〔二〕陸抗之壘也　「陸抗」，原作「陵抗」，據元本、遞修本、庫本、浙本改。

〔三〕吴紀陟曰　「紀陟」，原作「紀涉」，據元本、遞修本、浙本及三國志卷四八吴書三嗣主傳、建康實録卷四改。

〔四〕重兵屯油江口　「油江口」，元本、遞修本、浙本作「油口」。三國志卷三二蜀書先主傳注引江表傳作「油江口」，水經江水注：「又東，右合油口。」通典卷一八三：「後漢末，劉備爲荆州牧，鎮油口。」則二者皆是。

〔五〕北據東坑　「據」，原作「拒」，元本、遞修本、浙本作「據」，文選辨亡論下亦作「據」，據改。

〔六〕江津戍南對馬頭岸　「江津戍」，原作「江津或」，元本、遞修本、浙本作「江津戍」。水經江水注：奉城「亦曰江津戍也。戍南對馬頭岸，昔陸抗屯此，與羊祜相對」。據改。

〔七〕今江陵府　「江陵府」，通典作「江陵郡」。

〔八〕得人則中原可定失人則社稷可憂　「得人」，原作「得之」，元本、遞修本、浙本作「得人」。晉書卷七七何充傳：「充曰：不然。荆楚國之西門，户口百萬，北帶强胡，西鄰勁蜀，經略險阻，周旋萬里。得賢則中原可定，勢弱則社稷同憂。所謂陸抗存則吴存，抗亡則吴亡者，豈可以白面年少猥當此任哉。」資治通鑑卷九七：何充曰：「得人則中原可定，失人則社稷可憂。」據改。

〔九〕請并州刺史劉道規鎮夏口　「并州」，原作「荆州」，南齊書卷一五州郡下作「并州」，據改。

〔一〇〕鎮夏口　「夏口」，原作「江口」，元本、遞修本、浙本作「夏口」，宋書卷三七州郡三郢州首郡江夏郡治夏口。據改。

〔一一〕謂之賭口　「賭口」，輿地廣記卷二七鄂州江夏縣同，合校水經注作「堵口」，云：趙一清「堵」改「賭」，堵口是賭口之誤。晉書卷三七宗室傳譙閔王承：「(甘)卓軍次賭口。」資治通鑑卷九二晉紀一四：甘卓「軍於豬口」。胡注：「即賭口也。」是趙氏所本。下「賭口」同。

〔三〕陸水又逕蒲磯山　「又」，原作「右」，據元本、遞修本、浙本及水經江水注改。

〔三〕唐復改尋陽　「尋陽」，庫本作「潯陽」。下同。

〔四〕西北自壽州霍山縣流入　「流入」，原作「流」，元本、遞修本、浙本作「流入」。太平寰宇記卷一二五舒州懷寧縣：「皖水，在縣西北，自壽州霍山縣流入，經縣北二里。又東南流二百四十里入大江，謂之皖口。」據補。

〔五〕亦謂之采石　「采石」，原作「採石」，庫本、浙本作「采石」，通典卷一八二亦作「采石」，據改。下同。

〔六〕故城在濠州鍾離縣西一百一十七里　「一百一十七」，原作「十七」。元和郡縣圖志卷九濠州鍾離縣：「當塗縣故城，在縣西南一百一十七里」。太平寰宇記卷一二八濠州鍾離縣云：「古當塗山城，在州西一百一十七里。」據補。

〔七〕西采石　「西采石」，原作「西採石」，庫本、浙本作「西采石」。本書卷一三、建炎以來繫年要録卷一九三均作「西采石」，據改。

〔八〕鎮江之瓜州　「瓜州」，元本、遞修本、浙本作「瓜洲」。輿地紀勝卷三七揚州：「瓜洲，在江都縣南四十里江濱。」按江都縣爲揚州治，瓜洲屬揚州江都縣，不屬鎮江府，而鎮江無「瓜州」、「瓜洲」之地名，此云「鎮江之瓜州」，疑誤。

〔九〕在和州含山縣西南二百十里　「二百」，元本、遞修本作「一百」。今本元和郡縣圖志此卷已佚。通典卷一七一謂「在今歷陽縣西南百八十里」，太平寰宇記卷一二四、輿地廣記卷二同。

〔二〇〕謂之柵口　「柵口」，原作「柵口水」。楊守敬水經注疏作「柵口」，云「朱（謀㙔）『口』下有『水』字，趙（一清）乙作『柵水口』，云：即柵江口也。戴（震）删『水』字。會貞按：通鑑梁太平元年，齊遣儀同三司蕭軌等入寇，出柵口，即此」。則此「水」字衍，據删。

〔二一〕今黄州東南界臨江　「東南」，原作「東西」。通典卷一八三：黄州，「今郡東南百二十里臨江與武昌相對」。據改。

〔二二〕且吴時　「且」，原作「自」，元本、遞修本、浙本作「且」，晉書卷六六陶侃傳亦作「且」，據改。

〔二三〕以濡須東興之扼其吭也　「扼」，原作「阸」，據元本、遞修本、庫本、浙本改。

〔二四〕東黄南鄂　「黄」，原作「横」，元本、遞修本爲「黄」。薛季宣浪語集卷二一：「德安北接隨、唐，東黄南鄂，西接荆、郢，亦江漢間一都會也。」據改。

〔二五〕齊置南譙郡　「置」，原作「志」，元本、遞修本、浙本作「置」。通典卷一八一滁州永陽郡亦作「置」，據改。

〔二六〕真州六合縣　「六合縣」，原作「六和縣」，元本、遞修本、浙本作「六合縣」。新定九域志卷五真州：「六合縣，楚之棠邑也。」據改。

〔二七〕塘阻三阿溪　「塘」，原作「唐」，元本、遞修本、浙本作「塘」，宋薛季宣浪語集卷二四作「塘阻三何溪」，據改。

〔二八〕齊垣崇祖皆修復之　「垣崇祖」，原作「桓崇祖」，據遞修本、浙本及南齊書卷二五垣崇祖傳改。

通鑑地理通釋卷之十三

晉宋齊梁陳形勢攷

東南，地非褊也，兵非弱也。有人焉，進取而有餘；無人焉，自保而不足。詩曰「無競維人」，作晉宋齊梁陳形勢攷。

晉重鎮

通典：「元帝命祖逖鎮雍丘，以合肥、淮陰、壽陽、泗口、角城爲重鎮。成帝時，鄴守將退屯襄陽。穆帝時，平蜀漢，復梁、益之地。又遣軍西入關，至灞上，再北伐，一至洛陽，一至枋頭。其後，以彭城爲北境藩扞。每因劉、石、苻、姚衰亂之際，則進兵屯戍，在於漢中、襄陽、彭城，大抵上明、江陵、夏口、武昌、合肥、壽陽、淮陰，常爲晉氏鎮守。」

雍丘

晉屬陳留，古雍國、杞國。今屬開封府。郡縣志：「故城北臨汴河。祖逖爲豫州刺史，治於此。」

合肥、壽陽、襄陽見前。

戴若思鎮合肥，祖約、謝尚鎮壽陽，庾翼、朱序鎮襄陽〔一〕。通典：「壽春郡西十五里，即謝玄破苻融之處。」胡氏曰：「六朝增重上流，庾亮欲經略中原，則先分戍漢、沔。宋太祖欲伐魏，則先廣襄陽資力。故晉何充謂：荆、楚，國之西門。」

馬頭城

通典：「晉永和中，謝尚鎮馬頭城，即壽州盛唐縣北。」郡縣志：縣北二十里。今安豐軍六安縣。輿地廣記：在六安縣北〔二〕。宋志：「馬頭太守屬南豫州，故淮南當塗縣地，晉安帝立，因山形立名。」

淮陰

祖逖屯淮陰。通典：「劉隗鎮守。今楚州縣。」南齊志：「永和中，荀羡云：淮陰舊鎮，地形都要，水陸交通，易以觀釁，沃野有開殖之利，方舟運漕無他屯阻，乃營立城池。」寰宇記：「故淮陰縣城，在山陽縣。」

本朝陳敏曰：「楚州爲南北襟喉。長淮二千餘里，河道通北方者五：淮、汴、渦、潁、蔡是也。其通南方以入江者，唯楚州運河一處。周世宗自北神堰鑿老鸛河，通戰艦，入大江，而唐遂失淮南之地。」

徐宗偃曰：「山陽，南北必争之地，我得之可以控制山東。」清河口去州五十里。紹興初，韓世忠屯重兵。

石鼈

通典：「石鼈城在楚州寶應縣西八十里〔三〕。」魏鄧艾築以營田。晉荀羡鎮下邳，屯田於東陽之石鼈。北齊蘇珍芝又議修石鼈等屯。

泗口

通典：「泗州宿遷縣，郡縣志：淮水入縣境，南與楚州山陽縣分中流爲界。晉太寧中，兖州刺史劉遐自彭城退屯泗口，即此。」褚裒伐趙，直指泗口，徑赴彭城。殷浩進屯泗口；謝玄救彭城，軍于泗口。水經：「淮水東北至下邳淮陰縣西，泗水從西北來流注之。」注：「淮、泗之會，即角城也。左右兩川，翼夾二水，决入之所，謂泗口也。泗水又東南得睢水口。泗水又逕宿預城之西。梁將張惠紹北入，水軍所次。今城在泗水之中。」輿地廣記：「宿遷縣，秦下相縣地。晉元帝督運軍儲，以爲邸閣，因置宿豫縣。唐改宿遷。宋朝太平興國七年屬淮陽軍。」胡文定公曰：「欲固下流，必守淮泗。」漢條侯擊吴、楚，鄧都尉曰：「使輕兵絶淮泗口，塞吴饟道。」條侯從其策。泗水出襲慶府泗水縣，至宿遷縣入淮。演繁露曰：「泗，即今謂南清河也。」禹貢廣記曰：「今盱眙軍相對即泗口也。自清河口而上者吕梁，自渦口而上者譙梁，自潁口而上者蔡河。」

角城

水經注：「泗水又東逕角城北。濟水與泗水東南流，至角城同入淮。」通典：「安帝義熙中置。」城在宿遷縣東南。寰宇記：在淮陽軍宿遷縣東南一百十里。臨泗水，南近淮水，自後常爲重鎮。輿地廣記：「泗州盱眙縣，晉安帝時置角城鎮，在淮、泗之會。」後魏高閭曰：「角城處在淮北，去淮陽十八里。五固之役，攻圍歷時，卒不能克。」宋志：「淮陽角城縣，晉義熙中立。」齊明帝初，後魏南侵，以李安仁戍之。

酇

晉志：「武帝改南鄉爲順陽郡〔四〕，治酇縣。」故城在光化軍乾德縣東北〔五〕。水經注：「酇縣故城，南臨沔水，謂之酇頭。」漢封蕭何爲侯國。

彭城

徐州，晉爲彭城國。通典：「晉立徐州爲重鎮。」朱序鎮守。宋王玄謨曰：「彭城南屆大淮，左右清、汴，魏薛虎子曰：徐州，清、汴通流。表裏京甸，捍接邊境，城隍峻整，襟衛周固。又自淮以西，襄陽以北，經塗三千，達于濟、岱，六州之人三十萬户，常得安全，實由此鎮。」輿地志：「郡城險固，非攻所能拔〔六〕。」郡縣志：「宋高祖經略中原，置府於此。自隋氏鑿汴以來，南控埇橋，以扼汴路，故其鎮尤重。」宋志：「徐州刺史，後漢治郯縣，魏、晉、宋治彭城。」元魏尉元曰：「彭城，宋之要藩。」宋薛安都舉城降魏。薛虎子曰：「欲取江東，先須積穀彭城。」蘇氏曰：「魏太武以三十萬衆攻彭城不能下，而王智興以卒伍庸材，恣睢於徐，朝廷亦不能討，豈非其地形便利，人卒勇悍故耶？」後山陳氏曰：「南守則略河南、山東，北守則瞰淮、江，故於兵家爲守攻之地〔七〕。項氏常都，臨制四方。宋武常守，並護南北。」林氏曰：「晉悼公始圍彭城，繼城虎牢，識天下之勢。」

沌口

水經注：「沌水上承新陽縣之太白湖〔八〕，東南流爲沌水，逕縣南注于江，謂之沌口。竟陵郡新陽縣，分雲杜立。晉永嘉六年，陶侃爲荆州，鎮此。明年，徙林鄣。沔水又東逕沌陽縣北，又東逕林鄣故城北。陶侃鎮此。」郡縣志：「晉於臨嶂山置沌陽縣。」江夏郡自上昶城移治。今漢陽軍漢陽縣有沌水。通典：音屯，又音篆。東晉置沌陽縣，處沌水之陽。漢陽縣有沌口港、沌口鎮，王澄棄荆州，別駕郭舒不肯從澄東下，乃留屯沌口。陶侃爲荆州刺史，鎮沌口，又移入沔江。陳侯安都討王琳，至沌口；後梁華皎與吴明徹戰於沌口，皆此。地臨嶂山，在漢陽縣西六十里。陸務觀曰：「江陵之建寧鎮，蓋沌口也〔九〕。」

上明

郡縣志：「上明故城，亦謂桓城，在江陵府松滋縣西一里，居上明之地，而桓沖所築，故兼二名。苻堅南侵，沖爲荆州刺史，渡江南上明，築城以禦之。上明在縣東三十步。明，猶渠也。晉末，朱齡石開三明，引江水以灌稻田，後堤壞，遂廢。」水經：

「江水東逕上明城北。」注云：「晉太元中，苻堅寇荆州，桓冲徙渡江南，使劉波築之，移州治城。其地夷敞，北據大江。」晉志：「元帝渡江後，以河東人南寓者，於漢武陵郡孱陵縣界上明地僑立河東郡。」桓冲傳：「上疏曰：自中興以來，荆州所鎮，隨宜迴轉，今宜全重江南，輕戍江北。於是移鎮上明。」

江陵、夏口、武昌

見前。

石城

羊祜傳：「吴石城守去襄陽七百餘里，祜以詭計令吴罷守。祜以孟獻營虎牢而鄭人懼，晏弱城東陽而萊子服，乃進據險要，開建五城，收膏腴之地[一〇]。石城以西，盡爲晉有。」郡縣志：「郢州長壽縣城，本古之石城，背山臨漢水，吴於此置牙門戍城。羊祜鎮荆州，亦置戍焉。即今州治是也。郢州，西北至襄州三百十里。」水經注：「沔水南逕石城西，城因山爲固，晉羊祜鎮荆州立。元康九年[一一]，分江夏西部置竟陵郡，治此。」庾亮欲移鎮石城，爲滅賊之漸。蔡謨議曰：「沔水之險不及大江，非廟勝之算。」亮不果移鎮。終晉之世，卒於宴安江沱，而不能混一中原。郢州子城，三面墉基皆天造，正西絶壁，下臨漢江，石城之名本此。

灞上

郡縣志：「白鹿原，在京兆府萬年縣東二十里，亦謂之霸上。」漢文帝霸陵。王仲宣詩曰：「南登霸陵岸，迴首望長安。」

洛陽見前。

郡縣志：「故洛陽城，在洛陽縣東二十里。按華延儁洛陽記云：洛陽城東西七里，南北九里，洛陽城内宫、殿、臺、觀、府、藏、寺舍，凡有一萬一千二百一十九間〔一二〕。自劉曜入洛，元帝渡江，官署里閭，鞠爲茂草。後魏孝文太和十七年，幸洛陽，巡故宫，遂詠黍離之詩，爲之流涕。經始洛京。十九年，新都始立。隋煬帝詔營東京，大業元年新都成。」

枋頭

通典：「淇水出共山，東至衛州今濬州。衛縣界入河，謂之淇水口。漢建安九年，曹公於水口下大枋木以成堰，遏淇水東入白溝，以通漕運，時人號其處爲枋頭。晉桓温敗於枋頭，即此。」郡縣志：「枋頭故城，在衛縣東一里。」水經注：「盧諶征艱賦曰：後背洪枋巨堰，深渠高堤。」魏武開白溝，因宿胥故瀆。蒲洪歸枋頭，遣使來降。十六國春秋：「晉劉牢之救蒲丕，慕容垂至枋頭拒之。」後魏移汲郡治此。謝尚使戴施據枋頭。寰宇記：「枋頭城在衛縣南，去河八里，南對酸棗、棘津。」載記：「苻堅自鄴如枋頭，改枋頭爲永昌縣。」大司馬温之滅蜀，太尉裕之伐南燕、平後秦，三事差强人意，然是二人者，功存攻拓，志在篡君。

宋重鎮

通典：「宋武帝北平廣固，西定梁、益，又克長安，盡得河南之地。長安尋爲赫連所陷。景平中，虎牢以西陷後魏。文帝元嘉中，遣將北伐，水軍入河，克魏碻磝、滑臺、虎牢、洛陽四城，其後又失。又分軍北伐，克弘農、開方二城。於是後魏太武總師經彭城臨江，屯於瓜步，退攻盱眙，不拔而還。明帝時，後魏南侵，淮北青、冀、徐、兖四州及豫州西境悉陷没，則長淮爲北境。然初强盛也，南郡、襄陽、懸瓠、彭城、歷城、東陽，皆爲宋氏藩扞。」

廣固

在青州益都縣西四里。晉曹嶷所築。見下。

梁、益

梁州，今興元府。益州，今成都府。

碻磝

唐爲濟州治所。宋王玄謨平碻磝，守之。其城臨水，西南圯于河。

滑臺

本鄭之廩延邑，今滑州。

虎牢、洛陽

見前。

弘農、開方

通典：并虢州。水經注：「濁水東注于緒茹之水，歷澗東北出，謂之開方口。水側有阜，名方伯堆。宋奮武將軍魯方平、建威將軍薛安都等，與柳元景北入，軍次方伯堆。堆上有城，即方平所築也。門水又北逕弘農縣故城東，即故函谷關。」郡縣志：「方伯堆，在虢州弘農縣東南五里，宋魯方平所築。」柳元景傳：「龐法起諸軍進次方伯堆，去弘農城五里。元景率衆至弘農，營於開方口。」

彭城

見前。

瓜步、六合

瓜步山，在真州揚子縣西四十七里。九域志有瓜步鎮。後魏太武臨江，即此。鮑明遠云：「瓜步山，亦江中之眇小山，徒以因迥爲高，據絶作雄，凌清瞰遠，擅奇含秀，是亦居勢使之然也。」南齊建元初，徙齊郡治瓜步。郡縣志：「瓜步山，在六合縣東南二十里，臨大江。魏太武至六合，登瓜步山，隔江望秣陵纔數十里。六合山，在縣東北八十里。桃葉山，在縣西南七十五里。隋開皇三年，於此山置六合鎮。見隋取陳。漢堂邑縣。楚棠邑。後周置方州，改六合郡，隋爲六合縣，唐屬揚州。」本朝屬真州。州西北七十里。真州東行五十里可至瓜洲，以向鎮江；西行六十里可至瓜步，以向建康。唐氏曰：「太武以百萬衆觀兵瓜步，卒盟而還，不復議渡江。元英以大衆困於堅城之下，不敢捨而深入，慮彭城、合肥之議其後也。」

盱眙

後魏高閭謂：「盱眙，淮南之本原。」輿地記云：「楚邑，懷王初立，都此。漢爲臨淮都尉治。晉臨淮郡治，義熙七年，立盱眙郡。統三縣。宋太守沈璞繕城浚隍，及魏兵南向，臧質與璞共守。魏太武以三十萬衆圍三旬，不克而退。」元嘉二十八年，南兗州徙治齊，北兗州自淮陰移鎮。唐改西楚州，尋廢。本朝屬楚州，復隸泗州，建炎三年爲盱眙軍。紹興六年，依山築城。今招信軍，領縣三。

曾渙曰：「淮東控扼有六：一曰海陵，二曰喻口，三曰鹽城，四曰寶應，五曰清口，六曰盱眙。」

張魏公曰：「淮東宜於盱眙屯駐，以扼清河上流。淮西宜於濠、壽屯駐，以扼渦、潁之運。」真氏曰：「淮東要害在清河之口，淮西要害在渦、潁之口。欲固兩淮〔一三〕，先防三口。」天長縣，去盱眙軍百四十里，西門趨盱眙，南門趨六合，東門趨揚州。「自揚至盱眙凡數百里，平疇沃壤，極目亡際，重湖陂澤，渺莽相連，田野之民又皆堅悍强忍。此天賜吾國以爲長江之屏障，使强兵足食，爲進取之資也。」臺子山在盱眙縣東一里，魏造弩臺射城中，因名。長圍山，在北七里，魏於都梁山築城造橋，絶水路，即此。盱眙山，在東南四十里，一名馬鞍。

歷城

通典：「齊州歷城縣。漢屬濟南。韓信伐齊，至歷下，即其地。宋爲濟南郡，兼置冀州。領郡九，治於此。」到彥之引兵自清入濟，南至歷城。

東陽

晉志：「劉裕滅南燕，留羊穆之爲青州刺史，築東陽城而居之。自元帝渡江，於廣陵僑置青州，至是始置北青州，鎮東陽城。」宋志：「孝建二年，移治歷城。大明八年，還治東陽。明帝失淮北，於鬱州僑立青州。」通典：「東陽城，即青州治東城是也。治在益都縣。晉時城。宋將竺夔守之，後魏攻圍，數月不拔。」臨朐縣，古東陽城。左傳：「晏弱城東陽以逼萊。」注云：「齊竟上邑。」郡縣志：「宋沈文秀爲刺史，守東陽城，爲後魏所陷。」郡國志：「泰山郡南城縣有東陽城。」吕氏春秋：「夏孔甲遊東陽萯山。」左傳哀八年：「克東陽。」宋元嘉八年，青州刺史蕭思話棄東陽，奔平昌，魏軍竟不至，而東陽積聚已爲百姓所焚。

廣固

郡縣志：「廣固城，在青州益都縣西四里。晉永嘉五年，曹嶷東萊牟平人。爲刺史所築，有大澗，甚廣固，故謂之廣固。」晉志：「苻朗以州降，朝廷置幽州，以辟閭渾爲刺史，鎮廣固，爲慕容德所滅。」初，慕容德議所都，潘聰曰：「廣固，曹嶷所營，山川阻峻，足爲帝王之都。」德從之。城側有五龍口，險阻難攻。玄文河間人。説劉裕曰：「昔趙攻曹嶷，望氣者以爲澠水帶城，非可攻拔，若塞五龍口，城必陷。石虎從之，嶷降。段龕據之，慕容恪攻不克，又塞五龍口，龕降。今宜修塞。」裕從之，超爲晉所擒。通典：「宋青州治廣固。」

南郡

晉徙荆州治此，唐置江陵府。江左大鎮莫過荆、揚。晉以揚州爲京畿，荆、江爲重鎮，三州户口居江南之半。

襄陽

見前。

懸瓠

郡縣志：「蔡州治城，古懸瓠城也。汝水屈曲，形若垂瓠，故城取名焉。」宋文帝於懸瓠城置司州，隋爲豫州，移入懸瓠城。水經注：「汝水東逕懸瓠城北。汝南太守周矜起義於懸瓠者，是矣。今豫州刺史、汝南郡治城之西北。汝水枝別左出，西北流，又屈西東轉，又西南會汝，形若垂瓠。」唐李祐爲李愬謀曰：「若直擣懸瓠，賊成擒矣。」愬夜半至懸瓠城。宋元嘉二十六年，後魏攻圍汝南，太守陳憲等拒四十餘日，不拔而退。宋明帝失淮北地，乃僑立新蔡郡，領固始一縣。

蘇氏曰：「自江南建國，惟桓温東討慕容，西征苻健，兵鋒所及，敵人震動。宋武破廣固，陷長安，所至蕩定。然桓温終以敗衄，不能成大功。宋武志在禪代，未能定秦，狼狽而反。而况其下者乎！」

齊重鎮

通典：「齊始全盛也，南鄭、樊城、襄陽、義陽、壽春、淮陽、角城、漣口、朐山爲重鎮。永元初，沔北諸郡相繼敗没，又遣軍北伐，敗於馬圈。」壽陽、盱眙、淮陰三鎮，淮南之本原。元魏高間云。

南鄭　梁州鎮南鄭。建武二年，後魏來伐，刺史蕭懿守拒，攻圍百餘日不下。南齊志：「晉隆安二年，郭銓始爲梁、南秦州刺史，寄治漢中。晉每失漢中，梁州刺史輒鎮魏興。」漢中爲巴、蜀扞蔽，是以蜀有難，漢中輒没。

樊城　通典：「襄陽臨漢縣有古樊城，後改鄧城，有樊城鎮。建武中，後魏孝文率兵十萬，數旬攻圍，將曹虎拒不下。」

李氏綱。曰：「六朝能保守江左，以强兵重鎮盡在淮、襄。」

義陽、三關　水經注：「晉泰始中，割南陽東鄙之安昌、平林、平氏、義陽四縣，置義陽郡於安昌城。」世謂白茅城，其城圓而不方（一四）。義陽縣，南對固成山。南齊志：「司州鎮義陽。宋泰始中，立州於義陽郡。有三關之隘，北接陳、汝，控帶許、洛。宋、齊以來，常爲邊鎮。」梁曰北司州。郡縣志：「申州，古申國也。魏文帝分置義陽縣。本漢平氏縣義陽鄉之地。故平靖關城，在縣南七十六里。舊有此關，不知何代創立。義陽有三關之塞，此其一也，武陽、黄峴二關，在安州應山縣今屬隨州。界。此關因山爲障，不營濠隍，故名平靖關。

石城，在鍾山縣本漢鄳縣〔一五〕。西南二十一里石城山上。本晉義陽縣所治。禮山關〔一六〕，即齊志所謂武陽關也，在安州東北二十四里〔一七〕，在應山縣東北一百三十里，北至申州一百五十里。百雁關，在安州東北二百里，在應山縣北九十里〔一八〕，北至申州九十里。平靖關，因古平靖縣爲名，在安州北一百七十里，在應山縣北六十五里，北至申州九十里。故曹城，在義陽縣東三十八里，梁將曹景宗將兵侵魏所築。」通典：「魏分南陽置義陽郡，晉、宋因之。」輿地廣記：「唐爲申州，開寶九年爲義陽軍。太平興國元年，改爲信陽軍。縣爲信陽。羅山縣有石城山。史記：魏攻冥阸，謂此山也。」寰宇記：「義陽山，在軍治東五十步。」冥阸塞，在軍東南五十五里。有大小石門，皆鑿山爲道，以通往來，荆楚守隘之地也。吕氏春秋「九塞」，冥阸其一焉。左傳大隧即黄峴，直轅，冥阸，乃武陽、平靖也。黄峴，今名九里關，在軍南百里。武陽，在今大寨嶺，軍東南九十里。平靖，今名行者坡〔一九〕，在軍南七十五里。信陽與三關勢如首尾，欲復宛、洛，必自此地始。方城塞，在軍東三十里。後魏元英至義陽，將取三關，先策之曰：「三關相須如左右手，若克一關，兩關不待攻而破，宜先攻東關。又恐其并力於東，使李華向西關，分其兵勢，自攻東關，六日而拔。進攻黄峴及西關，梁將皆走。」梁於南義陽置司州，移鎮關南。魏置郢州於義陽。其後，梁復取三關，圍郢州不克。

薛氏曰：「三關之險，大寨嶺頗爲平易〔二〇〕。」

胡氏曰：「義陽，淮西之屏蔽也。義陽不守，則壽春、合肥不得安寢矣。」蘇氏曰〔二一〕：「三關險矣，關外百里皆險也。虜得信陽，將與我分險而守，曾要陂以抗武陽，曾雞頭以抗平靖，曾石門以抗黄峴，是舉三關棄之也。」

淮陽

後魏尉元曰：「先定下邳，平宿豫，鎮淮陽，戍東安，則青、冀諸鎮可不攻而克。」輿地廣記：「淮陽縣，在漢凌縣、泗陽之間有淮陽城〔二二〕，梁置淮陽郡。」隋廢。唐貞觀元年，省入下邳。水經注：「淮陽城北臨泗水。」今淮陽軍。

漣口

通典：「泗州漣水縣，漢厹猶縣。齊置冀州，寄治於此，以爲邊鎮。」南齊志：「冀州領北東海郡，治漣口。」郡縣志：「沭水，俗名漣水，西南自海州沭陽縣流入漣水縣。」今漣水軍。

朐山

通典：「海州朐山縣，齊置青州於此。東海縣鬱洲，宋泰始以後，青、冀二州僑立於此。」海、泗，東南之藩蔽，泗可以取淮北，海可以下山東。吕氏曰：「吴徐承帥舟師將自海入齊，此是海道，自蘇州到山東。」

沔北 通典：今鄧州地。漢水一名沔水。

馬圈 通典：「魏馬圈鎮城，去襄陽三百里。陳顯達攻圍四十餘日不拔。」在今鄧州穰縣北。梁曹義宗取馬圈。

壽陽 壽春。

盱眙、淮陰 見前。

梁重鎮

通典：「梁武失漢川及淮西之地，其後與魏交戰於淮南、淮北。唯合肥獨存。雖得縣瓠、彭城，俄而又失。又克壽春，凡二十七年始復。復漢中，四十三年復。及侯景平後，江北之地悉陷高齊，漢川、蜀川没于西魏。大抵雍州、下溠戍、夏口、白苟堆、硤石城、合州、鍾離、淮陰、朐山爲重鎮。」

懸瓠、彭城、壽春、漢中

見前。

漢川、蜀川

梁、益州。

雍州

襄陽府，東晉僑置雍州。後梁蕭詧附庸西魏，以荆州資之，而取其雍州。西魏改曰襄州。李忠定公綱。曰：「天下形勢，關中爲上，襄、鄧次之〔三〕，建康又次之。」

下溠戍

通典：「在隨州棗陽縣今棗陽軍。東南百餘里。後魏正光初，南伐破之，置鎮。梁又破鎮置郡。」今棗陽軍。隋志：「漢東郡唐城縣，西魏改㶏西爲下溠，隋改下溠曰唐城。」左傳莊四年：「楚除道梁溠，營軍臨隨。」注：「溠水在義陽厥縣西，東南入鄖水。」水經注：「溠水出隨縣西北黄山，南逕㶏西縣西，又南流注于溳。」郡縣志：隨州唐城縣，梁於此置下溠戍，魏改爲鎮，隋改鎮爲唐城縣。溠水在隨縣西四十里。」職方氏：「豫州，其浸波、溠。」九域志：「唐城縣有溠水。」

夏口

見前。

白苟堆

通典：「戍城在蔡州真陽縣。」後魏遣堯雄爲南境守將，雄曰：「白苟堆，梁之北面重鎮，請備之。」後魏志：「西淮州治豫州界白苟堆。」隋志：真陽縣，「又有白狗縣，梁置淮州〔二四〕」。後齊置齊興郡〔二五〕。唐李愬攻蔡，入白狗、汶港栅。

硤石城

通典：「梁大同中，於硤石山築城，拒東魏。」天監十五年，魏崔亮攻硤石。即今潁州下蔡縣城也。周世宗克壽州，徙州治此。郡縣志：「硤石山，在下蔡縣西南六十里。淮水經硤石中，對岸山上築二城，以防津要。」今按：淮水以中流分界，在西岸者屬下蔡，在東岸者屬壽陽。硤石城，魏諸葛誕反，王昶據硤石以逼誕，即此城。又晉胡彬援壽春，即陷，退保硤石，亦此城也。」見前夾石〔二六〕。

合州

即合肥。梁置汝陰郡及南豫州，太清二年改爲合州。韋叡守合肥，魏人畏之，有「韋虎」之謡。今廬州。

鍾離

真氏曰：「有安豐之屏扞，則敵始不得以犯合肥。維揚、合肥，兩淮之根本。」

郡縣志：「濠州阻淮帶山，爲淮南之險。晉淮南郡鍾離縣，安帝立鍾離郡，宋兼置徐州，爲重鎮。齊明帝時，後魏攻圍，刺史蕭惠休、蕭坦之守，不下而退。梁昌義之、康絢鎮守。」隋、唐爲濠州。通典：「鍾離縣，東四里有古鍾離城，即魯昭四年楚城鍾離。又縣東一里有小東城，泰始二年築之〔二七〕，以鎮濠口。」寰宇記：「古鍾離城，在州東六里。」州有東西二城，濠水界于其中。

真氏曰：「有濠梁之遮蔽，則敵始不得以走歷陽。」

淮陰、朐山　見前。

荆山堰、浮山堰

郡縣志：「荆山堰，在濠州城西百十二里〔二八〕。」寰宇記：「在鍾離縣西八十三里〔二九〕。」圖經：「八十里二十步。荆山城在縣西八十里，周迴三百步，高一丈。堰城在縣西八十三里，周迴二百十步，高二丈。」梁天監中，魏降人王足求堰淮水以灌壽陽，引北方童謡曰：「荆山爲上格，浮山爲下格，潼、沱爲激溝〔三〇〕，并灌鉅野澤。」帝遂發徐、揚人，率二十户取五丁以築之，令康絢、昌義之護作戰士十萬人於鍾離，南起浮山堰，北抵巉石。堰成，壽陽城戍移頓於八公山。既而堰決，殺數萬人。

浮山堰在招義縣今招信縣。西北六十里，與荆山堰同時修築。水經注：「淮又東逕浮山，山北對巉石山。梁天監中，立堰於二山之間。」寰宇記：「臨淮山，在濠州東九十五里。圖經云：鍾離縣東。俯臨長淮。山下有水穴，淮水泛濫，其穴即高，水減還低，有似山浮，故亦號浮山。」

胡氏曰：「水之有源者不可遏，大河之北有鯀堤焉，而無禹堤，堙與導之異也。梁武規取壽陽，其人何罪而欲灌之？於敵未有損而自殘其民，豈有數萬千人由我而死〔三〕，漠然不以介意者乎？」

吕氏曰：「齊垣崇祖守壽陽，欲堰淝水以自固。議者以自有淝水未嘗堰難之。崇祖不顧，終以取勝。梁武帝堰淮水以灌壽陽，浮山之役，功力視崇祖不啻百倍。魏人謂終當自壞，竟如所料。在齊可堰，在梁不可堰。豈主客殊勢而攻守異便耶？」郡縣志：「寒山堰，在徐州彭城縣東南十八里，梁蕭淵明伐魏，堰清水以灌彭城。」

陳重鎮

通典：「陳西不得蜀、漢，北失淮、肥，以長江爲境。宣帝太建中，北伐累捷，盡復淮南之地。更經略淮北，大破齊軍於吕梁。周軍來拒，又大破之。旋爲周軍所敗，自是江北之地盡没於周，又以長江爲界。及隋軍來伐，遣將守狼尾灘、荆門、安蜀城、公安。巴陵已下，並風靡退散。隋軍自采石、京口渡江而平之。」

呂梁

郡縣志：「呂梁故城，在徐州彭城縣東五十七里。宋之呂邑，漢爲呂縣。城臨泗水，高百四十尺，周迴十七里。城東二里有三城，一在水南，一在水中潭上，一在水北，並高齊所築，立鎮以防陳寇。呂梁，在彭城縣東南五十七里，蓋泗水至呂縣，積石爲梁，故號呂梁。陳將吴明徹以舟師北破下邳，進屯呂梁，堰泗水以灌徐州。周烏丸軌、達奚長儒率兵救援，軌取車輪數百連鎖貫之，横斷水路，募壯士夜決堰。至明，陳人始覺。」水經注：「呂，宋邑也。縣對泗水。泗水之上有石梁，故曰呂梁。宋景公彎弧東射，矢集彭城之東，飲羽於石梁，即斯梁也。懸濤漰渀，實爲泗險。孔子謂懸水三十仞〔三二〕，流沫九十里。今則不能也。晉太康地記：水出磬石，書謂泗濱浮磬。晉太元九年，謝玄於呂梁遣督護聞人奭用功九萬，擁水立七埭〔三三〕，以利運漕。」九域志：彭城縣有呂梁洪鎮。隋志：彭城有呂梁山〔三四〕。

江北

淮南之地。

狼尾灘、流頭灘

通典：「陳後主遣將戚欣守狼尾灘。」今峽州宜都縣界。通鑑：「隋楊素引舟師下三峽，軍至流頭灘，戚欣守狼尾灘〔三五〕，地勢險峭，素擊敗之。」郡縣志：「硤州遠安縣，江有狼尾灘。」水經：「江水又東流頭灘〔三六〕。」注云：「其水峻激奔暴。袁山松曰〔三七〕：自蜀至此五千餘里，下水五日，上水百日。宜都記曰：渡流頭灘百里得宜昌縣〔三八〕。分夷道、佷山所立也。江水又東逕狼尾灘，在峽州西北。而歷人灘。注云：袁山松曰：二灘相去二里，人灘水至峻峭，其石作人形〔三九〕，因名人灘。又東逕黄牛山。下有灘曰黄牛灘。」

祝氏謚。曰：「晉之伐吳，王濬自梁、益以踐荆門，杜預自襄陽以侵沅、湘。隋之取陳，秦王由山南以掠漢口，楊素由巴東以趨三峽。」

荆門、安蜀城

通典：「峽州，陳爲重鎮。荆門，將仲肅據之，宜都縣界。安蜀城，將顧覺鎮之，夷陵縣界。」郡縣志：「荆門山，在峽州宜都縣西北五十里。」陳章昭達傳：「太建二年，征蕭巋于江陵。周兵於峽下南岸築壘，名曰安蜀城。昭達攻其城，降之。」

倪氏曰：「桓温經理中原，先平李勢；劉裕削平燕、秦，先取譙縱，故蜀於天下形勢最重。孫氏以蜀先亡也，王濬順流而下而吴亡；陳以蜀先爲隋有也，楊素順流而下而陳亡。本朝先平孟昶，然後南唐不能以自立，故蜀於東南形勢尤重。」唐許紹傳：「江之南有安蜀城，地直夷陵，荆門城峙其東，皆峭險處，蕭銑以兵戍守〔四〇〕。」

公安　陳置荆州，隋屬江陵總管府。

巴陵　宋置巴陵郡，梁兼置巴州，隋改岳州。

采石　九域志：太平州當塗有采石鎮、牛渚山。陳樊毅言於袁憲曰：「京口、采石俱是要地，各須鋭兵五千，金翅三百〔四一〕，緣江上下以爲防備。」孔範曰：「長江天塹，豈能飛度。」隋韓擒虎襲陷之。自横江宵濟采石。葉氏曰：「王濬自巴丘十四日至牛渚。蘇峻在歷陽，其襲姑孰，進慈湖，蓋由采石而渡。曹彬下李氏，亦循用其迹。」紹興三十一年，金虜率大軍臨西采石楊林渡。初奏言已犯采石而不言東、西，朝廷大驚。次報已到楊林而不言楊林渡，莫知其在江之南、北，益懼。求當塗、歷陽人，問楊林所在，言：「楊林，西采石之渡口也。」於是憂疑稍定。虞允文督舟師拒虜于東采石，却之。胡氏曰：「天塹一也，有人則險，無人則夷；王氣未嘗盡也，有人則王，無人則衰。」又見前牛堵圻。

陸務觀曰：「采石，一名牛渚，與和州對岸，江面比瓜洲爲狹，故隋韓禽虎平陳，本朝曹彬下南唐，皆自此渡。」

林氏曰：「吴有淮，故楚不敢深入，孫氏、陳氏失淮，故晉、隋得以亡之。」

京口

隋賀若弼攻拔京口。南齊志：「京城因山爲壘，望海臨江，緣江爲境。」吴置幽州牧，屯兵在焉。宋高祖以京口要地，去建康密邇，非宗室近親不得居之。郡縣志：「潤州，吴朱方，秦改丹徒。建安十四年，孫權自吴治丹徒，號曰京城，今州是也。十六年，遷都建業，於此爲京口鎮。按京者，絶高丘也，人力所爲者，公孫瓚易京是也；非人力所及者，滎陽京、索是也。今地名徐陵，即此京，非人力所爲也。京上郡城，城前浦口，即是京口。吴志：孫策使孫何領兵屯京地。又云：魏臧霸以輕船襲徐陵，即吴時京城、徐陵、丹徒，其實一也。吴、晉以後，皆爲重鎮。咸和中，郗鑒自廣陵鎮於此，爲僑徐州所治。升平二年，徐州刺史北鎮下邳，京口常有留局。後徐州寄治建業，又爲南兖州，後又爲南徐州。隋置州。」城東有潤浦，因名。北固山，在丹徒縣北一里，下臨長江，其勢險固。

九江

隋蘄州總管王世積以舟師出九江。隋志：「九江郡置江州。」

曾氏曰：「禹貢：過九江，至于東陵。東陵，巴陵也，則九江不在尋陽。」

朱文公曰：「漢九江郡，本在江北，而今所謂江州者，實武昌郡之柴桑縣。後以江北之尋陽并柴桑而立郡，又自江北徙治江南，以故江南得有尋陽之名。後又因尋陽而改爲江州，實非古九江地也。」胡氏、晁氏皆以九江爲洞庭。水經：九江在下雋縣。此正荊州之地，與禹貢合。漢志：沅、漸、潕、辰、序、酉、澧、湘、資水，皆合洞庭，而北入于江。

湓城、峽口

唐志：「江州有湓城戍，潯陽縣本湓城。」郡縣志：「陳太建二年，征江陵，周軍於峽口岸築壘，名安蜀城，以備陳。又隋伐陳，陳將顧覺戍此。」元和郡縣志：「下牢鎮，在夷陵縣西二十八里。隋於此置峽州。」杜甫峽口詩：「開闢多天險，防虞一水關。」

五湖

越語注：「今太湖也。」虞翻云：「太湖有五道。」吴録云：「周行五百餘里，故名五湖。」郡縣志：「太湖，在蘇州吴縣西南五十里。湖中有山，一名洞庭山。」水經注：「南江東注于具區〔四二〕，謂之五湖口。五湖，謂長塘湖、洮湖，一名長塘湖。太湖、上湖、射貴湖、滆湖也。書謂之震澤。爾雅以爲具區。」山海經：「浮玉之山，北望具區。」史記正義：「五湖者，菱湖、游湖、莫湖、貢湖、胥湖，皆太湖東岸五灣。太史公云：登姑蘇，望五湖。」河渠書：「於吴則通渠三江五湖。」

校勘記

〔一〕朱序鎮襄陽　「朱序」，原作「朱叙」，據元本、晉書卷八一朱序傳改。

〔二〕在六安縣北　「六安縣」，原作「六和縣」，元本、遞修本、浙本作「六安縣」。輿地廣記卷二一六安縣：「晉永和中，謝尚鎮馬頭城，在今縣北。」據改。

〔三〕石鼈城在楚州寶應縣西八十里　「寶應縣」，新唐書卷四一地理志五：寶應，本安宜，「上元三年以獲定國寶更名」。通典卷一八一州郡一一作「安宜」，此作「寶應」，不合。

〔四〕武帝改南鄉爲順陽郡　「南鄉」，原作「南陽」。晉書卷一五地理志下：武帝平吴，「改南鄉爲順陽郡」。宋書卷三七州郡志三：「順陽太守，魏分南陽立曰南鄉，晉武帝改名。」方愷新校晉書地理志：順陽郡，「攷州郡志，汎陽令，晉太康五年立，屬南鄉，仍屬順陽，『仍』字疑『後』字之誤，據此，知太康五年以前，皆名南鄉郡也」。其説是也，此「陽」爲「鄉」字之誤，據改。

〔五〕故城在光化軍乾德縣東北　太平寰宇記卷一四五：光化軍乾德縣，「漢酇縣，縣北三里」。

〔六〕郡城險固非攻所能拔　元和郡縣圖志卷九徐州總序引輿地志云：「郡城由來非攻所能拔。」太平寰宇記卷一五徐州總序引輿地記同此引而變文。

〔七〕故於兵家爲守攻之地　「兵家」，原作「兵甲」，據元本、遞修本、浙本及後山集卷一二改。

〔八〕沌水上承新陽縣之太白湖　「沌水」，原作「沌口」，據元本、遞修本、浙本及水經江水注改。「新陽縣」，水經江水注作「沌陽縣」。此段引文由江水注、沔水注相關文字組合而成，沔水注謂「沔水又東逕沌水口，水南通縣之太白湖……沔水又東逕沌陽縣北」，太白湖屬何縣不明。王應麟在引文中特別注明新陽縣乃分雲杜縣立，則此「新陽」當非筆誤。

〔九〕江陵之建寧鎮蓋沌口也　元本、遞修本、浙本此文下有「當攷」二字。

〔一〇〕收膏腴之地　「收」，原作「取」，據元本、遞修本、浙本及晉書卷三四羊祜傳改。

〔一一〕元康九年　「九年」，原作「元年」，據水經沔水注、宋書卷三七州郡志三改。

〔一二〕凡有一萬一千二百一十九間　「間」，原作「門」，遞修本、浙本作「所」，據元和郡縣圖志卷五及玉海卷一七三漢雒陽城改。

〔一三〕欲固兩淮　「固」，原作「顧」，據元本、遞修本、浙本及西山文集卷三、兩朝綱目備要卷一四嘉定七年七月庚寅、歷代名臣奏議卷九七經國改。

〔一四〕世謂白茅城其城圓而不方　「世」，原作「此」，據元本、遞修本、浙本及水經淮水注改。「圓」，原作「固」，據水經淮水注改。

〔一五〕本漢鄳縣　「鄳縣」，原作「黽縣」，據元本、遞修本、浙本及漢書卷二八上地理志上改。

〔一六〕禮山關　原作「澧山關」，金陵書局本元和郡縣圖志卷二七作「禮山關」。隋書卷三一地理志下：禮山縣，「有禮山」。讀史方輿紀要卷七七：應山縣，「武陽關，在縣東北百三十里，即古大隧也，亦曰禮山關」。據改。

〔一七〕在安州東北二十四里　「二十四里」，元和郡縣圖志卷二七作「二百四十里」。

〔一八〕在應山縣北九十里　「北」原脱，據元本、遞修本、浙本及元和郡縣圖志卷二七補。

〔一九〕今名行者坡　「行者坡」，原作「行者陂」，據元本、遞修本、浙本及方輿勝覽卷三一改。

〔二〇〕大寨嶺頗爲平易　「大寨嶺」，原作「大塞嶺」，據浙本及薛季宣浪語集卷二一上湯相論邊事改。

〔二一〕蘇氏曰　「蘇氏」，遞修本、浙本作「黄氏」，元本字不清。按方輿勝覽卷三一引莫汲所論三關之險文字同此处蘇氏云云，此「蘇氏」恐誤。

〔二二〕在漢凌縣泗陽之間有淮陽城　「凌縣」，原作「陵縣」，元本、遞修本作「凌縣」，漢書卷二八下地理志下、續漢書郡國志三亦作「凌縣」。據改。

〔二三〕襄鄧次之　「襄鄧」，建炎以來繫年要録卷六建炎元年六月庚申同，梁溪集卷五八議巡幸、三朝北盟會編卷一〇四作「襄陽」。

〔二四〕梁置淮州　「淮州」，原作「雄州」，據元本、遞修本、浙本及隋書卷三〇地理志中改。

〔二五〕後齊置齊興郡　「置」，原作「志」，據元本、遞修本、浙本及隋書卷三〇地理志中改。

〔二六〕見前夾石　「夾石」，本書各卷均無「夾石」，疑爲「硤石」之誤。

〔二七〕泰始二年築之　「泰始」，原作「秦始皇」，據通典卷一八一、太平寰宇記卷一二八改。

〔二八〕在濠州城西百十二里　元和郡縣圖志卷九濠州鍾離縣「荆山堰，在郡城西一百二十二里」，疑脱

「二」字。

〔二九〕在鍾離縣西八十三里　太平寰宇記卷一二八：濠州鍾離縣，「廢荆山堰，在州西一百二十二里」。同元和郡縣圖志，此云「八十三里」，疑誤。

〔三〇〕潼沱爲激溝　「沱」，原作「泡」，元和郡縣圖志卷九濠州鍾離縣同，據梁書卷一八康絢傳、太平寰宇記卷一二八、太平御覽卷七三引梁典改。

〔三一〕豈有數萬千人由我而死　「數萬千人」，元本、遞修本、浙本皆作「數十萬人」。

〔三二〕孔子謂懸水三十仞　「三十」，原作「三千」，據元本、水經泗水注改。

〔三三〕擁水立七埭　「七埭」，原作「七拖」。朱謀㙔水經注箋作「七拕」，朱氏云：「『拕』，當作『埭』。晉書卷七九謝玄傳：『堰呂梁水，樹柵，立七埭爲派，擁二岸之流，以利漕運。』此『拖』爲『埭』之誤，據改。

〔三四〕彭城有吕梁山　「吕梁山」，原作「吕梁城」，據元乙本、遞修本、浙本及隋書卷三一地理志下改。

〔三五〕戚欣守狼尾灘　「戚欣」，原作「戚昕」，資治通鑑卷一七六陳紀一〇禎明二年同，據庫本、浙本及隋書卷四八楊素傳、北史卷四一楊敷傳改。

〔三六〕江水又東流頭灘　趙一清水經注箋刊誤：「七字是注混作經，『東』下落『逕』字。」

〔三七〕袁山松曰　「袁山松」，原作「袁崧」，據水經江水注、晉書卷一〇〇孫恩傳改。下同。

〔三八〕渡流頭灘百里得宜昌縣　「百里」，水經江水注作「十里」。

〔三九〕其石作人形　水經江水注：其石「悉作人面形」。太平御覽卷六九引水經注文同，疑此「人」下脱「面」字。

〔四〇〕蕭銑以兵戍守　「戍守」，原作「戍」，據元本、遞修本、庫本、浙本及新唐書卷九〇許紹傳補。

〔四一〕金翅三百　「三百」，陳書卷三一樊毅傳、資治通鑑卷一七六陳紀一〇禎明二年皆作「二百」，疑此「三」爲「二」字之誤。

〔四二〕南江東注于具區　「南江」，原倒誤爲「江南」，據水經沔水注乙正。

通鑑地理通釋卷之十四

河南四鎮攷

宋元嘉七年，有恢復河南之志，詔到彥之統王仲德、竺靈秀舟師入河，段宏將精騎直指虎牢，先遣田奇告魏主曰：「河南舊是宋土，今當修復舊境。」魏主曰：「當權斂戍相避，冬寒冰合，自更取之。」彥之泝河西上，魏主以河南四鎮兵少，命悉衆北渡，於是司、兗既平〔一〕。司州金墉、虎牢，兗州碻磝、滑臺。

碻磝

郡縣志：「濟州治碻磝城，本秦東郡之茌平縣地。其城西臨黄河，晉、宋爲河水所毁，移治河北博州界。宋元嘉二十七年〔二〕，王玄謨前鋒入河，平碻磝，立戍守之。都督劉義恭，以沙城不堪守，召玄謨毁城而還，後更城之。後魏置鎮守。天寶十三載，州爲河所陷，廢。碻磝津在濟州津有城，故以爲名。盧縣北一里，後魏於此置關，名濟州關。隋末廢。」輿地廣記：「碻磝城臨水，西南圮于河。今濟州徙置鉅野，而盧縣廢久，唯碻磝津在鄆州陽穀縣境，則亦盧地。」通典：「後魏泰常八年〔三〕，於此立濟州中城。其外城，正光中，刺史刁宣所築。後周武帝築第二城，即碻磝故城也。」唐地理志：「盧縣北有碻磝津故關。」左傳：「齊、鄭盟于石門，尋盧之盟也。」今濟北盧縣故城。

滑臺

郡縣志：「滑州城，即古滑臺城，甚險固。慕容德自鄴南徙滑臺。城有三重，又有都城，周二十里。相傳云衛靈公所築小城，昔滑氏爲壘，後人增以爲城，高峻堅險，臨河亦有臺。」水經：「河水右逕滑臺城〔四〕。有三重小城，謂之滑臺城。城即鄭廩延邑也，下有延津。到彦之留朱修之守滑臺，修之堅守數月，糧盡，魏遂克滑臺。」

金墉

通典：「金墉城，在河南府洛陽縣故城西北角。魏明帝築。」郡縣志：「洛陽縣，貞觀六年自金墉城移入郭内毓德坊。故洛陽城，在縣東二十里。」水經注：「魏文帝起層樓於東北隅。」到彦之留杜驥守金墉。後魏安頡自委粟津濟河，攻金墉，驥南遁，安頡拔洛陽。

虎牢

本東虢國，鄭爲制邑，有故虎牢城，漢爲成皋縣，屬河南。宋毛德祖戍虎牢，後魏晝夜攻圍二百日乃克。到彦之留尹沖守虎牢，後魏安頡與陸俟進攻，拔之。後魏置東中府。隋改成皋縣曰汜水。大業初，置虎牢都尉府，屬滎陽郡。唐屬鄭州，又屬洛州，後屬孟州。賈至虎牢關銘：「王侯設險，虎牢擁其要。振之以五岳，維嵩崒焉。迫之以四瀆，洪河突焉。宜其咽喉九州，閫域中夏。漢祖守之，以臨山東，坐清三齊，强楚躑躅而不進。太宗據之，以拒河朔，克擒醜夏，僞鄭袒縛而請命。維兹虎牢，天設巨防，攻在坤下，拒在離旁，昏恃以滅，聖憑而王。」

東西魏周齊相攻地名攷

通典：「北齊神武、東魏天平末，大舉西伐，至蒲津。竇泰自風陵濟河，至潼關；高敖曹入武關，陷上洛，泰軍敗。西魏乘勝攻陷陝州。神武西至沙苑。西軍又襲陷洛陽。又至于河陰。時拒守河陽城，西師敗歸。其後，神武攻圍玉壁，不克。西師來伐，至于邙山。後又圍玉壁，不克。文襄遣將圍潁川，陷之。於是河南自洛陽之西，河北自晉州之西，悉入西魏。文宣命將略地，南際于江〔五〕。又過江，得梁夏口。武成河清中〔六〕，築戍於軹關。當神武之時，與周文帝抗敵，十三四年間，凡四出師，大舉西伐，周師東討者三焉。大抵西則姚襄城、洪洞、晉州、武平關、柏崖、軹關、河陽，南則虎牢、洛陽、北荆州、孔城防、汝北郡、魯城，置兵以防周寇。周文帝西魏大統中，東魏師至蒲津。文帝東征，克陝州，兼得宜陽郡、邵郡。東師又至沙苑。後東征，至河陰，先勝後敗，築戍於玉壁。文帝又至邙山，先勝後敗。其河南自洛陽之東北，河東自平陽之界，屬于高齊。當全盛戰争之際，則玉壁、邵郡、齊子嶺、通洛防、黄櫨三城、宜陽郡、陝州、土劃、三荆、三鵶鎮〔七〕，置兵以備東軍〔八〕。」

宇文、高氏，魏之篡盜也，争地争城，若蠻觸然。通典録其事，存之以備參攷。

蒲津

通典：「同州朝邑縣，古臨晉縣。西南有蒲津關。」漢伍被傳：「淮南王曰：先要成皋之口，塞轘轅、伊闕之道，守武關。」然此北尚有臨晉關。即蒲津關也，在臨晉縣。張説蒲津橋贊：「河上有三橋，蒲津是其一。隔秦稱塞，臨晉名關。關西之要衝，河東之輻輳。」唐六典：「造舟之梁四，河三洛一，河則蒲津、大陽、盟津，洛則孝義。」唐志：「河中府河西縣析朝邑、河東置。有蒲津關，一名蒲坂關。開元十二年〔九〕，鑄八牛，牛有一人策之，牛下有山，皆鐵也，夾岸以維浮梁。」郡縣志：「在河東縣西四里。魏太祖西征馬超、韓遂，夜渡蒲津關。今造舟爲梁，亦關河之巨防。」

風陵

通典：「河中府河東縣有風陵堆，與潼關相對，在潼關北岸。」唐志：「河東縣南有風陵關，聖曆元年置。」郡縣志：「風陵堆山，在河東縣南五十五里，與潼關相對。風陵故關，一名風陵津，在縣南五十里。魏太祖西征韓遂，自潼關北渡，即其處也。」水經注：「關之直北，隔河有層阜，孤峙河陽，世謂之風陵，戴延之所謂風塠。」

潼關、武關

並見前。

上洛

晉置郡，西魏置洛州，後周改爲商州，治上洛縣。竹書紀年「晉烈公三年，楚人伐我南鄙，至于上洛」，是也。商山，在縣西南。

陝州

通典：「後魏置陝州，後周又置崤郡，置兵於此備齊。」

沙苑

郡縣志：「一名沙阜，在同州馮翊縣南十二里。東西八十里，南北三十里。周太祖與高歡戰于沙苑，大破之，人栽一樹，以表其功。今樹往往猶存。今以其處宜六畜，置沙苑監。」類要、寰宇記：沙苑古城在朝邑縣南十七里。顏氏正俗曰：「本草：防風生沙苑川澤。陶弘景注云：郡縣無名沙苑者。按：今同州沙苑之内猶有防風，陶公生長江南，竟不知處。」

河陰　通典：「今洛陽縣北。」輿地廣記：「漢平陰縣故城，在洛陽縣北五十里。魏文帝改爲河陰。」周武帝攻拔河陰大城。

河陽城、三城、中潬城　通典：「河陽縣北城，後魏太和中築。齊使潘樂鎮於此，又使高永樂守南城，以備西魏，並今城也。其中潬城，本東魏所築，仍置河陽關。」郡縣志：「南城，在河陽縣西，四面臨河，即孟津之地，亦謂之富平津。中潬城，東魏元象元年築。唐至德中，史思明來寇，李光弼率士馬數萬東守河陽三城。賊憚光弼兵威，南不出百里，西不越畿内。陝州得修戎備，關隘無虞，皆光弼保河陽之力。自乾元後，常置重兵。貞元後〔一〇〕，置節度，爲都城之巨防。」唐屬河南府，置河陽三城使。會昌三年置孟州。齊傅伏自永橋夜入中潬城。方勺曰：「河陽三城，其中城曰中潬，黄河兩派貫於三城之間〔一一〕，秋水泛溢時，南北二城皆有濡足之患，唯中潬屹然如故。」潬，音誕。

邙山　郡縣志：「北邙山，在河南府偃師縣北二里。」十道志：「邙山在洛陽縣北十里。」

潁川

通典：「潁川郡，後周改曰許州。西魏王思政鎮守，東魏圍二百日，城陷。即今長葛縣界故長社城也。」郡縣志：「長社故城，許州長葛縣西一里，西魏王思政進拔潁川，東魏清河王岳圍潁川，造高堰，引洧水以灌城。城陷，水自東北入城。」

晉州、平陽

通典：「魏置平陽郡。劉淵建都於此。後魏爲晉州。東魏、北齊皆爲重鎮。周建德中，攻拔晉州，使梁士彦守之。」

軹關

通典：「河南府濟源縣，漢軹縣地，故城在今縣東南。高齊拒周，使斛律光築關於此。」唐志：「孟州濟源縣西有故軹關。」隋志：「懷州王屋縣有軹關。」

姚襄城

郡縣志：「在慈州吉昌縣後唐改吉鄉。熙寧五年，廢慈州，以吉鄉隸隰州。元祐復置。西五十二里〔一二〕。本姚襄所築，其城西臨黄河，控帶龍門、孟門之險，周、齊交争之地。城高二丈，周迴五里。武平二年，斛律光破周兵於此城，遂立碑表其功。又於此城置鎮。」東魏南汾州，北齊西汾州，唐曰慈州，取慈烏戍爲名。

洪洞

周伐齊，攻拔洪洞、永安二城。通典：「洪洞故城，在晉州洪洞縣北六里。東魏、北齊鎮也，四固重複〔一三〕，控據要險。」漢爲楊縣。取縣北洪洞嶺爲名。隋志：「霍邑縣，後魏曰永安。」郡縣志：「姚最序行記曰：周建德五年，從行討齊，師次洪洞，百雉相臨，四周重複，控據要險，城主張元静率其所部肉袒軍門。」

武平關

通典：「絳州正平縣有高齊故武平關，在縣西三十里。周平齊廢。故家雀關，在縣南七里，並是鎮處。」

柏崖

郡縣志：「河南府河清縣西有柏崖故城，即東魏將侯景所築。」唐志：「咸亨四年，置柏崖縣。」有柏崖倉，咸亨中，王本立置〔一四〕。

虎牢

通典：「東魏武定中，陸子章增築城守。」隋志：「汜水縣，唐屬孟州。舊曰成皋，即虎牢，後魏置東中府，東魏置北豫州。」唐志有虎牢關。

北荆州

通典：「今河南府陸渾縣東北故城是。」隋志〔一五〕：「陸渾縣有東魏北荆州。」

孔城防

通典：「河南府壽安縣，有九曲城，所謂九阿也〔一六〕。水經注：洛水東逕九曲南，其地十里，有坂九曲，穆天子傳：天子西征，升于九阿，是也。高齊置孔城防以備周，在今縣東南。」

汝北郡

隋志：「汝州梁縣，舊置汝北郡。」通典：「梁縣西南王塢城，亦名高齊汝北郡，以備周寇。」郡縣志：「故城在今縣南。」

魯城

通典：「汝州魯山縣，高齊于縣東北十七里置魯城，以禦周。」

宜陽郡

隋志：「洛州宜陽縣，後魏置宜陽郡，東魏置陽州〔一七〕，後周改曰熊州。」通典：「河南府福昌漢宜陽縣。縣城，即魏之一金塢城〔一八〕，東、南、北三面峭絶天險，後周重兵於此，以備高齊。」水經注：「一金塢唯築西面〔一九〕。」韋孝寬曰：「宜陽一城之地，兩國爭之。」周築崇德等五城，齊築統關、豐化二城。

華谷、龍門二城

齊斛律光於汾北築。通典：「絳州龍門縣有龍門山，即大禹所鑿。」水經注：「汾水逕冀亭南，又西與華水合。水出北山華谷。皮氏縣有冀亭故城，在龍門東南。河水南出龍門口，汾水從東來注之。魏土地記曰：梁山北有龍門山，大禹所鑿，通孟津河口，廣八十步。竹書紀年：晉昭公元年，河水赤于龍門三里。」郡縣志：「龍門山，在同州韓城縣北五十里。龍門戍，在縣東北，極嶮峻，後周於此置龍門關。」

邵郡

隋志：「絳州垣縣，後魏置邵郡，後周置邵州。」唐志：「隋置邵原郡。」今垣曲縣。通典：「西魏於此置邵郡，以備東魏。」

玉壁

隋志：「絳州稷山縣有後周勳州〔三〇〕。」通典：「勳州故城，在稷山縣西南十二里，即大統四年王思政所築玉壁城。郡縣志：城周迴八里，四面並臨深谷。爲周氏重鎮，高歡再攻圍，皆不克。」初王思政守，後韋孝寬守，東師攻不拔，遂置勳州。

齊子嶺

郡縣志：「在河南府王屋縣今屬孟州。東十二里，即宇文周與高齊分據境之處。」通典：「縣東二十里，周、齊分界處。周伐齊，遣韓明守之。」隋志：「懷州王屋縣有齊子嶺。」

通洛防

通典：「故函谷關城，保定中，改爲通洛防，以備齊。在河南府新安縣。漢故函谷關在縣東北一里。」郡縣志：「新安縣城，本名通洛城，周武帝將東討，令尉遲綱築此城，以臨齊境。」

黄櫨三城

通典：「河南府永寧縣，後周熊耳縣。後周黄櫨、同軌、永昌三城以備齊。」隋志：「後周置同軌郡。」舊唐志：「武德三年，永寧縣移治同軌城。」

土劃

通典：「在河南府長水縣西北二十五里，蓋古關之塞垣，後周以爲鎮防。長水，漢盧氏縣地，後魏置南陝縣。」

三荆

通典：「獨孤信略定北荆州，即今河南府伊陽縣。後周置兵於此備齊。東荆州，後改曰淮州，今唐州。西魏爲重鎮，置兵以備東魏。荆州，今鄧州。」西魏爲重鎮，置兵以備齊。北史：「獨孤信都督三荆州。」今按：伊陽縣，唐先天元年析陸渾置。隋志：「陸渾縣有東魏北荆州。」

三鵶鎮

通典：「汝州魯山縣，後周置三鵶鎮，在縣西南十九里，亦名平高城，以禦齊。百重山，在鄧州向城縣北，即三鵶之第一。又北分嶺山，嶺北即三鵶之二。其第三鵶入魯山縣界。」韋孝寬陳伐齊三策：「其一，廣州義旅出自三鵶；其二，三鵶以北，萬春以南，廣事屯田，預爲貯積。」郡縣志：「魯山縣魯陽關水，俗謂之三鵶水，經縣西七里。魯陽關，在向城縣北八十里。今鄧、汝二州於此分境。荆、豫逕途，斯爲險要。張景陽詩云：朝登魯陽關，狹路峭且深。」

陘嶺

郡縣志：「石銘陘嶺，在蔚州靈丘縣西北八十里〔二〕。上有石銘，題言冀州北界，故謂之石銘陘。」水經注：「天井水出東陘山西南，北有長嶺，嶺上東西有通道，即鈃隥也。」穆天子傳：「至于鈃山之隊，東升三道之隥。」

永州

隋志：「蔡州義興縣，後齊曰永州，隋廢入城陽縣。」

大和谷

唐志：「河南府伊陽縣有太和山。」

穀水

水經：「穀水出弘農黽池縣南穀陽谷，又東過河南縣北，東南入于洛。」注：「韋昭曰：「洛水在王城南，穀水在王城北，東入於瀍。」地理志：「東北至穀城入洛。」

沃野、河州

唐地理志：「北經太泊，十七里至金河，又經故後魏沃野鎮城。」郡縣志：「沃野故城，在天德軍城北六十里。」通典：「河州，前秦置，後周置枹罕郡。」漢志：「朔方郡有沃壄縣。」

稽胡

通典：「一曰步落稽，蓋晉時匈奴別種，或云山戎、赤狄之後。自離石石州。以西，安定涇州。以東，方七八百里，居山谷間。後周齊王憲討破之。」

柏谷城

水經注：「河水東合柏谷水。水出弘農縣今虢州虢略縣。南石隄山〔三〕，北流逕其亭下。晉公子重耳出亡，及柏谷。漢武帝嘗微行此亭。」九域志：「虢州朱陽縣有柏谷。」

定陽城

齊斛律光圍定陽，定陽城，通鑑考異云汾州。築南汾城以逼之。周使郭榮城於姚襄城南、定陽城西。輿地廣記：「慈州吉鄉縣，東魏置定陽縣及定陽郡，隋改吉昌，置文城郡，唐曰慈州。」

汾州　通典：「慈州，東魏置南汾州，北齊改西汾州。」

紫陌　在鄴西。水經注：「漳水北逕祭陌西，田融以爲紫陌也。趙建武十一年，造紫陌浮橋於水上。」周師至紫陌橋。鄴縣省入相州臨漳縣。鄴都記：「城西北五里，石虎時，於漳水造浮橋，接紫陌宮，因名之。」

洛口、永橋　史記正義：「洛汭，洛口，在河南府鞏縣洛水之口，入河。」左傳注：「雒汭在河南鞏縣南。」按水經：在鞏縣之東北。唐志：「鞏縣有洛口倉，隋移縣出洛口，立此倉。」見前什谷口。永橋，在懷縣。懷縣故城，在懷州武陟縣西〔三三〕。

汾曲　詩：「彼汾一曲。」水經：「汾水出太原汾陽縣北管涔山，廣記：憲州静樂縣有管涔山。南過平陽縣東，又西至汾陰縣北，西注于河。」

雀鼠谷、汾水關　唐志：「汾州介休縣有雀鼠谷〔三四〕。靈石縣有陰地關、長寧關。」水經注：「冠爵津，汾津名也，在介休縣之西南，俗謂之雀鼠谷水。左右結偏梁閣道，累石就路，縈帶巖側，或去水一丈，或高六丈，上戴山阜，下臨絶澗，俗謂爲魯般橋，蓋古之津隘，今之地嶮。」郡縣志：「雀鼠谷，在介休縣西十二里。」通典：「汾州靈石縣東南有高壁嶺、雀鼠谷、汾水關，皆險固之處。」周伐齊，遣齊王憲守雀鼠谷。隋李淵討甄翟兒，遇於雀鼠谷。唐太宗追宋金剛，宿於雀鼠谷之西原。隋志：「汾州永安縣有雀鼠谷。」郡縣志：「蔚汾關，在嵐州合河縣東七十里。」

千里徑、統軍川、未詳。鼓鐘鎮、晉祠、天池

水經注：「垣縣鼓鐘川，世人謂之鼓鐘城。山海經曰鼓鐘之山。」郡縣志：「晉祠，一名王祠，唐叔虞祠也，在太原府晉陽縣西南十二里。貞觀二十年，太宗幸并州，製碑，在乾陽門街。天池，在嵐州靜樂縣今屬憲州。北燕京山上，周迴八里，陽旱不耗，蔭霖不溢。故老言：嘗有人乘車，風飄墮池。有人獲車輪於桑乾泉。今池側有祠。」水經注：「池在山原之上，其水澄渟，若朝那之湫淵。桑乾泉潛流通注。」唐置天池縣，咸平省入靜樂。本朝歐陽公云：「寧化軍天池。」太平興國四年，析嵐州地置寧化縣。五年，置軍。

永安、雞栖原

隋志：「晉州霍邑縣，後魏曰永安，并置永安郡。」郡縣志：「汾州孝義縣，後魏

分隰城置永安縣。今靈石縣東三十里〔二五〕，貞觀改。」

雞栖原〔二六〕，蓋在永安。

涑川

水經：「河水南逕雷首山西，又南，涑水注之。左傳謂之涑川，俗爲陽安澗水。涑水，出河東聞喜縣東山黍葭谷。」左傳：「伐我涑川。」注云：「涑水出聞喜縣解州。西南，至蒲坂縣河中府河東縣。入河。」郡縣志：「涑水，在河中府臨晉縣東二十三里〔二七〕。涑川，在陜州夏縣北四十里。川東西三十里，南北七里。」

高梁橋、北朔州、高壁、介休

括地志：「高梁故城，在晉州臨汾縣東北二十七里。」水經：「汾水西南過高梁邑西。」竹書紀年：「晉出公三十年，智伯瑶城高梁。」

郡縣志：「高齊文宣於馬邑城置朔州。汾州介休縣〔二八〕，後魏孝静立爲南朔州，故謂馬邑爲北朔州。」

高壁嶺。見前。

洛女砦。未詳。

介休縣，本秦、漢舊邑，在介山西。介山，在縣西南二十里。

土門、滏口〔二九〕、宜州

唐志：「鎮州獲鹿縣有故井陘關〔三〇〕，一名土門關。」郡縣志：「井陘口，今名土門口，縣西南十里，即太行八陘之第五陘也。第四滏口陘，對鄴西。」郡國志注〔三一〕：「滏水熱，故名滏口。」燕慕容垂出滏口，入天井關。唐李光弼出土門，破史思明軍。

通典：「京兆府華原縣，西魏爲宜州。」

三臺

水經注：「鄴城西北有三臺，皆因城爲基，巍然崇舉，其高若山。建安十五年，魏武所起。其中曰銅雀臺，高十丈。南則金虎臺，高八丈。北曰冰井臺。亦高八丈。」魏都賦：「三臺列峙以崢嶸。」注：「銅爵園西有三臺，中央有銅爵臺，南則金虎臺，北則冰井臺。」建安十五年作。銅爵臺有屋一百一間，金虎臺有屋一百九間，冰井臺有屋百四十五間，上有冰室。三臺與法殿皆閣道相通，直行爲徑，周行爲營。通典：「相州鄴縣有魏武帝、文帝、甄后等三陵臺。石勒將攻三臺，張賓曰：三臺險固，攻守未可卒下。」石虎鎮鄴三臺。鄴縣，宋朝熙寧六年省入臨漳縣。

新興、顯州、東雍州

通典：「朔州，漢末置新興郡。」

隋志：「代州崞縣，後齊爲北顯州。絳州，後魏置東雍州。」

郡縣志：「後魏太武於今治西南二十里正平縣界柏壁，置東雍州及正平郡。孝文廢。東魏復置。周明帝改爲絳州。柏壁，在正平縣西南二十里，高二丈五尺，周迴八里。」

營州、黄龍

隋志：「後魏置營州於和龍城。」通典：「周武帝平齊，其地猶爲高寶寧所據。」水經注：「白狼水北逕黄龍城東。」十三州志：昌黎有黄龍亭，魏營州刺史治。」通鑑：「契丹黄龍府即慕容氏和龍城，隋長孫晟出黄龍道。」

潞水

通典：「薊州漁陽縣有鮑丘水，又名潞水。檀州密雲縣有潞水，自塞外流入。」袁紹遣將與公孫瓚戰於鮑丘。水經注：「鮑丘水出北塞中，南流經九莊嶺東〔三二〕，俗謂之大榆河。又東南經漁陽縣故城東，是瓚戰處。」水經注：「魏土地記：潞縣城西三十里有潞河。唐屬幽州。鮑丘水從塞外來〔三三〕，經密雲戍，過幽州潞縣西。俗曰東潞。」

唐三州七關十一州攷

大中三年，吐蕃以秦、原、安樂三州，石門、驛藏、木峽、制勝、六盤、石峽、蕭七關歸于有司。五年，沙州人張義潮以瓜、沙、伊、肅、鄯、甘、河、西、蘭、岷、廓十一州歸于有司。初，太宗平薛仁杲，得隴上地；虜李軌，得涼州；破吐谷渾、高昌，開四鎮。玄宗繼收黄河積石、宛秀等軍，中國無斥候警者幾四十年。輪臺、伊吾屯田，禾菽彌望，開遠門揭候署曰「西極道九千九百里」，示戍人無萬里行也。乾元後，隴右、劍南西山三州、七關軍鎮監牧三百所皆失之。紀、傳。

秦州天水郡，縣六，治上邽，大中三年，徙治成紀。宋中興，惟存天水縣，爲天水軍〔三四〕。

原州平涼郡，縣二，治平高。廣明後，復没吐蕃，僑治涇州臨涇。

安樂州，咸亨三年，以靈州故鳴沙縣地置，以居吐谷渾部落。大中三年收復，更名威州，縣二：鳴沙、温池。

七關：原州平高縣西南有木峽關，州境又有石門、驛藏、制勝、石峽、木靖等關，并木峽、六盤爲七關。宋至道元年，以故平高縣地置鎮戎軍。慶曆二年，置高平寨，軍北二十五里。蕭關，大中五年以原州之蕭關置武州。蕭關縣，神龍元年置。

瓜州晉昌郡，武德五年析沙州之常樂置，縣二。常樂更名晉昌，别置常樂。

沙州燉煌郡〔三五〕，本瓜州。通典云：唐置。又按：北涼孟敏爲沙州刺史，已有沙州。武德五年曰西沙州，貞觀七年曰沙州，縣二，治燉煌。

伊州伊吾郡，本西伊州，在燉煌北大磧之外，元魏始立伊吾郡，後爲鄯善所據。貞觀四年，西域雜胡内附，乃立州，六年曰伊州，縣三，治伊吾。

肅州酒泉郡，武德二年析甘州之福禄、瓜州之玉門置，縣三，治酒泉。

鄯州西平郡，通典：「古西羌所居湟水地。」後魏置州，縣三，治湟水。宋收復，改爲西寧州。

甘州張掖郡，西魏置，縣二，治張掖。

河州安昌郡，本枹罕郡，天寶元年更名。前漢置，縣三，治枹罕。宋熙寧收復。

西州交河郡，貞觀十四年平高昌置，縣五，治前庭。本高昌縣，更名。

蘭州金城郡，隋開皇初置，以皐蘭山名州。縣二，治五泉。宋元豐收復。

岷州和政郡，西魏置，縣三，治溢樂。本臨洮，今西和州祐川縣，宋熙寧收復。

廓州寧塞郡，本澆河郡，天寶元年更名。後周武帝逐吐谷渾置，縣三，治廣威。宋收復。

隴上薛舉起金城，號西秦霸王，盡有隴西地。凉州李軌自稱河西大凉王，拔張掖、燉煌、西平、枹罕，悉有河西四鎮，見前。黄河積石、宛秀等軍〔三六〕。哥舒翰傳：「攻破吐蕃洪濟、大莫門等城，收黄河九曲，以其地置洮陽郡，築神策、宛秀二軍。」通典：「積石軍，廓州西百八十里〔三七〕，儀鳳二年置。」郡縣志：「積石軍，在廓州西南一百五十里。西臨大潤，北枕黄河，即隋澆河郡所理。」唐志：「廓州西有寧塞軍，西八十里宛秀城有威勝軍，天寶十三載置。」郡縣志：「威勝軍，在積石軍西八十里宛秀城。」

輪臺、伊吾：北庭府輪臺縣，長安二年置；伊州伊吾縣，本後漢伊吾屯，貞觀四年置縣西山。吐蕃傳：「南入松、維、保等州及雲山新籠城。」按樂志，天寶樂曲皆以邊地名，若涼州、伊州、甘州之類。明年，安禄山反，涼州、伊州、甘州皆陷吐蕃。賈耽傳：「吐蕃盛彊，盜有隴西，異時州縣遠近，有司不復傳。耽乃繪布隴右、山南九州，且載河所經受爲圖，又以洮、湟、甘、涼屯鎮額籍、道里廣狹、山險水原，爲別録六篇、河西戎之録四篇，上之。」

河湟，通典：「羌三河：黄河，析支河，湟中河。」程氏曰：「諸羌散居三大川之間，隴右、河西，兼河、湟爲名，不同一地。」五代史：「當唐之盛時，河西、隴右三十三州，涼州最大，土沃物繁而人富樂。其地宜馬，唐置八監，牧馬三十萬匹。以安西都護府羈縻西域三十六國。唐之軍、鎮、監、務三百餘城，常以中國兵更戍，而涼州置使節度之。安禄山之亂，肅宗起靈武，悉召河西兵赴難，而吐蕃乘虛攻陷河西、隴右，華人百萬皆陷于虜。文宗時，嘗遣使者至西域，見甘、涼、瓜、沙等州城邑如故，而陷虜之人見唐使者〔三八〕，夾道迎呼，涕泣曰：皇帝猶念陷蕃人民否？其人皆天寶時陷虜者子孫，其語言變而衣服猶不改。至五代時，吐蕃已微弱，回鶻、党項諸羌夷分侵其地，而不有其人民。直中國衰亂，不能撫有，惟甘、涼、瓜、沙四州常自通於中國，甘州爲回鶻牙，甘州爲回鶻所并。而涼、瓜、沙三州將吏猶稱唐官，數來請命。」吐蕃傳：「湟水出蒙谷，抵龍泉，與河合。河之上流，繇洪濟梁西南行二千里。世舉謂西戎地曰河湟。」洪濟梁，積石軍西南一百四十里洪濟橋。郡縣志：「湟水，名湟河，亦謂之樂都水，出青海東亂山中，東南流，至蘭州西南入黃河。」

石晉十六州攷

契丹立石敬瑭爲晉帝，敬瑭割幽、薊、瀛、莫、涿、檀、順、新、媯、儒、武、雲、應、寰、朔、蔚十六州以與契丹。

幽州，東漢廣陽郡，兼立幽州，治薊縣。前燕都此。隋立涿郡。唐爲幽州范陽郡[三九]，爲盧龍軍。九域志：「范陽、盧龍兩城節度使領縣九[四〇]。」

薊州，隋徙玄州於此，置漁陽郡。唐開元十八年[四一]，析幽州置，治漁陽縣。領縣三。

瀛州河間郡，後魏孝文置州，治河間縣。領縣五。

莫州文安郡，唐景雲二年，以瀛州之鄚、任丘、文安、清苑、唐興，幽州之歸義置鄚州。開元十三年，以「鄚」、「鄭」文相類，更名。治莫縣。本鄚縣。領縣六。

涿州涿郡，唐大曆四年，節度使朱希彩表析幽州之范陽、歸義、固安置，治范陽。本涿縣。領縣五。

檀州，後魏立安州，後周改玄州。隋立檀州安樂郡，唐更名密雲郡，治密雲。本漢厗奚縣。領縣二。

順州，通典：「順州順義郡，在范陽郡城。幽州。唐天寶初置，治賓義縣。」九域志：「化外順州，領賓義一縣。」唐志：「突厥州順州，貞觀四年平突厥，以其部落置于幽、靈之境，後僑治幽州城中。」以上七州，唐河北道。

新州，唐志：「闕。領縣四：永興、礬山、龍門、懷安。」輿地廣記：「唐末置，後唐同光二年升威塞軍節度。」通鑑：威塞軍防禦使李存矩，在同光前。唐河東道。

媯州媯川郡，北齊立北燕州，後周曰燕州，唐武德七年以幽州懷戎置北燕州，貞觀八年更名，治懷戎。本潘縣。唐河北道〔四二〕。

儒州，輿地廣記：「唐末置。」九域志：「領晉山一縣〔四三〕。」廣記：「縉山縣〔四四〕。」朝野雜記：「晉山縣，距燕京百八十里。」

武州，輿地廣記：「唐末置。」唐志：「領文德一縣。」後唐長興元年，改毅州。闕。

雲州雲中郡，貞觀十四年，自朔州北定襄城徙治定襄縣治。雲中縣，本馬邑郡雲内之恒安鎮，武德元年置北恒州〔四五〕，貞觀十四年置定襄縣，開元十八年更名。天寶元年曰雲中郡，升大同軍節度。會昌三年，置大同都團練使，治雲州。乾符五年，升大同都防禦使爲節度使。

應州，續通典：「故屬大同軍節度。」輿地廣記：「唐末置，領金城、混源二縣。後唐明宗，金城縣人。天成元年，升彰國軍節度。」唐志：「代州北有大同軍雲州。」

寰州，職方考：「後唐明宗置。」輿地廣記：「唐末置，領寰清一縣。」武經總要：「按河東記『契丹寰州』句注，在州西北二十里，即西陘山也〔四六〕。」蓋代州雁門縣地。

朔州馬邑郡，魏武帝置新興郡，晉改晉昌，後魏置懷朔鎮及朔州，隋爲馬邑郡，領善陽、馬邑二縣。

蔚州，後魏置懷荒、禦夷二鎮及靈丘郡，後周置蔚州，隋屬雁門、上谷二郡，雁門之靈丘，上谷之飛狐。唐武德六年置州。貞觀五年破突厥，復故地。天寶曰安邊郡。至德曰興唐郡，領靈丘、飛狐、興唐三縣。以上並河東道。

周顯德六年，取瀛、莫、定三關。

唐宣宗復河、湟。未幾，中原多故，既得遄失。熙寧以後，取熙、河，取蘭、會，取湟、鄯，貪功生事之臣迷國殄民，而甘、涼、瓜、沙汔不爲王土。周世宗取瀛、莫二州，而十四州終淪於異域。藝祖出幽燕圖示趙普，普以爲其難在守。宣和姦臣與女真夾攻，得燕山、雲中空城，而故都禾黍，中夏塗炭矣。易師之上六曰：「小人勿用，必亂邦也。」余爲之感慨而通釋終焉。

校勘記

〔一〕於是司兖既平　「既」，庫本作「悉」。

〔二〕宋元嘉二十七年　「二十七」，原作「十一」。宋書卷五文帝紀：元嘉二十七年「秋七月庚午，遣寧朔將軍王玄謨北伐，太尉江夏王義恭出次彭城，總統諸軍。乙亥，索虜碻磝戍委城走。冬閏月癸亥，玄謨攻滑臺不克，爲虜所敗，退還碻磝」。卷七六王玄謨傳：「代守碻磝。江夏王義恭爲征討都督，以爲碻磝不可守，召令還。」南史卷一六王玄謨傳：「江夏王義恭爲征討都督，以碻磝沙城不可守，召令還。」事均在元嘉二十七年，此「十一」誤，據改。元和郡縣圖志卷一〇作「二十」，亦誤。

〔三〕後魏泰常八年　「泰常」，原作「太常」。按後魏年號爲「泰常」，據通典卷一八〇改。

〔四〕河水右逕滑臺城　「右」，原作「又」，據元本、遞修本、浙本及水經河水注改。

〔五〕南際于江　「際」，原作「濟」，據元本、遞修本、浙本及通典卷一七一改。

〔六〕武成河清中　「河清」，原作「清河」，按北齊武成帝年號爲「河清」，據北史卷八齊本紀下及通典卷一七一改。

〔七〕三鵶鎮　原作「三鵶」，據元本、遞修本、浙本及通典卷一七一補。

〔八〕置兵以備東軍　「置兵」，原作「重兵」，元本、遞修本作「置兵」。通典卷一七一亦作「置兵」，據改。

〔九〕開元十二年　「十二」，原作「十一」，據元本、遞修本、浙本及新唐書卷三九地理志三改。

〔一〇〕貞元後　「貞元」，原作「正元」，據庫本、浙本及元和郡縣圖志卷五河南府河陽縣改。

〔一一〕黄河兩派貫於三城之間　「兩派」，原作「西派」。方勺泊宅編卷上「黄河兩派貫於三城之間」，據改。

〔一二〕在慈州吉昌縣西五十二里　「五十二」，原作「二十五」，元本、遞修本作「五十二」。元和郡縣圖志卷一二慈州吉昌縣：「姚襄城，在縣西五十二里。本姚襄所築，其城西臨黄河，控帶龍門、孟門之險。周齊交争之地。」太平寰宇記卷四八吉鄉縣：「姚襄城，在縣西五十二里。」據改。

〔一三〕四固重複　「固」，通典卷一七九晉州洪洞縣作「顧」，卷一七一作「四固垂復」。

〔一四〕有柏崖倉咸亨中王本立置　按柏崖倉設置時間有誤。舊唐書卷四九食貨志下：「開元十八年，宣州刺史裴耀卿上便宜事條曰：……河口元置武牢倉，江南船不入黄河，即於倉内便貯。鞏縣置洛口倉，從黄河不入漕洛，即於倉内安置。爰及河陽倉、柏崖倉、太原倉、永豐倉、渭南倉，節級取便，例皆如此，水通則隨近運轉，不通即且納在倉。……至二十二年八月，置河陰縣及河陰倉、河西柏崖倉、三門東集津倉、三門西鹽倉」。新唐書卷五三食貨志：開元「二十一年，耀卿爲京兆尹。京師雨水，穀踊貴。玄宗將幸東都，復問耀卿漕事。耀卿因請罷陝陸運，而置倉河口，使江南漕舟至河口者，輸粟於倉而去。縣官雇舟以分入河洛。置倉三門東西，漕舟輸其東倉，而陸運以輸西倉，復以舟漕，以避三門之水險。玄宗以爲然。乃於河陰置河陰倉，河清置柏崖倉，三門東置集津倉，西置鹽倉，鑿山十八里以陸運」。據此，柏崖倉當爲開元二十二年裴耀卿置。又按新唐書中華本校勘記據通典卷一〇、册府元龜卷四九八，謂河西爲河清之誤。

〔一五〕隋志　原作「陳志」，元本、遞修本、浙本作「隋志」。陳書無地理志，且下叙内容見於隋書卷三〇地理志中河南郡陸渾縣條，據改。

〔一六〕所謂九阿也　「九阿」，通典卷一七七河南府壽安縣作「九河」。水經洛水注：「洛水東逕九曲南。其地十里，有坂九曲。穆天子傳所謂天子西征，升于九阿，此是也。」穆天子傳卷五、初學記卷五、太平御覽卷五三均作「九阿」，通典誤。

〔一七〕東魏置陽州　「陽州」，原作「揚州」，據元本、遞修本、浙本、隋書卷三〇地理志中改。

〔一八〕即魏之一金塢城　「一金塢城」，浙本作「一合塢城」。水經注疏卷一五：「守敬按：魏志杜恕傳注引杜氏新書，恕去官，營宜陽一泉塢，因其塹壘之固小大家焉。晉書魏該傳亦作一泉塢，『泉』、『全』音同，足見此注四『合』字皆當作『全』。通典、元和志作一金塢，則『全』、『金』形近致訛也。」

〔一九〕一金塢唯築西面　「一金塢」，元本、遞修本、浙本均作「一合塢」。「西面」，原作「四面」，浙本作「西面」。水經洛水注：「又東逕一合塢南，城在川北原上，高二十丈，南、北、東三箱，天險峭絶，惟築西面即爲固，一合之名，起於是矣。」此「四」爲「西」字之誤，據改。「金」，楊守敬以爲「全」字形近致訛。

〔二〇〕絳州稷山縣有後周勳州　「稷山縣」，原作「積山縣」。元本、遞修本、浙本作「稷山縣」。隋書卷三〇地理志中：絳郡稷山縣，「又有後周勳州，置總管，後改曰絳州。開皇初移」。通典卷一七九絳州稷山縣亦作「稷山」，據改。下引通典同。

〔二一〕在蔚州靈丘縣西北八十里　「蔚州」，原作「代州」。元和郡縣圖志卷一四靈丘縣謂隋大業二年屬代州，唐屬蔚州，舊唐書卷三九地理志二、新唐書卷三九地理志三靈丘縣均屬蔚州，本書本卷蔚州下亦領有靈丘縣，據改。

〔二二〕水出弘農縣南石隄山　「南」，原作「兩」，元乙本同，元本、遞修本此處闕多字。合校水經注作「南」，云「近刻訛作『兩』。案：朱訛，趙改，刊誤曰『兩』，名勝志引此文作『南』」。太平寰宇記卷六陝州靈寶縣柏谷水條亦作「南」，據改。

〔二三〕在懷州武陟縣西　「武陟」，原作「武涉」。元本、遞修本、浙本作「武陟」。舊唐書卷三九地理志二：武陟，「漢懷縣地，故城在今縣西」。又，新舊唐書地理志懷州下均有武陟縣，無武涉縣，此「涉」爲「陟」字之誤，據改。

〔二四〕汾州介休縣有雀鼠谷　「汾州」，原作「汾水」，遞修本、浙本作「汾州」。新舊唐書地理志介休縣屬汾州，據改。

〔二五〕今靈石縣東三十里　「三十里」，原作「十三里」，元本、遞修本、浙本作「三十里」，元和郡縣圖志卷一三汾州孝義縣，「後魏又分隰城，於今靈石縣東三十里置永安縣。貞觀元年，以縣名與涪州縣名同，改爲孝義」。今據乙正。

〔二六〕雞栖原　原作「雞栖」，據元本、遞修本、浙本補。

〔二七〕在河中府臨晉縣東二十三里　「二十三里」，原作「十二里」，元本漶漫不清，元乙本作「二十三里」，遞修本、浙本作「二十二里」。元和郡縣圖志卷一二作「二十三里」，太平寰宇記卷四六蒲州臨晉縣同，據改。

〔二八〕汾州介休縣　「汾州」，原作「汾水」，遞修本、浙本作「汾州」。元和郡縣圖志卷一三：汾州介休縣，「孝静帝更修築，遷朔州軍人鎮之，因立爲南朔州」。據改。

〔二九〕滏口　原作「滏水」，元本、遞修本、浙本作「滏口」。按本書下文又載「燕慕容垂出滏口，入天井關」，則應是「滏口」，非「滏水」。元和郡縣圖志卷一五磁州滏陽縣：鼓山，一名滏山，「滏水出焉，泉源奮湧，若滏水之湯，故以滏口名之。八陘第四曰滏口陘，山嶺高深，實爲險阨」。滏口爲太行山陘要口，形勢險峻，此「水」爲「口」字之誤，據改。

〔三〇〕鎮州獲鹿縣有故井陘關　「鎮州」，原作「鄭州」，元本、遞修本、浙本作「鎮州」。新唐書卷三九地理志三鎮州獲鹿縣「有故井陘關」，據改。

〔三一〕郡國志注　「郡國志」，原作「郡縣志」，元本、遞修本、浙本爲「郡國志」。續漢書郡國志魏郡滏水注：「水經鄴西北，滏水熱，故名滏口。」元和郡縣圖志卷一五磁州滏陽縣下文字異。據改。

〔三二〕南流經九莊嶺東　「九莊嶺」，元本、遞修本作「九遠待」。

〔三三〕鮑丘水從塞外來　元本、遞修本作「塞外來」。

〔三四〕惟存天水縣爲天水軍　「存」，原作「有」，據元乙本、遞修本、浙本改。「天水軍」，元本、遞修本、浙本作「天水郡」，元本此頁爲後補。宋史卷八七地理志三：秦州天水郡，領天水縣。又卷八九地理志五：天水軍，「紹興初，秦州入于金，分置南、北天水縣。……嘉定元年，升軍。九年，移於天水縣舊治。仍置縣一：天水」。

〔三五〕沙州燉煌郡　「沙州」，原作「汝州」，元乙本、遞修本、浙本作「沙州」。元和郡縣圖志卷四〇沙州：「隋大業三年，又罷（瓜）州爲敦煌郡。隋末喪亂，陷於寇賊。武德二年，西土平定，置瓜州。五年，改爲沙州。建中二年，陷於西蕃。」舊唐書卷四〇地理志三：沙州，「隋燉煌郡。武德二年，置瓜州。五年，改爲西沙州。貞觀七年，去『西』字。天寶元年，改爲燉煌郡。乾元元年，復爲沙州」。據改。

〔三六〕黄河積石宛秀等軍　「積石」，原作「磧石」，遞修本作「積石」。元和郡縣圖志卷三九：廓州米川縣「積石軍，在州西南一百五十里，儀鳳二年置」。通典卷一七二：「積石軍，寧塞西百八十里，儀鳳二年置，管兵七千人、馬一百疋。」舊唐書卷一〇三王君㚟傳：開元十六年冬，「賊遂取積石軍西路而還」。據改。

〔三七〕廓州西百八十里　「百」，原作「北」，據元本、遞修本、浙本及通典卷一七四寧塞郡改。

〔三八〕而陷虜之人見唐使者　「見」，原作「皆」，元本、遞修本、浙本作「見」。舊五代史卷一三八外國列傳

二、新五代史卷七四四夷附録第三均作「見」，據改。

〔三九〕唐爲幽州范陽郡　「范陽郡」，原作「范陽軍」，元本、遞修本、浙本作「范陽郡」。新舊唐書地理志及通典卷一七八皆作「范陽郡」，據改。

〔四〇〕范陽盧龍兩城節度使領縣九　「節度使」，原作「節度」，據浙本補。

〔四一〕唐開元十八年　「十八」，原作「十六」。舊唐書卷八玄宗紀上：開元十八年「閏月甲申，分幽州置薊州」。又卷三九地理志二：「開元十八年，分幽州之三縣置薊州。」新唐書卷三九地理志三：「薊州漁陽郡，下。開元十八年析幽州置。」據改。

〔四二〕唐河北道　「唐」原脱，據浙本補。

〔四三〕領晉山一縣　「晉山」，原作「晉德」，元豐九域志卷一〇作「晉山」，據改。

〔四四〕縉山縣　元本、遞修本作「晉山縣」。輿地廣記卷一九作「縉山縣」。

〔四五〕武德元年置北恒州　按唐置北恒州時間，史籍記載各異。元和郡縣圖志卷一四雲州：「武德四年，平劉武周，置北恒州，七年廢。」舊唐書卷三九地理志二：雲州，「武德四年，平劉武周。六年，置北恒州。七年，州廢」。新唐書卷三九地理志三：雲州雲中縣，「武德元年置北恒州，七年廢」。太平寰宇記卷四九雲州：「唐武德四年平劉武周，六年置北恒州，七年廢。」

〔四六〕即西陘山也　「西陘山」，明唐富春刻本作「西陘砦」，庫本武經總要前集卷一七作「西隰山」。

通鑑地理通釋四庫全書書前提要

通鑑地理通釋十四卷，宋王應麟撰。應麟，字伯厚，慶元府人，淳祐元年進士，寶祐中復中博學宏辭科，官至禮部尚書兼給事中，事蹟具宋史儒林傳。所著詩攷、詩地理攷、困學記聞諸書，均已别著於録。

是書以通鑑所載地名異同、沿革最爲糾紛，而險要阨塞所在，其措置得失，亦足爲有國者成敗之鑒，因各爲條列，釐訂成編。首歷代州域，次歷代都邑，次十道山川，次歷代形勢，而終以唐河湟十一州、石晉燕雲十六州。書本十四卷，宋史本傳作十六卷，疑傳刻之訛也。其中徵引浩博，攷核明確，而叙列朝分據戰攻，尤一一得其要領，於史學最爲有功。

原書無序，後人以書後應麟自跋移冠於前。所云上章執徐橘壯之月，乃元世祖至元十六年庚辰之八月，（校者按：庚辰爲至元十七年，四庫館臣謂「至元十六年」，誤。）是時宋亡已三年，蓋用陶潛但書甲子之義。書内稱「梓慎」爲「梓謹」，亦猶爲宋諱云。

中國史學基本典籍叢刊　書目

穆天子傳匯校集釋
國語集解
吴越春秋輯校彙考
越絶書校釋
西漢年紀
兩漢紀
漢官六種
東觀漢記校注
校補襄陽耆舊記（附南雍州記）
十六國春秋輯補
洛陽伽藍記校箋
建康實録
荆楚歲時記
大唐創業起居注箋證（附壺關録）
貞觀政要集校（修訂本）
唐六典
蠻書校注
十國春秋
皇朝編年綱目備要
皇宋十朝綱要校正
隆平集校證
宋史全文
宋太宗皇帝實録校注
金石録校證
丁未録輯考
靖康稗史箋證
中興遺史輯校
鄂國金佗稡編續編校注
皇宋中興兩朝聖政輯校
中興兩朝編年綱目
續宋中興編年資治通鑑
續編兩朝綱目備要

宋季三朝政要箋證

宋代官箴書五種

契丹國志

西夏書校補

大金弔伐録校補

大金國志校證

聖武親征録（新校本）

元朝名臣事略

明本紀校注

皇明通紀

明季北略

明季南略

國初群雄事略

三朝遼事實録

小腆紀年附考

小腆紀傳

廿二史劄記校證

通鑑地理通釋